生态文明消费模式研究

——基于资源性供给紧约束的视角

许进杰 / 著

SHENGTAI WENMING
XIAOFEI MOSHI YANJIU
JIYU ZIYUANXING
GONGJI JINYUESHU DE
SHIJIAO

吉林出版集团股份有限公司

图书在版编目（CIP）数据

生态文明消费模式研究：基于资源性供给紧约束的视角 / 许进杰著. -- 长春：吉林出版集团股份有限公司，2015.12（2025.7重印）

ISBN 978 - 7 - 5534 - 9822 - 5

Ⅰ. ①生… Ⅱ. ①许… Ⅲ. ①消费模式－研究－中国 Ⅳ. ①D669.3

中国版本图书馆CIP数据核字（2016）第006743号

生态文明消费模式研究——基于资源性供给紧约束的视角
SHENGTAI WENMING XIAOFEI MOSHI YANJIU——JIYU ZIYUANXING GONGJI JINYUESHU DE SHIJIAO

著　　者：	许进杰
责任编辑：	杨晓天　张兆金
封面设计：	韩枫工作室
出　　版：	吉林出版集团股份有限公司
发　　行：	吉林出版集团社科图书有限公司
电　　话：	0431 - 86012746
印　　刷：	三河市佳星印装有限公司
开　　本：	710mm×1000mm　　1/16
字　　数：	236千字
印　　张：	13.75
版　　次：	2016年4月第1版
印　　次：	2025年7月第3次印刷
书　　号：	ISBN 978 - 7 - 5534 - 9822 - 5
定　　价：	59.50元

如发现印装质量问题，影响阅读，请与印刷厂联系调换。

目 录

第 1 章 导论 ··· 1
 1.1 研究缘起及研究意义 ··· 1
 1.2 国内外相关研究述评 ··· 8
 1.3 本书逻辑线索和拟突破之处 ·· 18
 1.4 本书的研究方法和结构 ·· 21
 1.5 本书研究的不足与展望 ·· 22

第 2 章 认识消费和消费模式 ··· 24
 2.1 认识消费 ··· 24
 2.2 对消费的深入追问：人与自然之间的关系 ······················· 36
 2.3 认识消费模式 ··· 52

第 3 章 消费模式变化与资源性供给紧约束 ······························ 63
 3.1 自然资源、生态环境与居民消费需要 ····························· 63
 3.2 中国居民消费模式变化与资源性供给紧约束 ···················· 65
 3.3 不可持续消费模式产生的原因 ······································· 73
 3.4 资源性供给紧约束呼唤可持续性的消费模式 ···················· 81

第 4 章 中国居民消费模式变化与资源性供给紧约束：以食品消费为例 ······ 84
 4.1 中国居民食品消费的现状分析 ······································· 84
 4.2 改革开放后我国居民食品消费模式变化分析 ···················· 86
 4.3 食品消费模式变化与资源性供给紧约束 ·························· 91

第 5 章　资源性供给紧约束条件下的消费、增长与可持续发展 …… 100
5.1　消费增长与经济增长 …… 100
5.2　经济增长所面临的发展困境 …… 103
5.3　可持续发展的提出 …… 114
5.4　改善居民消费模式是实现经济社会可持续发展的重要保证 …… 121

第 6 章　资源性供给紧约束条件下的现代消费模式选择：生态文明消费模式 …… 129
6.1　现代消费发展模式 …… 129
6.2　生态文明消费模式的内涵及其规定性 …… 136
6.3　生态文明消费模式的重要作用 …… 150

第 7 章　中国生态文明消费模式的构建 …… 158
7.1　政府在生态文明消费模式构建中发挥引导和规范作用 …… 160
7.2　企业为居民实施生态文明消费提供生态产品 …… 176
7.3　消费者通过不断提升自身素质，提高生态文明消费力水平 …… 185

参考文献 …… 200

第1章 导　论

1.1　研究缘起及研究意义

回顾人类已经走过的岁月，其经历的磨难与艰辛，享受的成功与进步，总能激起人们无限的感慨与遐想。18世纪的产业革命标志着人类进入了机器大生产和科技快速进步的工业文明时代。工业文明在它200多年的时间里所创造的物质财富和精神财富，比过去所有的世纪所创造的物质财富和精神财富的总和还要多。工业文明将人类从愚昧、落后的前现代社会中摆脱出来，有力地推动了人类社会走向现代化的历史进程。

特别是20世纪中后期，科学技术的发展突飞猛进，人类拥有了日新月异的知识财富和急剧增长的物质力量，全球经济的飞速增长和人类消费需要的无限满足一度成为社会进步和现代化的同义语或代名词。但是，就在人类尽情地享受着工业文明带来的种种物质财富，陶醉于不断得到满足的消费欲望的时候却发现，虽然人类的生活消费水平已经大幅度提高，但同时也陷入了前所未有的生存和发展的困境：臭氧层破坏、全球变暖、物种大量灭绝、土地沙漠化、森林消失、城市垃圾增多、水土资源短缺、渔产枯竭等资源和环境问题，以及其他各种社会问题。

其实，资源环境问题由来已久[①]。人类从进入文明开始，就伴随着空气污染、水污染、土壤退化、森林破坏等环境问题。如古罗马帝国时期，罗马地区令人窒息的恶臭污染；维多利亚时期，伦敦和其他一些新兴工业城市的烟雾、

[①]　所谓资源环境问题，也称生态环境问题、环境问题、生态危机或环境危机，一般是指自然资源短缺和耗竭，环境污染和破坏，及其所导致的生态失衡等问题。资源环境问题是由自然或人类的生产或消费活动所造成的自然资源的过度耗损和生态环境的异常变化，使人类的自然生存环境向不利于人的生产、生活和健康方向发展的结果。事实上，越来越多的研究表明，就算是由自然力所引起的洪涝灾害、干旱、流行病甚至地震等环境问题，也无不与人类对生态环境的破坏活动有关。本书谈到资源环境问题时，主要是指由人的活动所引起的环境变化。

噪音和恶臭。不过那时候工业规模相对较小，对整个地球环境来说污染尚轻，受害范围仅限于少数局部地区。进入20世纪60年代，随着社会生产力和科学技术的飞速发展，人类为了满足日益膨胀的"欲求"需要，对自然生态资源进行了掠夺性的索取和毁灭性的开采，围湖造田导致河道淤塞，毁林开荒造成森林锐减，灭草种粮造成水土流失，滥捕滥杀致使无数珍稀动物濒临灭绝，等等。资源破坏、环境污染和生态失衡日益成为一个威胁人类生存和发展的全球性环境问题。

土地是人类赖以生存和发展的基础。目前，世界上有110个国家的可耕地肥沃程度在下降，约2/3的农业土地在过去的50年里由于侵蚀、盐渍化、营养耗竭、生物退化或污染而退化，约40%的农业土地严重退化或非常严重地退化。[①] 我国地域辽阔，国土面积达到960万平方公里，但人均占有耕地面积远低于世界人均水平。2007年，全国耕地面积为13004万公顷，按当年人口132129万人计算，人均耕地仅0.098公顷，只相当于世界人均耕地0.25公顷的36.8%。[②] 不仅如此，在我国社会经济发展的过程中，人们赖以生存的土地资源还不断遭到破坏，耕地大量减少，人地矛盾愈加突出。

水是生命之源。地球上的水总储量为13.86亿km^3，但可供人类生产和生活有效使用的淡水只占其中的2.5%，且污染严重。全世界每年的污水排放量在5000亿m^3以上，造成河川、湖泊、海洋约6亿m^3的水体污染。我国江河纵横、水网如织，水资源总量达2.8万亿m^3，但人均水资源占有量仅为2200m^3，不到世界平均水平的1/4，是联合国列出的13个严重贫水国家之一。[③] 2007年人均水资源占用量进一步下降到1916m^3，[④] 且污水排放呈逐年增加的发展态势。与2001年相比，2007年我国工业废水排放量为246.64亿吨，增长22.9%，生活污水排放量为310.20亿吨，增长36.2%，且生活污水中的主要污染物COD（化学需氧量）和氨氮排放量，已超过工业生产废水中的排放量。[⑤] 这种短缺和污染问题并存的状况，使得水资源供需矛盾越来越尖锐。

能源资源是经济社会发展的基础。随着经济的快速发展，目前我国已成为世界第二大能源消费大国，且人均能源资源量只有世界平均水平的58.6%。[⑥]

---

① 联合国环境规划署等. 世界资源报告（2000—2001）[M]. 北京：中国环境科学出版社，2002：54, 64.
② 国家统计局. 中国统计年鉴（2008）[M]. 北京：中国统计出版社，2008：382.
③ 高云才. 水资源紧缺成为我国粮食安全瓶颈[N]. 人民日报，2005-3-26.
④ 国家统计局. 中国统计年鉴（2008）[M]. 北京：中国统计出版社，2008：393.
⑤ 国家统计局. 中国统计年鉴（2008）[M]. 北京：中国统计出版社，2008：395.
⑥ 汪三同等. 中国社会科学院数量经济与技术经济研究所发展报告[M]. 北京：社会科学文献出版社，2008：79.

2006年至2007年，我国能源生产总量分别为22.1亿吨和26.5亿吨，而消费总量分别为24.6亿吨和26.6亿吨，其中进口量分别为3.12亿吨和3.5亿吨，出口量分别为1.09亿吨和1.03亿吨，净进口量分别为2.03亿吨和2.47亿吨。[①] 更为重要的是，伴随着我国工业化与城市化进程的深入推进，经济增长对能源资源需求仍会处于逐渐上升的发展趋势。据有关专家预测，2010年，我国石油总需求规模将达到3.5亿～3.8亿吨；2020年，我国一次能源总需求量为40亿吨标煤。到2050年，至少需要50亿吨标准煤，石油、煤炭资源性供给日益趋紧约束。显然，能源生产增长已赶不上消费增长，若能源消费过度依赖进口来维持经济建设必然会威胁到我国的能源安全乃至经济安全。

而对于铁、锰、铝、铜、铅等矿产，我国虽属于矿产资源大国，但从人均矿产资源来看，我国又是一个矿产资源贫国，尤其是一些对经济发展具有重要意义的战略性矿产资源，人均拥有量远远低于世界平均水平，全国45种主要矿产资源的人均占有量不足世界平均水平的50%，现有储量到2010年可以保证消费需求的矿产资源只有21种，到2020年可以保证消费需求的矿产资源只有9种[②]。中国地质科学院的一份研究报告指出，2019年至2023年，我国将迎来530万～680万吨铜的年消费高峰；2022年至2028年，我国将迎来1033万吨铝的年消费高峰。矿产资源素有"工业粮食"之称，其供需形势的严峻必然会影响我国经济发展的保障能力。在我国能源、矿产等资源严重短缺的同时，资源利用效率低下也相当突出。从资源投入与产出看，2004年，我国GDP按当时汇率计算约占全世界GDP的4%，但却消耗了全球约8%的原油、10%的电力、31%的钢材、19%的铝、20%的铜、30%的煤炭和50%的水泥。自2001年起，我国已经逐年下降的万元GDP能耗，到2004年又上升了14%，能源利用效率极低。[③]

森林覆盖面积和生物多样性正在迅速减少。仅在1980年至1990年，全球森林及其他树木茂盛地区的面积就从5.1亿公顷下降至3.4亿公顷。[④] 我国森林面积为17491万公顷，但人均森林面积仅相当于世界平均水平的1/5，森林覆盖率仅相当于世界平均水平的61.25%。[⑤] 这就使得许多生物赖以存续的生

[①] 国家统计局.中国统计年鉴（2008）[M].北京：中国统计出版社，2008：4，5，244.
[②] 马凯.贯彻落实节约资源基本国策，加快建设节约型社会[N].经济日报，2005-12-19.
[③] 吴季松.新循环经济学解析重化工业化[N].科技日报，2005-11-15.
[④] 世界资源研究所，联合国环境规划署等.世界资源报告（中译本）[M].北京：中国环境科学出版社，1996：230.
[⑤] 国家统计局.中国统计年鉴（2008）[M].北京：中国统计出版社，2008：414.

存环境受到破坏。目前,全世界每年大约有 1.75 万种生物从地球上消失,其中约 1 万种已被描述的淡水鱼种在近几十年已经灭绝、受到威胁或处于濒危。[①]

此外,人类社会所面临的全球性环境问题还包括工业化生产所排放的大量 CO_2 及微量气体,以及经济生活领域使用的冰箱、空调、电子产品等所释放的臭氧损耗物质(主要是氟利昂 CFC_s)造成的"温室效应"导致全球气候变暖,进而危害到农业、森林和野生生物。而过度开发和捕捞海洋渔业资源则进一步削弱了海洋的再生能力,加剧了鱼类等生物多样性的迅速减少。

事实上,资源耗损、环境破坏和生态失衡是跨国界的,它危害的是整个人类及地球,尤其是大气污染、水污染造成的生态环境问题更是如此。日益严重的全球性环境问题直接导致了人类生活和消费质量下降,严重威胁到人类的生存和发展。战争、暴力很难毁灭一个哪怕是再弱小的民族,但自然环境的恶化却轻而易举地抹去了一个又一个光辉灿烂的文明[②],甚至会摧毁包括人类在内的所有生物。虽然自 20 世纪 60 年代以来,世界各国,特别是西方国家都采取了相应措施以缓解资源短缺和环境污染,资源环境问题局部有所改善,但从整个世界来说,环境问题还在不断恶化的总趋势仍在不断加剧,土地、淡水、能源、矿石、森林等资源性产品供给日益趋紧约束。

所谓"资源性供给紧约束",是指一个国家或地区的人均资源存量和环境容量显著低于世界平均水平,对产品和服务的生产与供给,进而对居民消费需求实现而形成的一种显著偏紧的限制和约束状态。不仅如此,即使现有的市场产品供给充裕,如果它是以沉重的资源耗损和环境破坏为代价,亦即以一个国家或地区的人均资源存量和环境容量的明显下降来实现,那么该国或该地区居民的消费增长,乃至经济增长和社会发展,仍然处在"资源性供给紧约束"的运行状态。目前,"资源性供给紧约束"不仅是世界所有国家必须面对的客观现实,而且是整个人类社会实现消费需求增长,进而经济持续增长和可持续发展的致命威胁。

面对包括我国在内的全球资源性产品供给日益趋紧约束和环境问题的持续恶化,自 1992 年联合国环境和发展大会后,世界各国均把可持续发展作为国家和社会发展的战略目标,致力于走人口、社会、资源、环境和经济协调发展的道路。目前,可持续发展已经成为世界各国的理论共识和共同的战略选择。

---

① 联合国环境规划署等. 世界资源报告(2000—2001)[M]. 北京:中国环境科学出版社,2002:116.
② 欧阳志远. 生态化——第三次产业革命的实质和方向[M]. 北京:中国人民大学出版社,1994:226.

1992年联合国通过的《里约环境与发展宣言》（以下简称《里约宣言》）指出："为了实现可持续发展，使所有人都享有较高的生活素质，各国应当减少和消除不能持续的生产和消费方式。"① 当年同时通过的《21世纪议程》更是明确地指出："全球性环境不断退化的主要原因是非可持续消费和生产模式，尤其是工业化国家的这类模式。"② 而《国际清洁生产宣言》在开篇中也认为，"我们认识到实现可持续发展是一种集体责任。保护全球环境的行动必须包括采用改善的可持续生产与消费实践。"③

显然，世界各国政府以及众多学者一般将全球环境问题归因为不合理的生产和消费模式。传统粗放型、不可持续的生产模式的基本特征是高投入、高消耗、高污染、低产出和低效率，资源配置效益不高，必然造成自然资源的巨大耗损、浪费和生态环境的严重破坏、失衡。《中国21世纪议程》也明确提出，我国要通过技术创新等措施改变传统粗放型的生产方式，发展清洁生产，生产绿色产品；通过对生产进行全过程控制等手段形成可持续性的生产模式，实现以尽可能少的环境代价和最少的能源、资源消耗以获取最大的经济效益和生态效益。④

从生产的角度来探讨社会经济与资源、环境的可持续发展是20世纪经济学和其他许多学科解决全球性资源环境问题的主要途径。然而，如果我们进行深入的分析就会发现，生产与消费是密不可分的，没有一个可持续性的消费模式的有力支撑，就不可能真正地走向可持续发展之路。消费和生产是支撑社会经济可持续发展的两大支撑点，两者互为因果关系和互动关系。马克思早就指出，"没有生产，就没有消费，但是，没有消费，也就没有生产，因为这样，生产就没有目的"，"生产直接是消费，消费直接是生产。"⑤ 人类是大自然生命系统的一员。人类的消费活动在整个生物圈中最终表现为人与自然界的物质、能量和信息的交换过程，人类对自然界的索取和废弃物的排放必须控制在资源存量和环境容量范围之内，这是可持续发展的中心思想和核心内容，也是本书力图阐述的一个重要问题。显然，所有这一切的起点和终点就是消费，消费是

---

① 中国环境报社. 迈向21世纪——联合国环境与发展大会文献汇编[M]. 北京：中国环境科学出版社，1992：30.
② 联合国. 21世纪议程[M]. 北京：中国环境科学出版社，1993：16.
③ 1998年由联合国环境规划署主持，在韩国汉城（今首尔）召开了第5届国际清洁生产高级会议，大会通过了《国际清洁生产宣言》。国家环境保护总局代表我国在宣言上签字。
④ 国家环境保护局. 中国21世纪议程——中国21世纪人口、环境与发展白皮书[M]. 北京：中国环境科学出版社，1994：84~85.
⑤ 马克思恩格斯选集·第2卷[M]. 北京：人民出版社，1972：93~94.

社会经济的重要组成部分,那种仅仅从生产角度而忽视从消费角度看待现代环境和生态危机是片面的。

美国学者施里达斯·拉夫尔在《我们共同的家园——地球》一书中甚至认为:"消费问题是环境危机问题的核心,人类对生物圈的影响正在产生着对于环境的压力,并威胁着地球支持的生命的能力。从本质上说,这种影响是通过人们使用或耗费能源和原材料所产生的。"① 事实上,近现代社会以来,由于西方发达国家所秉承的极端经济主义和贪婪功利主义在世界各国的蔓延和泛滥,使得受消费需要过度"欲求"满足驱使下的不可持续的腐朽享乐主义消费观,不仅在很大程度上破坏了我们的自然生态环境,而且也严重地影响了社会风气,造成了居民消费道德和环境伦理的沦丧。因此,要解决生态环境危机、资源性供给紧约束与经济社会可持续发展的困境,促进人与自然的和谐发展,一条重要的出路就是必须批判这种自私和贪婪的享乐主义消费观和价值观,从源头上对这种不适当的、高度物化的生活方式和消费模式进行根本性的改造,以实现一个代内、代际和国际公平的生活和消费环境。

解决资源性供给趋紧约束和环境危机问题不仅涉及科技问题,而且涉及生态学、经济学、政治学、心理学、社会学、法学等领域的问题;消除生态危机不仅要从技术、产品设计、清洁生产、废弃物处理、制度规范和约束等方面做出努力(这些问题显然是重要的),而且更要实现消费过程的生态化和可持续性。作为环境危机重要原因的过度消费、高消费、炫耀性消费、一次性消费等消费问题,是通过消费活动与生物圈紧密联系在一起的。始于 20 世纪 60 年代,世界各国的不少学者开始转向于消费问题的探索,寻找有利于消费与社会、经济和资源环境协调发展的消费模式。

可见,人类已经逐步认识到,一味地追求无限物欲满足的过度消费并非人类努力奋斗的主要目标,人类在整个自然界的作用和人类对自然生态环境所负有的生态责任和环保义务也是非常重要的。20 世纪 80 年代末和 90 年代初,伴随着可持续发展思想而逐渐形成的绿色消费、可持续消费、生态消费、适度消费、合理消费等健康文明、科学合理型消费模式,正在成为 21 世纪生态文明时代的消费价值规范和消费发展模式;这些当今社会耳熟能详的现代消费发展模式,不仅是生态文明建设的重要内容,而且是生态文明消费模式的外部表现和重要的组成部分。作为一种生态化的消费模式,生态文明消费模式充分地

---

① [美] 施里达斯·拉夫尔. 夏堃堡等译. 我们的家园——地球[M]. 北京:中国环境科学出版社,1993:13.

反映人与自然的和谐与统一，蕴涵着俭朴而理性的消费价值理念，是人类传统的不可持续消费模式的重新选择和根本转向。人类通过在消费领域实践生态文明消费模式，能够警醒消费主体在消费活动中的社会义务，从而把对社会的责任内化于其生活消费的各个领域。尽管人类消费模式在很大程度上主要依靠道德伦理规范来确定，但由于"消费模式……范围广泛，内容颇为复杂"[①]，单纯依靠道德规范或原则性的规范来转变居民的消费模式远不能适应经济社会发展的迫切需要。这就需要除消费者外，还得包括生产者（企业）和政府在内的三大主体的有力支撑和共同努力。

消费经济学的研究对象是"一定社会条件下消费领域的经济关系（即消费关系）及其发展规律"[②]；而"消费模式是人们消费关系和行为规范的综合表现，是从总体上反映人们消费行为的主要内容、基本态势和质的规定性，是指导人们进行消费活动，并对人们的消费行为进行社会价值判断的理论概括和依据。"[③] 消费模式的内容"颇为复杂"，虽然不是全部消费内容的总和，但却是全部消费内容特点的总和，它主要反映人们消费生活中诸如消费需要、消费倾向、消费水平、消费结构、消费方式等各方面的基本内容。

目前，我国消费经济学研究虽然取得了比较丰富的理论研究成果和实践指导经验，然而，它对于当前资源性供给紧约束条件下的消费模式问题还没有得到足够的重视，且与之相关内容的系统分析和理论研究也凸显得不够。即使已有的这方面研究也大多仅局限于消费模式某些单方面内容与资源环境的相互关系和影响，且这些文献多是从经济层面的视角对消费模式进行探讨，很少把人类消费活动置放于"人—社会—经济—自然"这一宏大的坐标体系之中进行分析。事实上，消费模式"范围广泛"，它不仅是一种经济现象，同时还是一种社会和文化现象。这就需要从经济学、社会学、伦理学、生态学和法学等多学科领域进行系统而深入的研究。本书力图通过跨学科研究，剖析和探寻消费的深层次含义、性质及其本质属性，深入追问消费的最终表现，即人与自然之间的物质、能量和信息交换关系，而这正是本书的理论基础所在。因此，在当前资源性产品日益趋紧约束的现实条件下，为实现经济社会的可持续发展目标，通过构建符合生态文明建设要求的生态文明消费模式，对于贯彻落实科学发展观，实现人与自然的和谐共处，打造资源节约型和环境友好型社会，促进人的

---

① 尹世杰等. 消费经济学原理 [M]. 北京：经济科学出版社，2000：313.
② 尹世杰. 消费经济学 [M]. 北京：高等教育出版社，2003：11.
③ 尹世杰. 关于消费模式的几个问题 [J]. 求索，1990（4）：3～10.

全面发展和社会的文明与进步，最终实现社会主义和谐社会均具有极其重要的理论和现实意义。

1.2 国内外相关研究述评

国内外对消费模式的分析和研究因研究视角和学科专业背景的不同而呈现出研究领域的内容和性质的差异。消费模式是人们消费关系和行为规范的综合体现，是对人们的消费行为进行社会价值判断的理论概括和依据；它反映了人们消费生活中诸如消费需要、消费倾向、消费水平、消费结构、消费方式、消费习惯和消费体制等各方面的基本内容和发展变化。

基于全球资源环境问题不断突出的现实状况，国内外学者把人类消费与资源环境联系起来进行分析和探讨，最初表现为世界一些发达国家制定的各种环境保护方面的法律法规，如英国 1967 年颁布的《河流防污法》，日本 1968 年颁布的《大气污染防治法》和《噪音控制法》，美国 1969 年制定的《国家环境政策法》，等等。这些国家通过法律形式，要求人们在开发和利用资源环境的过程中必须协调处理好与经济、社会、资源、环境之间的关系。虽然这仅仅是关注环境保护问题，但在某种程度上为资源性供给紧约束条件下的消费和消费模式的研究奠定了基础。20 世纪 70 年代，生态学、社会学、伦理学和法学等学科理论不断地被应用于生活领域的探索和研究。

1962 年，美国学者蕾切尔·卡逊出版绿色巨著《寂静的春天》一书，第一次向人们警示工业排放所造成的环境污染对自然生态环境产生的严重后果，标志着人类对生态环境问题的开始关心。[①]

20 世纪 60 年代末，人口增长日益成为资源和环境问题关注的焦点。[②] 1966 年，美国经济学家肯尼思·鲍尔丁把地球比作茫茫太空中的一艘宇宙飞船，人口和经济的不断增长将使飞船内有限的资源开发耗尽，而人类生产和消

---

① 在西方，研究生态危机并引起学术界关注的第一位学者是美国历史学家怀特（Lynn White），他在 1967 年发表了《我们生态危机的历史根源》一文；而生态危机真正引起世界性轰动的是 1972 年罗马俱乐部发表的研究报告《增长的极限》。

② 保罗·爱尔里克（Paul Erhlich）在其 1968 年的畅销书《人口爆炸》（"The Population Bomb"；New York：Ballantine, 1968) 中写道，爆炸的人口增长要为日益扩大的环境破坏负责；而巴里·科尔奈尔（Barry Commoner）在其 1971 年出版的《闭环》（"The Closing Circle"；New York：Alfred A. Knopf, 1971) 中甚至认为，工业社会受消费驱动的生活方式比起人口规模来更是环境破坏的根源。

费排放的废物充满船舱,最终将导致人类社会的崩溃。①

1971年,加拿大工程师戴维·麦克塔格特发起成立国际性环境保护主义组织——绿色和平组织,总部设在英国伦敦。绿色和平组织的宗旨和使命是"保护地球、环境及其各种生物的安全及持续性发展,并以行动作出积极的改变"。20世纪80年代既是群众性广泛的绿色抗议运动阶段(主要事件是70年代中期以后由于工业污染事件引发的环境抗议运动,以及矛头指向冷战双方的、与反战反核和平运动相结合的大规模群众性绿色抗议运动),同时也是全球绿色意识形态的群众性普及阶段。至此,绿色和平运动从20世纪60—70年代的鲜为人知,到80年代成为全球性的积极响应和参与。

1972年,罗马俱乐部发表了由丹尼斯·L.米都斯主持的研究报告《增长的极限》,该报告研究了世界人口、工业增长、环境污染、粮食生产和资源消耗之间的动态关系,认为由于这五个基本参数的运行方式是指数增长而非线性增长,地球的支撑力可使全球的经济增长于21世纪的某个时期内达到极限。该报告还提出,人类要避免这场"灾难性的崩溃",最好的办法是限制增长,即使之成为"零增长"②。显然,该报告把自然资源和生态环境提升到关系人类生存的重要位置,它的论证为后来的环境保护和可持续发展的理论奠定了基础。《增长的极限》一书和罗马俱乐部一起成为环境保护史上的一座里程碑。

著名生物学家彼特·拉夫认为,当我们不顾一切提高工业国家本已"乌托邦"式的高水平生活时,我们正在耗尽全球的资源,结果不管是否情愿,都促成了一个不稳定的体系。在这个体系中,无论我们自己还是后代,都不可能达到当前的富裕水平。③

加拿大生态经济学家 Wackernagel 和 Rees 认为,为了实现个人与家庭、组织或机构、区域或国家的消费行为与生态可持续性,必须改变人类的不当消费方式,并运用"生态足迹分析"方法探讨了如何通过改善人类的消费方式,实现与人类活动相关的生态消费水平与区域的生态供给能力之间的平衡,最终

---

① Baudling K. E. The Eeonoming Spaceship. Earth. Maryland: Johns Hopkins Press, 1966:3~4.
② 该报告声称,在目前既定的资源消费率增长的规律中,从现在起大多数很重要的不可再生资源在100年中会是极其昂贵的。只要对资源的需求继续按指数增长,尽管对尚未发现的储量、技术进步、代用品或者再循环等最乐观的设想,上述声明仍然是正确的。显然,《增长的极限》一书是20世纪70年代悲观派的代表作,虽然书中许多观点是不正确的,但却向人们发出了人类面临困境的警告,给不顾生态环境代价而沉溺于经济增长的西方社会敲响了警钟,具有不可磨灭的历史功勋。参阅:丹尼斯.L.米都斯(Dennis L. Meadows).增长的极限.四川人民出版社,1984年版:第74页。
③ 彼特·拉夫.多少才是够[N].中国环境报,1992-10-15.

达到提高消费行为和生态可持续性的目的。①

意大利学者奥莱利欧·佩西指出，高消费的生活方式的实质内容是指传统的消费行为总体上是一种不顾物质生产能力，特别是生态适应能力的消费活动，"人类已经养成了一种庞大的贪得无厌的消费和占有欲望。"② 英国学者E. F. 舒马赫认为，现行的物质消费方式对地球有限的资源造成了极大的浪费和破坏，并提出要在自然资源约束条件下谋求新的消费模式的设想。③

1988年，英国学者约翰·艾利奇敦（John Elkington）和居里亚·赫尔兹（Julia Hailes）出版了著名的《绿色消费者指南》一书。作者在该书中提请消费者如何用自己的购买行动去鼓励厂商和零售商的环保努力，并提出了绿色消费者在选择和购买产品时的绿色准则，这种绿色准则贯穿于产品的原材料获取、使用和废气产品的最终处置等生命周期的全过程，亦即提出了有利于环保的绿色消费模式。

而西方生态学马克思主义者在批判"异化消费"时指出，资本主义"危机的趋势已转移到消费领域，即生态危机取代了经济危机"④，而这种"异化消费"必然导致人与自然关系的紧张和生态环境的不断恶化，因而他们主张消费"够用就行"，"适当就好"，将"更少"与"更好"结合起来。其中最负盛名的生态学马克思主义者、法国生态政治学家安德烈·高兹（Andre Gorz）强烈地批判资本主义所谓的一味追求利润最大化及其所要求的生产效率最大化和消费、需求最大化的经济理性，认为这种理性是邪恶的，需要重新给理性定位，赋予理性具有时代特征的新内容，即生态理性。他所主张的生态理性就是"指生活得更好而劳动和消费更少的目标，追求生态利益最大化。"⑤

对于反映消费模式重要特征和内容的消费结构，Mikael 和 Hmo 研究认为，环境的长期预防法则包括生产和消费模式的长期结构变动。⑥ Carmen 从消费者个人因素和关联因素两方面分析，认为过度消费是工业化国家环境恶

---

① Wackernagel, M, Rees, W. E. Perceptual and structural barriers to investing in natural capital: economics from an ecological footprint perspective. Ecological Economics, 1997, 20.
② [意] 奥莱利欧·佩西. 薛荣久等译. 人类的素质 [M]. 北京: 中国展望出版社, 1985: 19.
③ [英] E. F. 舒马赫. 虞鸿钧等译. 小的是美好的 [M]. 北京: 商务印书馆, 1984: 208.
④ [加] 本·阿格尔. 慎之等译. 西方马克思主义概论 [M]. 北京: 中国人民大学出版社, 1991: 486.
⑤ 转引自: 陈学明. 评析生态学的马克思主义与后现代主义的对立. 天津社会科学, 2002年第5期, 第20～27页. 这里所说的"生态理性"就是人类在消费时应该具备的基本素质, 而"生态效益最大化"是人类与自然共存共荣的标志.
⑥ Mikael Skou Andersen, Hmo Massa. Ecological modernization origins, dilemmas and future directions. Journal of Environmental Policy and Planning, 2 (4): 337～345.

化的重要原因，必须转向生态化的消费结构。① Gert 认为在生产和消费的生态现代化中要发展有利于环境的消费导向型结构。② 从 20 世纪 90 年代，我国学者开始关注消费结构与生态环境关系的研究。金忠义、童钧耕等学者分别对上海能源消费于生态环境的效用作了分析。③ 司金銮则对生态环境结构同消费结构相互作用进行了研究，并提出了达到二者相协调的基本途径。④ 这些研究结果均从不同的角度论证了消费结构的变动，会带来相应的生态环境效应。

国内外对资源性供给紧约束条件下的消费行为和模式的研究成果最为丰富的莫过于对可持续消费模式的探讨和分析。⑤ 1992 年，联合国在巴西里约热内卢召开了以可持续发展为主题的环境与发展大会。大会通过的《里约宣言》和《21 世纪议程》都发出了扭转不可持续消费方式的呼吁，尤其是发达国家应率先反思自己的生活消费方式。在这次大会上，国际社会呼吁要"更加重视消费问题"，"需要对消费进行更多的研究"，并第一次承诺要为建立更加可持续的消费模式而努力。

20 世纪 90 年代末，由于人类消费对资源环境的消极影响不断深化和严重，国际社会开始反思"重生产、重技术、轻消费"的局限性，越来越多的国家和国际组织纷纷展开对可持续消费的研究和实践。

1994 年，联合国环境规划署（UNEP）首次定义可持续消费为"提供服务以及相关的产品以满足人类的基本需求，提高生活质量，同时使自然资源和有毒材料的使用量减少，使服务或产品的生命周期中所产生的废物和污染物最少，从而不危及后代的需求"。⑥ 此后，世界上众多权威国际机构对可持续消费模式进行了纵深的探讨和研究。

---

① Carmen Tanner. Sybille Welfing Kast. Promoting sustainable consumption: Determinants of green purchases by Swiss consumers. Psychology and Marketing. 20, (10): 883~902.

② Gert Spaargaren. Ecological Modernization Theory and Domestic Consumption. Journal of Environmental Policy & Planning, 2000, (2): 323~335.

③ 金忠义. 上海能源消费结构与生态环境研究 [J]. 财经研究, 1993 (2): 44~48; 童钧耕等. 能源消费结构和上海大气环境 [J]. 城市环境与城市生态, 1995 (8): 32~34.

④ 司金銮. 论生态环境与消费结构的协同发展 [J]. 生态经济, 1997 (5): 16~18.

⑤ 虽然对绿色消费的探讨最早可追溯到 1988 年出版的《绿色消费者指南》一书，书中首次提出了绿色消费的观点，且从消费的对象——商品的角度对绿色消费进行了界定。但直到 1994 年，联合国环境规划署才在其报告《可持续消费的政策因素》中正式提出绿色消费的概念。不少学者认为，绿色消费主要关注消费者在选择和购买行为过程中的环保动机和努力；而可持续消费已远远超出了 20 世纪 80 年代末和 90 年代初的"绿色消费者"运动的范畴，因为后者的重点是在生态标志等温和的政策行动的支持下，为小康型消费者市场提供生态产品，这种产品市场的范围有限。可持续消费本身涵盖了很广的内容，包括整体性、前瞻性、战略性、全面性和创新性等特点。

⑥ UNEP. Element for policies for sustainable consumption, Nairobi, Symposium: Sustainable Production and Consumption Pattern, 1994, Oslo, Norway.

1998年，国际环境与发展学会认为，可持续消费特别关注消费者选择、购买、使用和处置产品和服务等行为，并且关注如何通过改变这些行为来增加社会和环境收益。①

2001年，UNEP进一步认为，可持续消费是一个涵盖性概念（umbrella term），它涵盖了为满足生命的基本需求，保证人类各个世代的持续发展，同时减少环境破坏对人类健康的危害等目标所必需的具有可持续特征的一系列目标和手段。②

由于UNEP早期的定义一直强调可持续消费不是要限制消费水平的提高，只是以更有效率的方式提供舒适的生活；而很多的非政府组织则主张降低每个人的消费需求，从而降低人类整体消费物质规模。无疑，对这两个问题进行清晰的解读是明确消费模式转变的战略方向和政策手段而无法回避的关键问题。这就导致了"弱可持续消费"和"强可持续消费"两种消费模式的诞生。

1994年，英国环境经济学家David Pearce提出要对可持续消费作出更清晰的定义，尤其是在消费过程中，能源、环境消纳能力会在多大程度上被耗尽依赖于资源用于生产和消费的比率或强度。消费效率的提高意味着单位消费的资源消耗量降低，国际上许多学者将这种单纯的效率改进称为"弱可持续消费"。

然而，消费效率的提高以及表面上的绿色消费偏好仍会助长消费量的反弹。因此，仅仅提高消费效率还远远不够，改变每个消费者的消费模式，降低消费的物质规模才是实现可持续消费的充要条件。兼顾效率提高，但以消费模式生态化转型为重心的消费则被称为"强可持续消费"。③ Manoochehri认为，强可持续消费可以分解为两个核心要素，即消费模式减物质化（Dematerialization）与消费模式的最优化（Optimization）。前者的主要目的在于提高资源利用效率，以最小的物质消耗来满足人类提高福利的需要；而后者则旨在实现

---

① Ministry of the Environment, Oslo and International Institute of Environment and Development. IIED Consumption in a Sustainable World: Report of the Workshop 1998, Kabelvåg, Norway.

② UNEP. Consumption Opportunities: Strategies for change, 2001, Paris, France.

③ 参阅：①Princen T. Pinciple for Sustainable Consumption: Two New Perspectives [J]. Journal of Consumer policy, 2003, 3 (1): 33~50. ②Spangenberg J H, Lorek S. Environmentally Sustainable Household Consumption: from Aggregate Environmental Pressures to Priority Fields of Action [J]. Ecological Economics, 2002, 43: 127~140. ③Fuchs, D. A, Lorek S. Sustainable Consumption Governance: A History Of Promises And Failures [J]. Journal of Consumer Policy, 2005, 28: 261~288.

经济的消费，达到资源合理配置、公平与发展的目的。① 很显然，弱可持续消费本质上仍然视"消费为唯一的目标和所有经济生活的目的"将无法突破"将生产要素视为手段，试图以最佳的生产模式使消费最大化"的经济循环；而强可持续性消费则认为"既然消费只是人类福利的一种手段，目的就应当是以最少的消费求得最大限度的福利"，依据这种方式来探索强可持续消费可以说是在为如何协调人类的工作与休闲，消费与劳动，求得与自然和谐的人类发展寻找答案。②

由于人类消费行为和模式除经济因素外还受多种因素的影响，其中包括很多非理性因素，影响程度存在较大差异，作用过程也非常复杂。因此，关于可持续消费模式影响因素的多元化分析于20世纪70年代在美国发展起来，90年代后，这股热潮随着深度生态现代化的发展而在北欧等国家和地区积累了大量的经验研究成果。例如，Hansen和Schrader认为人类的消费模式变化受消费道德和环境伦理的影响和制约③；Heiskanen和Pantar以及Burgess则分别从进化论和社会结构角度定性地研究了消费者转变不可持续性消费模式的主要障碍因素④；我国香港学者Chan的研究指出，中国的传统文化非常强调人与自然的和谐，这种和谐价值观与生态化的消费价值观是一致的⑤；Kaiser等学者认为有关自然环境和特定的可持续消费行为的知识也是影响人类消费模式的重要因素⑥；Gerbens等学者研究了消费模式对土地资源的需求⑦；另外，还有不少学者，如Aarts，Bamberg和Matthies等人认为，人类在日常生活领域中所养成的勤俭节用、适度消费还是铺张浪费等消费惯性或习惯也是影响其可持

---

① Manoochehri, J. Post-Rio Sustainable Consumption: Establishing Coherence and a Common Platform [J]. Development, 2002, 45 (3): 51~57.

② [美] 赫尔曼.E. 戴利, 肯尼斯·汤森. 马杰等译. 珍惜地球: 经济学, 伦理学, 生态学 [M]. 北京: 商务印书馆, 2001: 44~45.

③ Hensen U, Schrader U. A Modern Model of Consumption for a Sustainable Society [J]. Journal of Consumer Policy, 1997, 20: 443~468.

④ 参阅: ①Heiskanen E, Pantzar M. Toward Sustainable Consumption: Two New Perspective [J]. Journal of Consumer Policy, 1997, 20 (4): 409~442. ②Burgess J. Sustainable Consumption: Is it really achievable? [J]. Consumer Policy Review, 2003, 13 (3): 78~84.

⑤ Chan R. Determinants of Chinese consumer's Green purchase behavior [J]. Journal of Environmental Psychology, 1999, 19: 145~157.

⑥ Kaiser F G, Doka G, et al. Ecological Behavior and its Environmental Consequences: a life cycle assessment of a self-report measure [J]. Journal of Environmental Psychology, 2003, 23: 11~20.

⑦ Gerbens-Leenes P. W, NonhebelS, Consumption patterns and their effects on land required food. Ecological Economics, 2002, (42): 185~199.

续消费模式的主要因素。①

可见，正是由于人类消费行为和模式的复杂性，单纯从经济学角度来分析消费最初意义上的对物质产品和服务的消耗以满足人们的需要和欲望已凸显不够。时至现在，消费已不再仅是指向具体的、实体性的物的消耗，它已从纯粹的经济学概念变成了一个文化学、社会学、心理学、伦理学、生态学和法学等多学科性质和内容的概念。研究视角的多元化使得更准确的判断和预测人类各种消费行为和模式成为可能。

我国学者对消费模式的研究始于消费模式的内涵、社会主义和资本主义消费模式的区别、对消费的作用和地位的不同看法以及如何建立和发展社会主义消费模式等。早期对消费模式的研究主要侧重于分析消费模式的内涵、本质属性、特点、研究意义、影响因素、发展趋势以及社会主义消费模式的优越性或历史进步性等方面的内容。② 其中对消费模式的决定和影响因素的分析虽然主要关注生产关系和生产力发展水平等方面的内容，但也有不少学者在分析居民消费时考虑资源环境对居民消费模式的影响。例如，我国著名的消费经济学家尹世杰教授认为，一个国家的自然资源、人口及其分布、地理环境和民族习惯等因素都在不同程度上影响着消费模式实现的具体形式，尤其是自然资源和人口状况对一个国家消费模式的具体实现形式影响更大。③ 居民消费模式所要求的适度消费是指适应于国情国力、生产发展水平和自然资源的一种消费状态。④

基于自然资源供给性约束日益趋紧和生态环境不断恶化的发展态势，我国学者从消费视角开展资源环境问题的相关研究越来越多，且研究方法由定性分析逐渐转向于定性与定量相结合的分析和探讨。这方面的研究大多体现在通过对绿色消费、可持续消费、适度消费、科学消费、合理消费等方面的相关论述，来分析人口增长和居民消费模式变化对资源环境的影响作用。

对于绿色消费模式，陈启杰教授认为，绿色消费模式是消费者在消费过程

---

① ①Aarts H, Dijksterhuis A. The Automatic Activation of Goal-directed Behavior: the case of travel habit [J]. Journal of Environmental Psychology, 2000, (20): 75~82. ②Bamberg S, Schmidt P. Incentives, Morality or Habit: predicting students' car use for university routes with the models of Ajzen, Schwartz and Triandis [J]. Environment and Behavior, 2003, 35 (2): 264~285. ③Matthies E, Kuhn S, et al. Travel Mode Choice of Women: The Result of Limitation Ecological Norm or Weak Habit? [J]. Environment and Behavior, 2002, 34 (2): 163~177.

② 这方面的文献主要有：尹世杰. 社会主义消费经济学 [M]. 上海：上海人民出版社，1983 年 9 月版；杨圣明. 中国式消费模式选择 [M]. 北京：中国社会科学出版社，1989 年 9 月版；李彦和等. 简明社会主义消费经济学 [M]. 银川：宁夏人民出版社，1987 年 4 月版；文启湘. 中国消费经济学 [M]. 西安：西北大学出版社，1990 年 10 月版.

③ 尹世杰. 社会主义消费经济学 [M]. 上海：上海人民出版社，1983：305.

④ 杨圣明. 中国式消费模式选择 [M]. 北京：中国社会科学出版社，1989：102.

中注意保护生态环境、减少资源浪费和防止污染，承担社会责任的前提下，考虑保护自身健康和个体利益的对绿色产品和服务的一种理性消费方式，是一种体现绿色文明、遵循可持续发展原则的消费模式。[1]

而对于可持续消费模式，杨家栋等学者认为，可持续消费模式体现了人类消费行为的主要内容，包括消费水平、消费结构、消费方式等各个方面的基本态势、内在联系和发展变化，是可持续消费质的规定性——代际公正和代内公正原则的综合体现，是保证人类生态消费、物质消费和精神消费等各个方面的需求得到满足并不断由低层次向高层次演进的消费，与一般的消费方式存在很大的区别。[2]

俞海山从可持续发展入手，认为单纯强调以"消费促生产"的观点颠倒了目的（消费）与手段（生产）之间的关系，没有从可持续发展的角度来看待消费；作者提出了可持续消费的四大原则，即适度消费原则、公平消费原则、和谐消费原则和不断增加精神消费比例的原则，并分别从人口、政府、企业、消费者等角度阐述了其与可持续消费的关系，在理论和实践的高度构建了中国可持续消费模式，最后得出可持续消费是可持续发展的实现机制，是人类消费发展的必由之路。[3]

郝睿主张，要采取有效行动来引导建立可持续消费模式，其中包括建立将环境和资源成本内在化的价格体系。[4] 傅家荣认为，要实现可持续消费，必须把"满足人们的消费需要，其中特别是生态需要"作为实现可持续消费的基本要素之一[5]；曹新论述了人的需求除物质生活需求和精神需求以外还有生态需求[6]；陆满平从产品对人的健康和对环境后果的角度考察了物质产品的可持续消费行为，包括食品、服装、住宅、用品和交通等[7]；欧阳志远从哲学和交叉学科的角度对可持续消费作了较为系统、全面和深入的探讨。他从文明史的高度，分析了消费文明的演变与现代消费文明的自毁与补救措施，向人们揭示了

---

[1] 陈启杰. 论绿色消费模式 [J]. 财经研究, 2001 (9): 25～31.
[2] 杨家栋, 秦兴方. 可持续消费: 世纪之交人类共同面对的战略性研究课题 [J]. 扬州大学学报（人文社科版）, 1997 (1): 1～6; 杨家栋, 秦兴方. 可持续消费引论 [M]. 北京: 中国经济出版社, 2000: 188～189.
[3] 俞海山. 可持续消费: 内涵、原则与意义 [J]. 消费经济, 1999 (3): 42～44; 俞海山. 可持续消费模式论 [M]. 北京: 经济科学出版社, 2002: 7, 32.
[4] 郝睿. 21世纪消费模式的主流: 可持续消费 [J]. 消费经济, 1999 (2): 35～36.
[5] 傅家荣. 可持续消费的合理内涵及其实现对策 [J]. 经济问题, 1998 (3): 48～50.
[6] 曹新. 社会进步与生态需求 [J]. 消费经济, 1999 (6): 50～51.
[7] 陆满平. 论物质产品的可持续消费行为 [J]. 消费经济, 1999 (6): 52～55.

可持续消费问题的由来、演变与前景,并提供了大量的经验事实和相关材料[①];彭希哲等学者构建消费压力人口模型,对人口消费活动及其环境压力之间的关系进行定量研究[②];陶在朴利用生态足迹的方法分析了家庭和个人生活消费对生态环境的影响[③];闵庆文、苏筠、赵慧霞和张泽洪等学者计算了大中城市居民生活消费的生态足迹[④];罗婷文等研究了北京城镇化过程中由于食物消费结构变化带来的碳消费的动态变化[⑤];李丁等对成都市城市居民生活消费的物质流进行了较深入的分析[⑥];耿莉萍则从食品消费规模扩大将对耕地资源形成压力、生活用水量增加对淡水资源形成压力、能源消费增加对能源保障构成压力以及物质消费总量增加将使中国环境恶化日益严重等方面对此问题进行了分析。[⑦]

具有特别意义的是,党的十七大报告首次将生态文明确定为我国全面建设小康社会的重要战略目标,明确提出要"建设生态文明,基本形成节约能源资源和保护生态环境的产业结构、增长方式、消费模式"。生态文明是人类在发展物质文明的过程中保护和改善生态环境的成果,它表现为人与自然和谐程度的进步和人们生态文明观念的增强。提出建设生态文明,不论对于实现以人为本、全面协调可持续发展,还是对于改善生态环境、提高人民生活质量,实现全面建设小康社会的目标,都是至关重要的。

应当指出,物质文明建设,不仅同精神文明建设、政治文明建设相互依存、互为条件,而且同生态文明建设互相依存、互为条件。从全球范围看,自工业革命以来,人类在物质生产取得巨大发展的同时,对地球资源的索取超出了合理的范围,对地球生态环境造成了破坏。其严重后果就是全球气候变化,

---

① 欧阳志远. 最后的消费:文明的自毁与补救 [M]. 北京:人民出版社,2002.
② 彭希哲,钱焱. 试论消费压力人口与可持续发展——人口学研究新概念与方法的尝试 [J]. 中国人口科学,2001 (5):1~9.
③ 陶在朴. 生态包袱与生态足迹:可持续发展的重量及面积观念 [M]. 北京:经济科学出版社,2003;20~21.
④ 这方面的文献参阅:①闵庆文,李云等. 中等城市居民生活消费生态系统占用的比较分析:以泰州、商丘、铜川、锡林郭勒为例 [J]. 自然资源学报,2005,20 (2):286~293;②闵庆文,余卫东等. 商丘市城市居民生活消费生态足迹的时间序列分析 [J]. 资源科学,2004,26 (5):125~131;③苏筠,成升魁,谢高地等. 大城市居民消费的生态足迹初探 [J]. 资源科学,2001,23 (6):24~28;④赵慧霞,姜鲁光. 济南市城市居民生活消费的生态足迹 [J]. 生态学杂志,2004,23 (6):178~181;⑤张泽洪,朱飞燕. 成都市城市居民生活消费的生态足迹分析 [J]. 国土资源科技管理,2006 (2):100~103.
⑤ 罗婷文,欧阳志云等. 北京城镇化进程中家庭食物碳消费动态 [J]. 生态学报,2005,25 (12):3252~3258.
⑥ 李丁,汪云林等. 城市居民生活消费物质流计算的尝试:以成都为例 [J]. 电子科技大学学报(社科版),2007,9 (2):56~59.
⑦ 耿莉萍. 我国居民消费水平提高对资源、环境影响趋势分析 [J]. 中国人口·资源与环境,2004,14 (1):39~44.

以及过度开发土地、滥伐森林、过度捕捞、环境污染等所产生的其他负面效应。而在我国，突出强调建设生态文明，是贯彻落实科学发展观、全面建设小康社会的必然要求和重大任务。一方面，我国虽然是资源大国，但人均资源明显低于世界平均水平；另一方面，由于长期实行主要依赖投资和增加物质投入的粗放型经济增长方式，能源和其他资源的消耗增长很快，生态环境恶化问题也日益突出。这就要求我国必须加快转变经济发展方式，必须坚持走中国特色新型工业化道路，通过大力推进信息化与工业化的融合，提升高技术产业，限制高耗能、高污染工业的发展。与此同时，要立足我国国情和资源环境状况，正确引导消费结构升级，形成有利于节约能源资源和保护环境的消费模式。如何通过转变消费模式以实现人与自然和谐发展的长远战略目标，日益成为我国将生态文明建设落实到实处的突破口。

中国生态道德促进会会长陈寿朋认为，消费模式的生态化转型是贯穿生态文明建设经济层面和社会生活层面的重要内容。① 李文华院士则认为我国生态文明建设目标在微观上应该注重逐渐引导人们的价值取向、生产方式和消费方式的转变、塑造新型的生态企业、生态社区、生态景观和生态智人。② 中国社会科学院杨圣明研究员也认为，生态文明社会对居民消费模式提出了新的要求，亦即不仅把经济增长和产业结构置于生态文明之上，打造成生态文明型的，而且把消费模式置于生态文明之中，构建成生态文明型的；对居民生活领域的这项新要求，就是构建生态文明型的消费模式。③

综观国内外对全球资源性供给日益趋紧约束条件下的消费模式的研究，不难发现，目前对于可持续发展全球背景下的消费和消费模式研究，大多从经济学视角进行分析和探讨，其最终目的主要侧重于追求人类经济利益或消费效用的最大化。这种对资源环境消费研究的问题涉及面虽多，但对资源性供给紧约束条件下消费模式的演变历程、发展规律和发生机制，以及消费、增长与可持续发展的内在机理联系等方面，系统性的分析和研究还不够。如何构建科学、合理的消费模式来引导居民的生态消费行为、企业生态行为和政府生态行为，规范和树立政府、企业和消费者的生态文明责任，最终达到实现社会主义生态文明建设，提高生态文明水平的目的还需要进一步作深入分析和研究。当前，我国对消费模式的研究已进入了全新的历史发展阶段。如何贯彻和落实党的十

---

① 陈寿朋. 加强生态道德建设, 促进人与自然和谐, 爱护我们生于斯长于斯的家园 [N]. 人民日报, 2007-11-5.
② 李文华. 生态文明建设与可持续发展 [N]. 环境保护, 2007, 383 (11): 32~34.
③ 杨圣明. 关于全面小康社会消费模式的几点思考 [J]. 消费经济, 2007 (6): 13~16.

七大报告的精神,将广大居民日常生活领域中存在的不合理消费模式,打造成符合生态文明建设和可持续发展要求的生态文明消费模式,显然已是摆在我国理论界和学术界面前的一项极其重要的任务。本书在现有文献研究成果的基础上,为突破资源性供给紧约束与人口消费、社会、经济可持续发展的困境和窘迫,通过跨学科的分析和研究方法,探讨资源性供给紧约束条件下的现代消费模式——生态文明消费模式,试图为实现有利于能源资源节约和生态环境保护的消费模式提供理论基础和对策建议。

1.3 本书逻辑线索和拟突破之处

本书力图达到理论研究的突破和创新,并在理论研究的视野中寻找问题解决的实现途径。除导论外,本书主体包括6个章节,分属4个方面的内容。研究的逻辑线索分述如下:

第一部分(第2章)是消费和消费模式的基础理论研究,是全书的基石和理论依据。本部分从消费的本质和属性入手,通过多学科视角,在对消费的含义、发展趋势、跨学科性质和各种属性分析的基础上,探讨了消费问题的多学科性和复杂性等问题。基于全球的生态环境不断恶化,能源等资源性产品供给约束日益趋紧的发展态势,对消费的深入追问必然就涉及人与自然关系的相关理论分析,因为居民消费最终表现为人类与大自然之间的物质和能量交换关系。在对这些内容分析的前提和基础上,笔者展开了对消费模式的内涵、界定、影响因素和历史演替的分析和阐述,初步提出了生态文明消费模式是继农业文明、工业文明时代之后,符合21世纪时代生态文明建设和可持续发展要求的消费发展模式。这为本书第6章的分析提供了铺垫。

第二部分(第3、4章)是消费模式变化与资源性供给紧约束的理论与实践相结合的研究。第3章在分析自然资源、生态环境与居民消费需要之间的相互影响和相互作用的分析基础上,论述了消费模式变化,尤其是人们生活消费过程中存在的大量使用一次性消费品和过度包装产品、生活垃圾随意丢放等不可持续的消费行为和方式,已经或正在对生态环境造成越来越大的影响和破坏,进而导致能源和资源性产品供给日益趋紧约束;并认为现实生活中居民所存在的不合理的消费模式有着深刻的理论根源,最后得出"资源性供给趋紧约束呼唤居民可持续性的消费模式"的结论。第4章以食品消费为例,分析了资源性供给紧约束条件下的居民食品消费升级，以及"高消费"、过度消费等不合理的食品消费行为和方式，正在对土地、淡水、森林、草原等资源性产品，以及居民生活环境造成越来越严重的负面影响，并在一定程度上制约了我国农业的可持续发展。

第三部分（第5章）是资源性供给紧约束条件下的消费、增长与可持续发展之间关系的理论纵深研究部分。这是本书将消费增长纵深扩展到可持续发展的深化研究。本章从居民消费增长入手，依据"消费增长→经济增长→经济发展→可持续发展"这条传导主线和发展规律，较深入地分析和探讨了资源性供给紧约束条件下的消费增长方式和经济增长方式之间的关系，认为居民消费增长的可持续性对实现经济社会可持续发展的极端重要性，最后得出"改善居民的消费模式是实现经济社会可持续发展的重要保证"的结论。在依据这条传导主线的纵深探讨过程中，笔者对资源性供给紧约束条件下的消费、增长与可持续发展之间的相互影响机制和内在联系机理，进行了较深入的分析和探讨，并辅之以我国60年来消费体制的变迁历程、美国能源消费模式转型等事例分析，认为转换不可持续的消费模式是实现我国经济社会可持续发展的重要保证。

第四部分（第6、7章）是资源性供给紧约束条件下现代消费模式选择——生态文明消费模式及其构建。第6章阐述了资源性供给紧约束下现代消费发展模式。基于绿色消费和可持续消费等消费模式存在的欠缺和不足之处，笔者认为生态文明消费具有更多的科学性和合理性。通过对生态文明消费模式的内涵、界定及其内在规定性、重要作用的分析和探讨，认为这种消费模式把消费置放于"人—社会—经济—自然"这一宏大的坐标体系中予以整体考虑，将伦理道德和价值标准扩展到非人的自然生态系统，即认为人类永远是整个生态系统的一个组成部分。因此，生态文明消费模式重新定位了人类的生活方式和消费方式，是人类21世纪生态文明时代资源性供给紧约束条件下现代消费发展模式的新形态和新定位。第7章是对策研究。本章从政府、企业和消费者三个层面来构建中国生态文明消费模式，认为生态文明消费模式的构建需要这三大主体的有力支撑和共同努力，以促成生态文明消费模式的形成。

本书以资源性供给紧约束条件下的消费模式为研究对象，力图在以下三个方面得到理论上的突破和创新。

（1）关于人类经济行为与资源环境之间的关系，消费经济学、资源与环境经济学、生态经济学、可持续发展经济学等学科均进行了许多较深入的研究，但从消费的角度来探讨经济行为与资源环境间关系的研究并不多；即使已有的这方面的研究大多是从经济层面的视角对消费模式进行探讨，其最终目的主要侧重于追求人类经济利益或消费效用的最大化。本书把消费活动置放于"人—社会—经济—自然"这一宏大的坐标体系之中，将伦理道德和价值标准扩展到非人的自然生态系统，认为居民消费活动不仅是一种经济现象，同时还是一种社会和文化现象，具有多学科的内涵、性质和属性。本书主要从经济学、社会学、伦理学、生态学和法学等多学科领域，对消费模式进行了较系统的分析和探讨，结合消费的跨学科性质，尝试构建资源性供给紧约束条件下的现代消费模式——生态文明消费模式。

（2）在当前资源性供给日益趋紧约束条件下，转换居民生活领域中存在的不合理的消费模式，是为了实现人口、社会、经济、资源和环境的可持续发展。从促进居民消费增长到实现经济社会的可持续发展，其传导实现机制并非"一蹴而就"的。本书依据"消费增长→经济增长→经济发展→可持续发展"这条传导主线和发展规律，较深入地分析和探讨了从"消费增长"到"可持续发展"的路径依赖和逻辑联系，经济增长所面临的发展困境的发生机制，以及资源性供给紧约束下的消费、增长与可持续发展之间的相互影响机制和内在联系机理，最后得出"改善居民的消费模式是贯彻落实科学发展观，实现经济社会可持续发展的重要保证"的结论。

（3）综观现代消费模式的发展历程，绿色消费和可持续消费模式的提出，是人类消费文明和道德价值观的巨大进步。进入 21 世纪生态文明社会，基于生态伦理、环境道德和消费文明等道德价值评判标准不断向经济领域延伸的发展趋势，为贯彻落实科学发展观，建设人与自然和谐发展的生态文明社会，促进经济社会的全面协调可持续的科学发展，最终达到实现人的全面发展和社会的全面进步，笔者提出了资源性供给紧约束条件下的现代消费模式——生态文明消费模式。与绿色消费相比，笔者认为绿色消费应寓入生态文明消费模式之中，是生态文明消费模式外延的重要组成部分。作为一种可持续消费模式，生态文明消费模式重新定位了人类的消费行为和方式，是对人类消费进行了综合性、多层面、多线性交叉思考的必然结果，它为人类认识自己提供了一种更加科学合理的消费观念视角和价值尺度。因而，构建生态文明消费模式体现了更广义上的生态文明建设和科学发展观要求。

1.4 本书的研究方法和结构

本研究以规范分析为主，以经验分析为辅，侧重于基础理论的深化研究。全书以马克思主义基本原理和分析方法为指导原则，结合中国的具体实践，通过多学科的交叉分析来研究资源性供给紧约束下的消费模式。

由于居民消费是一项十分复杂的社会、经济、文化活动，涉及消费经济学、环境经济学、人口学、社会学、（生态）伦理学、（环境）法学、哲学和生态学等多个学科。因此，本书对消费模式的内容研究主要采用跨学科研究方法，在经济系统、社会文化系统和生态（环境）系统这一宏大坐标中探寻居民消费行为和模式的多学科性和复杂性。

遵循具体的历史分析和归纳分析相结合的基本原则，本书注重运用具体的历史经验数据来阐述新中国成立后居民食品消费水平、消费结构和消费方式的现状和变化趋势，从动态的历史演变中揭示我国居民食品消费模式变化，已经或正在对农业生产环境产生越来越严重的负面影响，能源、土地、淡水等资源性产品供给日益趋紧约束。

运用归纳与演绎相结合的分析方法。本书依据"消费增长→经济增长→经济发展→可持续发展"这条逻辑线索和传导路径，结合比较分析方法，由浅入深地进行归纳和演绎分析，最后得出"改善居民的消费模式是实现经济社会可持续发展目标的重要保证"的结论。

运用微观和宏观研究相结合的分析方法。对消费模式的研究，个人或家庭的消费观、消费习惯以及消费技能等，均会对资源环境产生很大的影响。改善消费者个人和家庭的消费模式是解决资源环境问题的重要保证。对这些问题的分析，笔者主要采用微观分析方法。但是，我们决不能离开整个社会而孤立地研究家庭或个人消费模式，许多消费问题和现象只有从宏观角度结合起来研究，方可得到正确的解释。因此，唯有把微观与宏观分析方法结合起来才能更好地研究居民消费行为与资源环境问题，较深入地探讨生态文明消费模式。另外，由于图表、数据的好处是简明和直观，且往往更具说服力，故本书对一些问题的分析采用了图表和数据分析法。

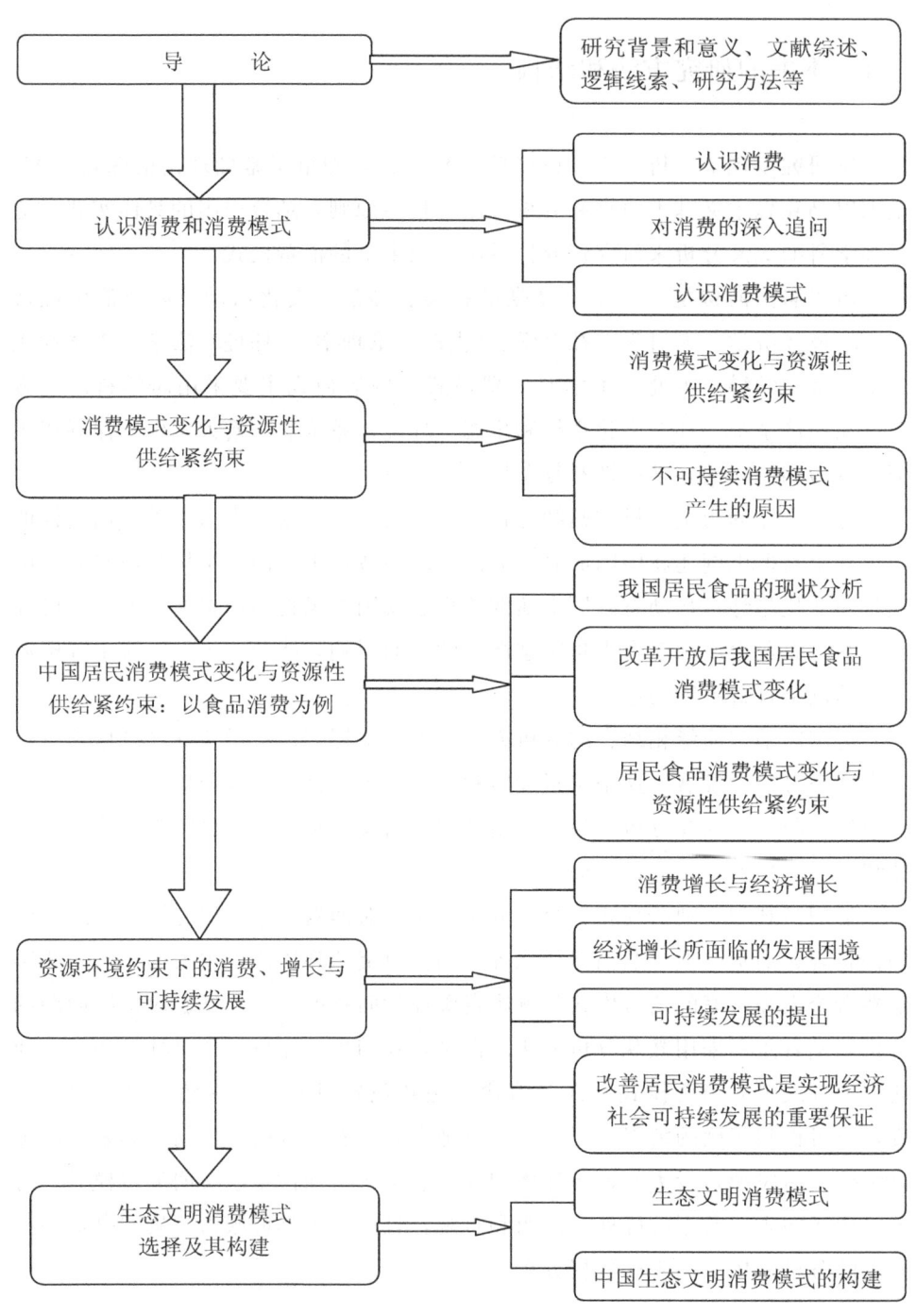

本书的研究结构

1.5 本书研究的不足与展望

由于消费模式的范围极其广泛，内容也颇为复杂，反映了人们消费生活中诸如消费需要、消费水平、消费结构、消费方式、消费决策、消费偏好、消费体制等方面的基本内容和发展变化；而本书对消费模式的研究主要侧重于消费需要、消费水平、消费结构、消费方式和消费文化等方面的分析和探讨，显然不能完整地反映居民消费模式的全部特征和内容，这就使得笔者对资源性供给紧约束下消费模式的纵深分析和探讨必然会存在一定的不足，难以系统地反映居民全部消费内容的基本特点和变化趋势。

其次，本书对消费模式的研究主要偏重于基础理论的分析和探讨，虽然在第 4 章对资源性供给紧约束下的居民食品消费模式进行了案例分析，但其仍基本停留在对消费模式的定性分析层面上，定量研究凸显不足；而对于中国生态文明消费模式的构建，笔者主要是从政府、企业和消费者等三个方面来予以探讨，其他还有诸如新闻媒体、消费者协会、商业协会、社会团体等非政府组织或民间机构，在中国生态文明消费模式构建过程中的作用也是不可低估的。

另外，对资源性供给紧约束下的消费模式进行理论分析，是为了指导人们日常生活过程中的消费实践，尤其是对居民消费实践操作层面的生态文明消费模式的综合评价指标体系建设，并通过样本分析进行实证研究显然很为必要，笔者在这方面的研究不足正是本书后续研究的努力方向。

总之，资源性供给紧约束下的现代消费模式——生态文明消费模式涉及的范围非常广泛，内容也很复杂，但囿于笔者的学术水平和认知能力的限制，本书的研究只能说是对生态文明消费模式理论和实践的初步分析，还有待于进一步深入探讨和研究。

第 2 章 认识消费和消费模式

2.1 认识消费

2.1.1 消费的含义

对消费模式的认识首先得认识消费。消费是人类社会经济活动的重要组成部分，是人类得以生存和发展的前提和基本条件，任何人在任何时候都离不开消费。马克思早就说过："人从出现在地球舞台上的那一天起，每天都要消费，不管在他开始生产以前和在生产期间都是一样。"① 因此，消费不仅是人类的一种基本生理需要，也是人类的存在方式。

一般认为，在中国古代最早提到"消费"一词的是东汉时期的王符。他在《潜夫论·浮侈》中认为，奢侈品生产"既不助长农工女，无有益于世，而坐食嘉谷，消费白日……"可见，"消费"这个词至少在 1900 年前就已经提出来了。但中国古人在论及我们使用"消费"所指词意时，往往用"靡""养""养生""食""穿衣吃饭"等词代替，而不直接使用"消费"这个词。②

对于消费的含义，马克思认为，"产品在消费中才得到最后完成"，而产品的最后完成只是由于原来意义上的生活资料消费"把它的独立的物体形式毁掉"③；"消费是商品作为使用价值提供的服务，是商品借以成为使用价值，成为消费对象的作用。"④ 根据英国学者威廉斯·雷蒙德的研究，从 18 世纪中期

---

① 马克思. 资本论·第 3 卷 [M]. 北京：人民出版社，1975：191.
② 欧阳卫民. 中国消费经济思想史 [M]. 北京：中共中央党校出版社，1994：2.
③ 马克思恩格斯选集·第 2 卷 [M]. 北京：人民出版社，1972：91~95.
④ 马克思恩格斯全集·第 13 卷 [M]. 北京：人民出版社，1972：25.

以后，在资产阶级政治经济学中，它开始成为一个与生产相对应的中性概念。①而很早就用来描述购买者的"顾客"也逐渐让位于"消费者"，前者往往意味着一种与供应者具有固定、连续的关系，而后者则指抽象市场中的一种角色。②"消费"已经成为人们日常生活中耳熟能详的一个最常见的概念。

我国《消费经济学大辞典》把"消费"定义为人们通过各种劳动产品（包括劳务和精神产品）的使用和消耗，满足自己需要的行为和过程③，并将其分为广义和狭义两种消费。广义的消费包括了生产消费和生活消费两个方面，而狭义的消费则仅仅是指生活消费。马克思将生产消费称之为"与生产同一的消费"，将生活消费称之为"原来意义上的消费"④。学者们在探讨和分析消费问题时一般将生产消费纳入生产范畴，而将个人生活消费纳入消费范畴。因此，人们通常所说的消费一般是指狭义的消费，即生活消费。这既是消费学科的研究对象，也是本书所要研究的消费范围。

一般而言，生活消费可分为物质消费和精神（文化）消费两种。物质消费主要包括物质产品和劳务的消费，它是人们进行一切社会经济活动的物质基础和重要前提；而精神消费主要包括生理和心理的消费，其消费对象包括文化教育、休闲娱乐、体育锻炼、医疗保健等精神文化产品。我们知道，人与动物的最大区别在于人具有复杂思维和创造性思维，即不是以其自然属性、生理属性立足于地球，而是以其独特思维能力和无限创造性而成为世界的主宰，即人具有精神生产能力和精神消费能力。"人双重地存在着，主观上作为他自身而存在着，客观上又存在于自己生存的这些自然无机条件之中。"⑤精神消费体现在物质产品中，受物质产品的制约且作用于物质产品和劳务的生产和消费。精神消费主要受人类历史文化、经济发展水平、社会生产方式、宗教文化信仰等多种因素影响，并表现出独特的个性、多样性和自主精神。伴随着经济社会的快速发展和物质财富的极大丰富，基本物质消费在满足人们生活需要后，适时扩大、增强人们对文化、教育、环境享受等非物质产品即精神消费的追求，必然是经济社会发展的发展趋势和根本方向。精神文化消费有利于"保证他们的体力和智力获得充分的自由发展和运用"⑥，由物质消费需要上升至精神消费需

---

① [英] Willams Ramond: A Vocabulary of Culture and Society, Oxford University Press, 1985, pp.68~70.
② 成伯清.消费主义离我们有多远 [J].江苏行政学院学报, 2001 (2): 71~72.
③ 林白鹏, 臧旭恒.消费经济学大辞典 [M].北京: 经济科学出版社, 2000: 3.
④ 马克思恩格斯全集·第12卷 [M].北京: 人民出版社, 1972: 741~742.
⑤ 马克思恩格斯全集·第46卷 [M].北京: 人民出版社, 1979: 491.
⑥ 马克思恩格斯选集·第3卷 [M].北京: 人民出版社, 1972: 322.

要，要求人们对精神文化产品进行有效认知、理解和接受，必须具备一定的认知、接受能力和较高的精神消费能力。

消费是人们通过"使用、消耗、磨损或享有"消费资料和劳务来满足自己的生理和心理的需要，如消费食物来解除饥饿，消费衣服来防寒御冷，这些都反映消费的自然过程，它直接与劳动力再生产相联系。虽然"消费"一词所体现出来的"使用、消耗或享用"等字面含义是为了满足人们的消费需要，甚至通过对消费客体（对象）进行一定程度上的"消耗、毁掉"等活动或手段，以实现劳动力再生产；但是，人们的消费活动又总是在一定的生产关系下进行的，"我们的需要和享受具有社会性质"[①]，亦即消费不能脱离社会而孤立地进行。消费不仅是劳动力的再生产，从根本上说，它是为了再生产出身心健康和全面发展的高素质人才，从而使社会经济关系的主体在更高的质量上再生产出来。"消费生产出生产者的素质"，"在社会主义的前提下，人的需要的丰富性，从而某种新的生产方式和某种新的生产对象具有何等的意义：人的本质力量的新的证明和人的本质的新的充实。"[②] 因此，消费的过程其实就是一个自我完成和自我成就的过程，最终有利于"证明人的本质力量"和"充实人的本质"。

显然，对消费的认识，我们自始至终要把握的是通过科学合理的生产和消费方式，以实现居民消费满足，最终达到提高人的素质，促进人的身心健康和全面发展的这一重要目标。虽然消费会对自然生态环境产生一定的负面影响，但并非所有的消费行为都是通过"消耗、毁掉"等方式来实现人们的消费满足。从某种意义上说，这种通过"消耗、毁掉、浪费"等手段的"消费"，更多地表现为经济主体的粗放型的经济行为，而这可能"引导""引致"，甚至"创造"出居民粗放型的生活消费行为和方式。

因此，我们可以认为，消费是指为满足人的物质和精神文化等方面的生理和心理需要，通过"使用、消耗、磨损或享用"企业生产所提供的产品（含劳务产品），再生产出全面发展的新人，实现人的本质的全面复归，促进人口消费与社会、经济、资源和环境的和谐发展，最终达到把作为社会经济关系主体的消费者在更高的质量上再生产出来，实现以人为本为核心的科学发展，以及整个人类社会的全面进步。社会主义的消费所表现出来的消费需求不断上升，消费需要行为和过程的不断满足，不仅反映了居民日益增长的物质文化需要和

---

① 马克思恩格斯选集·第 1 卷 [M]．北京：人民出版社，1972：368．
② 马克思恩格斯全集·第 42 卷 [M]．北京：人民出版社，1979：132．

生态需要不断地得到满足，而且更重要的是实现"以人为本"，对人的全面发展和社会文明与进步的巨大的促进作用。

2.1.2 消费的跨学科性质

我们知道，经济学的本质是"以人为本"，其目的是为了寻求人类福利的途径，"人类的福利才是生产的最终目的。[①]"人类福利是一个内容极其复杂的问题，远不是最大产出和最大消费所能够体现得了的。"如果经济学想避免成为一种狭隘的、实利的简化理论（这种简化理论是与整体福利相悖的对立物），就必须从心理学、社会学和生态学中汲取养分。"[②] 消费不仅仅是一种经济行为，"消费这个不仅被看成终点而且被看成最后目的的结束行为，除了它又会反过来作用于起点并重新引起整个过程之外，本来不属于经济学的范围。"[③] 因此，由于消费问题的复杂性，实现"以人为本"，提高人类的福祉水平必然要求对其进行跨学科分析。"对于消费，需要研究关于消费品的各种自然科学，也需要研究关于消费的经济学、经营学、管理学、文化学、社会学、法学、历史学，乃至哲学问题。"[④] 在这里，笔者先对居民消费进行经济学分析，然后选取社会学和生态学这两门学科来对居民消费问题进行跨学科的探讨。这对于深入探讨消费问题的复杂性，揭示居民消费对资源环境的积极和消极影响具有重要的现实意义。

1. 经济学视角的消费

消费是经济活动过程中与生产、分配、交换相并列的一个重要环节。经济学意义上的消费是指"生产的对称，社会再生产的基本环节之一。它指人们通过对各种劳动产品（包括劳务和精神产品）的使用与消耗，满足其各方面的需要，以实现人本身的生产和再生产的过程和行为。"[⑤] 消费是人们为满足个人生活需要而消费各种生活资料、劳务和精神产品的过程和行为。

经济学可分为微观和宏观两部分。微观经济学研究消费，主要关注消费者

[①] [英] 马歇尔. 朱志泰译. 经济学原理 [M]. 北京：商务印书馆, 1964：67, 279.
[②] [英] P. 伊金斯. 赵景柱等译. 生存经济学 [M]. 合肥：中国科学技术大学出版社, 1991：3.
[③] 马克思恩格斯全集·第12卷 [M]. 北京：人民出版社, 1998：739.
[④] 于光远. 政治经济学社会主义探索 [M]. 北京：人民出版社, 1996：56.
[⑤] 林白鹏. 消费经济学大辞典 [M]. 北京：经济科学出版社, 2000：3.

根据自身收入、消费品价格等因素来决定如何通过消费选择，达到自身消费效用的最大化。经济学家从理性经济人的假设出发，建立了各种消费理论和模型，如边际消费倾向递减理论、预算线和无差异曲线等。相对而言，宏观经济学对消费问题的研究成果比较丰富。消费被看作各种经济收入（如永久收入、暂时收入和相对收入等）和生活安排（如生命周期、未来支出预期等）等变量的函数。我国对消费经济的研究开始于 20 世纪 70 年代。依据经济改革的实践，我国经济学界对消费问题的讨论和研究主要集中在通过消费来提高居民的生活质量，提高人的自身素质，促进人的全面发展，抑或通过刺激消费促进经济增长等问题。

当代西方主流经济学认为，企业为实现资本增值和逐利需要，通过不断地扩大居民消费（不管是低收入者增加的消费还是高收入者奢侈浪费增加的消费）来促进消费增长，国民经济就一定能够增长。因此，企业只要不断地围绕着居民消费需求的变化，开发和研制新产品，并不断地进行市场营销策略的创新，而无论企业是把消费建立在满足人的基本需要的基础之上，还是建立在制造西方"消费者阶层"欲求满足的基础之上。消费的规模决定着生产的规模，消费的增长决定着生产的增长，而生产的增长又是国民经济发展的前提。消费增长已成为当前国民经济乃至全球经济增长最有力的拉动力量，成为国家经济政策的首要目标。

显然，通过刺激消费促进经济增长，进而实现经济社会的发展，能拓展人们的生活视野，丰富人们的生活内容，提升人们的生活品质和愉悦程度，这对于提高人的身心素质，促进人的全面发展和社会进步具有重要的现实意义。然而，刺激消费固然能强有力地拉动经济的快速增长，但在一定程度上不可避免地会产生一些消极影响。西方主流经济理论倡导通过刺激消费扩大需求的发展理念力举消费者更多地购买奢侈消费品，而这必然会孳生出诸如过度消费、"高消费"等资源浪费型的消费方式，由此造成自然资源的过度耗损和环境成本的迅速增加。显然，这种对消费的关注更重要的是其对经济增长的强大推动作用。忽视人对自然界的依存性，是以市场为主要研究对象的现代经济学方法论的一大缺陷。英国著名学者 E. F. 菲尔普斯·布朗认为，"过去 1/4 世纪内经济学最显著的成就对解决当代最迫切的问题贡献很小"，并列出了其中的一些问题："控制对环境的有害影响，工业化的生活质量和人口增长等。"[①] 事实

---

① 转引自：[英] E. F. 舒马赫．虞鸿钧等译．小的是美好的 [M]．北京：商务印书馆，1984：27.

上，资源与环境经济学的研究表明，在核算国民收入账户时，如果将环保产业的产值与过度的资源消耗一并从国民收入增长中剔除掉，甚至将由于过度消费导致的环境质量的下降和生态环境的恶化予以量化并从国民收入账户中剔除掉，所得到的"绿色 GDP"使得增加消费对于拉动国民经济增长的作用大打折扣。

2. 社会学视角的消费

消费就其物质内容来看，它是消费主体（消费者）和消费客体（实物或劳务消费品）之间的物质变换过程。在一定的社会经济条件和社会关系中，人们进行的各种消费活动显然具有特定的社会意义。社会意义层面上的消费者更多地表现为消费行为主体的"社会人"[①]，必然受到社会和周围群体的影响。"社会人"是有丰富情感的人，他不是孤立存在的个体，而是归属于某一个或几个社会群体的一分子，且其需要具有多层次性，不仅寻求生存需要的满足，而且还要寻求享受需要和发展需要的满足。

一般情况下，人们的消费行为源自人们物质、精神和社会感到匮乏时所产生的需要。当消费者有足够购买力的时候，通过购买商品实现消费，可以在一定程度上直接或间接地改变这种匮乏状态，从而使消费者的各种需要得到满足。人类社会生产力的快速发展带来了现今社会物质产品的极大丰富。这就导致消费可能不再单纯受人类生存意义层面上的因素所驱使，而是更带有社会、象征和心理的意味，消费的符号表现功能日益突出。波德里亚认为，"消费既不是一种物质实践，也不是一种富裕现象学，它既不是依据我们的食物、服饰及驾驶的汽车来界定的，也不是依据形象与信息的视觉与声音实体来界定的，而是通过把所有这些东西组成意义实体来界定的……有意义的消费乃是一种系统化的符号操作行为。"[②] 正因为现代消费锐化为一种社会化的符号性活动，西方社会才成为"消费社会"时代。拥有财富的多少以及与之相适应的消费力的大小逐渐成为展示个人社会地位的重要指标，象征意义层面上的符号消费性质不断被强化，如举办大型婚礼和生日宴会，到西欧北美等高消费国家旅游、住豪华别墅等等。显然，西方国家的这种消费已非仅局限于满足生存和基本生活需要，而是要通过消费证明自己的权力和身份。物质产品的极大丰富使消费品

---

① 彭华民. 消费社会学 [M]. 天津：南开大学出版社，1996：8～11.
② 转引自：罗钢，王中忱. 消费文化读本 [M]. 北京：中国社会科学出版社，2003：27.

自然属性的重要性在下降，而其文饰（社会属性和符号属性）的重要性在逐渐上升。

应当指出，西方这种倡导消费的符号象征价值有着深刻的理论和现实根源。尤其是 20 世纪 30 年代，全球性经济危机导致产品的大量过剩。为走出世界经济"大萧条"的发展困境，凯恩斯提出了"消费乃是一切经济活动的唯一目的，唯一对象"①的消费发展观，通过刺激消费推动经济复苏。在这种消费生活观念转向和需求管理政策导向的双重作用下，导致美国等西方资本主义发达国家很快进入了大规模的消费时代，且这种发展趋势在全球范围内的迅速扩散，不仅加速了全球性的资源枯竭、生态破坏和环境污染，还使得人们的价值目标错位，破坏了人与自然、人与人以及人与社会之间的和谐关系，导致人性的异化和环境伦理的失落。

3. 生态学视角的消费

最初意义上的消费是为了满足人的生存需要，它既是一种经济性行为和社会性行为，更是一种自然性行为，即在自然生态系统中，消费是能量转换与物质循环的一个重要环节。根据生态学法则可知，每一种事物都与别的事物相关，且一切事物都必然要有其去向。②生态学意义上的消费有与其他自然界生物相同的一面，即从自然界中获取物质与能量，通过"消费"过程来满足自身生存繁衍的需要，并将不能利用的"废弃物"以物质与能量的其他形式返回自然生态系统。人类要想谋生存，求发展乃至"图享受"，就必须进行消费，就要去向大自然索取、加工，就要去开发、利用自然；当消费活动结束时，最后把"废物"排放到自然界中；尤其是一些片面追求"符号表现"意义的消费行为更加剧了自然界的物质和能量的消耗力度。可见，人类消费行为的特性和表现，就是两头连接大自然：既向大自然索取物质和能量，又向大自然排放高熵废弃物。③如果开发、索取不合理，过度消费和利用效率低下，就会浪费自然资源，破坏生物多样性，而排放粗放、不合理，又会污染自然环境和破坏生态平衡。

可见，现存的一些不可持续的消费行为在一定程度上扰乱了自然生态系统

---

① ［英］J. M. 凯恩斯. 徐毓枬译. 就业、利息和货币通论［M］. 北京：商务印书馆，1963：90.
② 周海林. 可持续发展原理［M］. 北京：商务印书馆，2004：13～15.
③ 熵的规律在经济学中可被解释为：能量和物质的转化一定包含着从一种有用状态（低熵）到一种无用状态（高熵）的质变过程，即资源变成了废物。

的正常运行,破坏了生态系统的均衡,甚至会导致了严重的生态环境效应。把经济看作一个开放的子系统迫使我们认识到,消费虽然是经济子系统内的一个"决定"因素,但诸如高消费、过度消费、炫耀性消费等意义上的"消费",却是生态环境系统中的一个"扰乱"因素。从生态学的角度审视人类的消费行为就不能仅局限于社会经济系统的平衡,充分地考虑社会经济系统与生态系统之间的平衡才是人类的消费行为,乃至经济社会可持续发展的重要保证。

因此,伴随着经济社会的不断发展和生产力水平的迅速提高,居民消费的发展变化不仅带来了居民消费行为和模式的不断转型,且其对全球自然资源和生态环境的消极影响也日益凸显。一部人类消费史不仅是一部人类不断追求、实现自身利益的历史,而且也是一部人与自然的关系史。人类自始至终要深刻明白的一个道理是,无论是人们通过"符号表现"实现过度欲求满足,还是最大限度地利用消费拉动经济快速增长,人们的衣、食、住、用、行均是对自然界物质和能量消耗总量的累积增加。物质性消费实质上主要消耗的是自然界的物质和能源资源,并在企业的生产消费和人们的生活消费以后,通过物质循环过程以"废弃物"的形式终将"返回"到人类生存的地球上。从物理学角度看,这是一个人类同自然界进行物质和能量的交换过程,并同时是一个伴随着熵增的过程,即有效能量逐渐转化为不能再做功的无效能量的过程。

2.1.3 消费的属性

属性是事物固有的性质、特点,包括状态、关系等,是由事物的内部矛盾决定的。任何事物是多种属性的统一体。在马克思的理论中,人是自然存在物、社会存在物和精神存在物的统一,人有自然、社会、精神、文化等方面的需要。由于消费是对人们需要的满足,是一个综合性很强的问题。因此,只有从不同学科的视角审慎和探讨消费的多学科性质,才能科学地认识消费。相应的,消费的属性也需要从多角度进行综合描述。

1. 自然属性

消费的自然属性是指商品在满足人的需要过程中的自然磨损、损耗或消耗。"吃喝是一种消费形式,即自然形式的消费。"[1] 消费的自然属性满足的是

---

[1] 马克思恩格斯全集·第1卷 [M]. 北京:人民出版社,1972:32.

人们的机体功能性尤其是生存性功能的本能需要，主要是衣、食、住、行等基本生活需要。一方面，作为消费客体或消费对象的商品就源于大自然，其必然具有内在规律性的使用寿命或生命周期[①]；另一方面，人类的消费总是在一定的环境中进行的。消费环境作为消费的第三个基本要素[②]，尤其是作为消费环境中的自然环境，则具有明显的自然属性。人们的生活消费活动每时每刻也离不开自然环境。随着社会经济的快速发展和消费水平的不断提高，人们对消费环境的质量提出越来越高的要求。近年来，空气污浊、水体变质、绿地减少、垃圾围城、噪声加剧、酸雨侵蚀等环境问题困扰着人们，在此情况下，人们对优美生态环境的要求越来越强烈，清新的空气、明澈的水体、碧绿的草坪，都在不知不觉中吸引了越来越多的人休闲、购物、美食。消费环境质量的高低反映了消费的自然属性或自然特性的内在需要，同时也体现了人们对消费水平和消费质量更高层次的追求。

虽然随着商品经济和市场经济的不断发展，商品的自然属性和使用价值在逐渐发展改变，且居民消费需求变化已不再仅由收入和商品价格就能够轻易决定，但我们必须明确的是，作为消费客体的商品绝大多数来源于大自然，且更离不开大自然这一消费环境。作为消费主体的人类社会，既然是自然界进化演变的产物，就不能完全摆脱自然界的制约，就会有自然性需要，就会在消费过程中体现其人与自然之间关系的自然属性，以及下文即将论及的人与人、人与社会之间关系的社会属性。

2. 主观属性

消费的主观属性，包括消费心理和消费观念两方面，它主要是同人的选择性和体验性联系在一起，主要体现了心理学意义上的消费属性。消费心理是指伴随消费者购物和商品使用过程中的主观心理活动、体验和过程。它主要研究消费者在生活消费过程中，在日常购买行为中的心理活动规律及个性心理特征，既包括消费认知、学习、态度、信仰和购买决策，又包括商品使用过程中的心理体验、快乐和满足（或是相反，即痛苦、不满和挫折）。而消费观念，

[①] 随着居民收入水平的不断提高，决定商品生命周期的因素已不仅仅是物理功能，而主要表现为主观因素和社会文化因素，即同社会经济、政治、文化和意识形态等条件密切相关。在当今西方发达国家和地区，消费者阶层心目中的商品，其"社会寿命"之所以越来越短，更新换代的频率越来越快，关键在于消费需求上升规律的影响。

[②] 消费的三个基本要素是指消费主体，即消费者，和消费客体，即消费对象，包括物质消费品和各种劳务或服务，以及消费环境，包括消费的社会环境和自然环境。

则是指构成消费决策和选择的主观形态以及对商品价值追求的取向，是消费者在进行或准备进行消费活动时对消费对象、消费行为方式、消费过程、消费趋势的总体认识评价与价值判断，它又可分为理性消费观念和感性消费观念以及传统消费观念、现代消费观念等几种。理性消费观念，是指在已知信息的情况下，消费者根据其收入水平、资源环境状况等现实条件，以最低价格获取最大消费效用的商品及商品组合；感性消费观念，是指消费者在选择商品时以"是否喜欢"为主要考虑因素，包括商品的外观、造型、色彩以及商品是否时尚，等等，它一般是受社会和文化因素影响较大和较多的领域，同一定社会阶层的品位、生活风格和社会时尚密切相关；而传统消费观念和现代消费观念的形成与变故则是与一定社会生产力的发展水平和社会、文化、资源条件等发展水平相适应的，与一定社会阶层的经济地位、文化品位、生活风格和社会时尚密切相关。

应当指出，目前很多学科都对消费的主观属性进行研究。消费经济学认为消费者是理性的经济人，通过理性的消费选择以实现消费效用最大化，最终达到促进人的全面发展与社会文明和社会全面进步的目标；消费心理学着重分析和研究消费者的消费心理过程，忽略了消费观念的历史变化过程。而消费社会学则是从社会关系和社会结构的总体来把握消费心理进行解释，它不但要找出影响消费主观属性的社会因素，还把消费的主观属性放在社会总体结构和条件的基础上予以整体把握。

3. 社会属性

人们的消费活动总是在一定的生产关系和社会关系下进行的，它不能脱离社会而孤立地进行。马克思说："活动和享受，无论就其内容或就其存在方式来说，都是社会的，是社会的活动和社会的享受。自然界的人的本质只有对社会的人来说才是存在的。"[①] "产品的消费再生产出一定存在方式的个人自身，再生产出不仅具有直接生命力的个人，而且是处于一定的社会关系的个人。可见，在消费过程中发生的个人的最终占有……再生产出处于他们的社会存在中的个人，因而再生产出他们的社会存在。"[②] 消费者的消费活动具有强烈的社会性说明消费是一种社会行为，它不仅是联结经济与文化的社会活动，而且也是

---

① 马克思恩格斯全集·第42卷 [M]. 北京：人民出版社，1972：121～122.
② 马克思恩格斯全集·第46卷 [M]. 北京：人民出版社，1972：230.

社会系统内社会交换关系互动的结果。因此,这种社会交换关系是否会发生互动,并非完全取决于经济理性,社会因素也会影响这种互动,亦即消费不仅是经济属性上的消费者追求效用最大化的过程,同时也是社会属性上的消费者进行"意义"构建、趣味区分、文化分类和社会关系再生产的过程。①

在不同的生产关系和社会关系条件下,人们的价值观、消费观的差异性,使得消费活动表现出一定的社会属性。例如,我国在传统的计划经济体制时期,人们采取的供给制和福利型的消费方式,甚至凭票供应,定量分配。改革开放以后,消费逐步市场化、商品化、货币化和社会化,出现与以前迥然不同的消费方式和模式。这些都反映了消费的社会属性。

消费是消费主体自身、社会组织、社会关系和社会系统的一种再生产活动。首先,其社会属性表现为消费主体的社会性,即消费主体并非孤立抽象的个人,而是社会关系中的人,其社会性决定其消费也具有社会性。其次,消费观念的社会性。不同的社会条件、社会关系和地域条件对人们的消费观念产生不同程度的影响;不同的社会群体,如代际群体、信仰群体等,以及不同的社会阶层和民族常具有不同的消费观念。第三,消费功能的社会性。消费不但维持社会个体的再生产,而且也发挥着社会关系再生产的作用。消费既是表现社会认同和社会区分的重要方式,又是沟通社会关系的纽带(如交际消费)。第四,消费行为的社会性。个体消费行为常受参照群体和其他社会因素的影响,从而导致消费的社会模仿性或竞争性,如通过追逐时尚、流行,相互攀比或炫耀性消费以维持或提升消费主体的社会地位和身份。第五,消费品(含商品和服务)供给的社会性。随着市场经济的深入发展和不断完善,自给性消费所占比例越来越小,而消费者通过商品交换或通过社会关系获取消费品的方式变得越来越普遍,从而使消费品供给的社会化程度逐渐提高,主要表现为市场交换、公共消费品、社会福利、政府补贴、社区的慈善事业和社会工作等。② 而这在一定程度上反映了消费行为本身的社会经济制度、政治制度和文化制度,促进了人类社会的文明与进步。

应当指出,消费具有二重性,即具有自然过程和社会过程的性质,表现为消费的自然属性和社会属性,且二者相互影响,相互制约。消费的自然属性和

---

① James W. Friedman. A market with a social consumption externality [J]. The Environmentalist, 2001 (3):62~78.
② Edgell, Stephen and Kevin Hetherington (1996) "Introduction: Consumption Matters". In Stephen Edgell, Kevin Hetherington and Alan Wardes Consumption Matters: The Production and Experiences of Consumption, pp1~8. Oxford: Blackwell.

社会属性取决于作为消费者的个人在社会生产关系中的二重性——生产者与自然界的关系，生产者之间的关系，以及消费者与生产者的关系等。"消费是社会生产关系的一个方面，体现社会各个阶级、各个阶层之间的物质利益关系，是人们的物质利益的最后实现。"① 人既然是大自然的产物，就决不能完全摆脱自然界的制约，这就使得消费具有自然属性；而消费作为社会生产关系的一个重要方面，它所具有的社会属性显然是以自然属性为基础的。

4. 文化属性

由于消费涉及生理和心理的需要，在一定意义上是一种生理和心理现象，这就决定了作为生理和心理的消费在任何时候都不能不烙上文化的烙印。"消费不仅是一种经济关系，也是一种重要的文化现象"，"优美的自然环境、人工环境，使人得到美的享受，形成一种消费文化"，"人们文明地、健康地、科学地进行消费，改善消费方式，讲究消费效益，提高消费质量，这种消费行为也体现了一种消费文化。"② 在许多场合，消费本质上是一种文化③，消费活动与文化活动合而为一，无法分开。例如，结婚典礼、生日宴会、年节家宴等，既是一种礼俗和岁时文化，又是一种消费活动，它们构成了一种独特的消费文化，即消费习俗。④ 又如，消费流行与时尚本身也是一种文化，即消费时尚文化。此外，消费商品的制造与生产不但是个物质生产过程，而且作为文化载体的商品，也是一个文化生产和传播的过程。⑤ 英国社会学家西莉亚·卢瑞认为消费文化就是 20 世纪后半叶出现在欧美社会的物质文化的一种特殊形式。⑥ 因此，要使商品能够满足消费者的需要，不但要考虑商品的物理性能和质量，而且要考虑商品是否合乎消费者的文化习惯和要求，并随之变化而变化。例如，随着居民收入水平和生活质量的提高，广大消费者绿色消费、可持续消费、生态消费等生态文明消费观念逐渐增强，对生态食品的需求与日俱增，内含生态文化要求的生态产品日益受到消费者的追捧和青睐，迫使企业必须从生态设计、生态生产、生态营销等诸多角度充分考虑不同消费阶层的生态文明消费需

---

① 马克思恩格斯全集·第 25 卷 [M]．北京：人民出版社，1972：216.
② 尹世杰．消费文化学 [M]．武汉：湖北人民出版社，2002：1.
③ McCracken, Grant (1998) Culture and Consumption: New Approaches to the Symbolic Character of Consumer Goods and Activities, pp11. Blooming and Indianapolis: Indiana University Press.
④ 彭华民．消费社会学 [M]．天津：南开大学出版社，1996：183～193.
⑤ 尹世杰．消费文化学 [M]．武汉：湖北人民出版社，2002：1.
⑥ [英] 西莉亚·卢瑞．张萍译．消费文化 [M]．南京：南京大学出版社，2003：1.

求,为消费者提供符合生态文化要求的生态消费品。居民消费文化趋向生态化的文化追求显然有利于资源节约型、环境友好型社会的建设。

综上,正是由于"消费"这个概念背后承载了多个维度的含义,涉及了多学科领域,说明了消费行为的复杂性。我们分析、考察消费的社会属性、主观属性和文化属性时,不可能脱离消费的自然属性。无论是人们消费过程中所形成的生产关系、消费关系和社会关系还是人们的消费观念、消费文化、消费习惯和消费心理,都离不开利用自然资源作为原材料生产出来的消费品以及生态环境所提供的各种生态服务或环境服务,亦即受到资源性供给约束和生态环境禀赋约束的影响。完全脱离资源环境的禀赋约束条件,社会关系和消费关系就会落空,也难以揭示消费的发展规律和文化特征。消费是人类社会发展过程中的一个自我完成和自我成就的过程,也是一个动态的发展过程。尤其是消费所具有的生态学和经济学本质属性,使其成为嫁接资源环境与经济社会的接点。消费活动通过索取、加工、流通和废弃等几个环节把自然生态环境紧紧地结合在一起。要消费,要满足消费者各方面的消费需求,就要去加工、生产,就要去开发、利用并消耗自然资源。当自然资源被消耗的速度或总量超过一定限度时,自然环境系统的结构和状态就会发生质的改变,从而使得人们原有的消费行为和模式难以为继。总之,全球自然资源短缺、生态环境破坏的现状迫使人们需要重新审视包括消费在内的经济活动的科学性和合理性。

通过上述对居民消费的认识和分析,笔者发现,居民消费最终受制于资源存量和环境容量的影响和作用,居民消费行为和模式必须正确处理好人与自然生态环境的关系,只有这样,才能实现社会、经济、资源和环境的可持续发展。可以说,人类消费活动的模式、规模和强度与资源环境间的关系既是人与自然关系的表现,又将引发或导致两者之间关系的改变。

2.2 对消费的深入追问:人与自然之间的关系

上述分析表明,居民消费最终表现为人与自然之间的物质、能量和信息交换关系。人类社会的发展史,就是一部人与自然的关系史。在人类社会的所有发展阶段,如果没有自然资源作为原材料生产出来的消费品,以及生态环境所提供的各种生态服务或环境服务,人类消费只能是无水之源,无本之木。人类与自然界的关系,在一定程度上就是人类消费行为、消费方式与对自然的开发、利用或破坏的关系。因此，在前文对消费的含义、多学科性质和属性等分析基础上，笔者进一步分析人与自然之间的关系，成为深入追问消费问题的应然和实然之举。

2.2.1 人与自然和谐发展是实现人与自然和谐消费关系的应有之义

"自然"一词在古希腊和中世纪时期主要在"本性"意义上使用，后来逐渐演变为对"自然事物的总和"的解释。柯林武德认为，古人对自然的认识是这样的，"'自然'总是意味着某种东西在一件事物之内或非常密切地属于它，从而它成为这种东西的行为根源。"[1] 亚里士多德把自然界定为："'自然'是它原属的事物因本性（不是因偶性）而运动和静止的根源或原因。"[2] 在古人看来，"自然"创造了世界万物，大自然是充满神性而且令人生畏的至高无上的存在，是不可违背的，由此产生了原始的"自然"崇拜。现代意义上的"自然"是指人类栖居的地球为主体的有限空间及其变化发展，亦即本书所论及的自然资源或自然生态环境。

作为智力存在的人类一经产生，"自然"在一定程度上就已成为人类存在活动和消费活动的自然界。这样，就在原有的自然物关系之外产生了一种崭新的关系——人与自然的关系。人与自然的关系有着和其他自然物与自然界本身关系一致的一面，即都是一种实体性关系，自然物质间的许多客观性作用依然存在，和其他动植物与自然本身的关系一样，是一种适应生存的关系，自然环境对动植物的许多限制对于人同样有效。

消费过程中，人与自然的关系是相互影响的。一方面，人们的消费如果超越了自然资源的承载能力，就会破坏生态环境和自然资源，如木材产品的消费、石油的消费、土地资源的消耗等均会导致资源耗损和环境污染；另一方面，自然生态环境也影响到人们消费需要的满足、消费水平的提高、消费结构的升级以及消费方式的合理性。依据上文分析可知，受西方"消费主义"价值观等因素的影响，一味追求"高消费"、过度消费、炫耀性消费等不合理消费行为正在对自然资源和生态环境产生越来越大的压力，这势必加剧了人与自然

---

[1] ［英］柯林武德. 吴国盛，柯映红译. 自然的观念 [M]. 北京：华夏出版社，1990：86.
[2] ［古希腊］亚里士多德. 张竹明译. 物理学 [M]. 北京：商务印书馆，1982：43.

之间关系的紧张程度。人与自然矛盾深化的深层次原因就是人与自然关系的错位。正确地处理人与自然的关系是保持消费的可持续性，实现消费和谐的前提条件和重要基础。

所谓消费和谐，是指消费系统内部各组成部分，如消费要素、消费结构、消费方式、消费理念及消费与其他外部环境都处于和谐运转状态，从而达到良性消费，实现提高消费效益的目的。消费和谐理论是和谐理论在消费领域的运用，它包括消费系统的内部和谐与外部和谐两个方面的内容。[1] 当消费者的效用最大化时，消费系统内部各子系统之间就会达到均衡的和谐状态；而对于消费系统的外部和谐，由于居民消费最终表现为人与自然之间的物质、能量和信息交换关系，这就要求必须保持消费系统与自然环境系统的和谐关系，以实现居民消费的可持续性，促进经济社会的可持续发展。因此，在构建社会主义和谐社会的今天，消费作为人类生存与发展的基本条件和社会经济发展的基本要素，消费和谐也必然是构建和谐社会的基础和重要组成部分，它直接影响甚至决定着经济和谐与社会和谐。消费系统与自然系统的和谐是人与自然和谐关系的具体表现。实现人与自然的和谐发展是实现消费和谐的应有之义，是构建社会主义和谐社会的重要内容和基础，也是科学发展观所要求的"五个统筹"协调发展的根本要求之一。[2] 所谓真正的和谐社会，也只有在人与自然的和谐互动所营造的时空背景下才能够存续和发展。

2.2.2 古今中外关于人与自然关系的理论

前面提到，人们的任何消费活动都是在一定的自然环境中进行的。人们消耗的物质产品，无论是直接用于吃、穿、住、用、行的消费资料，还是生产消费资料的生产资料，都是靠自然环境供给的各种资源生产出来的，都直接或间接地依赖于自然。古代中国人所说的"靠天吃饭"，反映的就是个人生活消费对自然的依赖。古往今来，不少思想家关注人的消费的科学性、合理性，关注人类的消费行为与自然资源和生态环境的关系协调问题，提出了许多于今仍具

---

[1] 文启湘. 消费和谐论：面向科学发展观的消费理论 [J]. 经济学家，2005 (2)：26～32.
[2] 党的十六届三中全会提出了"五个统筹"的思想，即统筹城乡发展、统筹区域发展、统筹经济社会发展、统筹人与自然和谐发展、统筹国内发展和对外开放。其中统筹人与自然和谐发展，就是要高度重视资源和生态环境问题，处理好经济建设、人口增长与资源利用、生态环境保护的关系，增强可持续发展的能力，推动整个社会走上生产发展、生活富裕、生态良好的文明发展道路。

有重大理论和现实意义的生态思想和环境理念。如何处理好人与自然界的关系，促进生态平衡，获得一个良好的自然环境和生活环境，避免受到自然界对人类的惩罚，以达到提高生活水平和消费质量的目标，一直是众多的古今学者期盼实现的理想和目标。

1. 中国古代的"天人合一观"

中国是一个有着历史悠久的文明古国，中国古代思想家在生态环境方面提出了许多宝贵的思想。儒家与道家思想是中国传统文化的两大支柱，虽说儒家崇尚人道与德行，但其"天人合一观"[①]却是儒家文化中一个非常重要的特征。"天人合一"思想是中国古人对宇宙和人生及其关系的一种认识，认为人与自然是和谐统一的整体，其本质就是"主客合一"。这种思想源远流长，虽不是儒家所独有的，但儒家学者却对其有独特而系统的论述。

儒家创始人孔子为"天人合一"思想提供了坚实的理论基础。他极力推崇"和"的中庸思想，主张以仁爱之心对待自然，实现人与自然的和谐相处。《中庸》较早地阐述了人与自然相统一的观点："惟天地至诚，故能尽其性，能尽其性，则能尽人之性，能尽人之性，则能尽物之性，能尽物之性，则可以赞天地之化育，能赞天地之化育，则可以与天地参矣。"这里的"天地"即指自然，"与天地参"是说人在地位上与"天地"并称，融入"生生不息"的"天地之化育"。在《论语·雍也》中，孔子表露出"知者乐水，仁者乐山"的心迹，即渴求物我两忘、人与自然和谐交融的完美境界，认为仁者、智者与山水在"乐"这种情感体验中有机合一，实属其对人之性与自然之性的一种通悟似的领会。更为重要的是，孔子已将对自然山水的关注纳入其"仁"的范畴体系当中，即从"仁民爱人"到"仁者乐山"，其思维触角从人的领域延伸至自然领域，这种思维的拓展对于孟子的影响很深。总之，孔子"乐山乐水"的生态情怀、追求人与自然和谐一致的理想境界和他擅长于从自然中领悟哲学以及为人处世之道的做法均将其"天人合一"的主张明白无误地告知世人。

孟子也注重天与人的通悟式沟通与融合。其《中庸》中所宣扬的"万物并育而不相害，道并行而不相悖"的主张，更是将"天人合一"的境界揭示得淋漓尽致。孟子主张尽心、知性和知天。在《孟子·尽心上》中，孟子说道：

[①] 中国古代有关"天人合一"的思想可谓博大精深，笔者在此只选取少数具有代表性的思想家的观点予以阐述，其他还有管仲、荀子、董仲舒、张载、程颐、朱熹、王阳明等古代思想家。

"尽其心者，知其性也。知其性，则知天矣。"显然，他强调主观的、先验的道德体验和宇宙的普遍法则是相通的，认为天人是可以相通的，这是"天人合一"思想的另一种表达方式。孟子还认为，人之向善思诚之心是不待验证的，属于先验的范畴，也正是在这一个意义上，"万物皆备于我"，只要发扬这种心性，反身而诚，那么天与人也就很容易达到合一的境界了。

与儒家"天人合一"思想比较而言，道家则具有更多自然主义的超脱因素。在某种程度上，道家的自然主义生态思想比儒家思想体现得更彻底。中国古人认为，天地人位列三才，人为万物之最灵长者。在老子这里，天是与人相对应的，是人所需要认知的外界环境，乃至于整个宇宙。在中国古代哲学思想史上，"道"是一个核心范畴，最早由老子提出。① 老子将天和人统一起来进行联系地、整体地考察，而得到"天人合一"的有机整体观。

老子认为，"道"是天地万物的根源和基础，宇宙间的一切自然物，都是以"道"为其最大共性和最初本源的有机统一整体。既然世间万物与人类有着共同的本源，那么，人与自然万物就有着共同的规律和法则，即"人法地，地法天，天法道，道法自然。"② 天地万物之所以能长且久者，就是因为遵循着这个总的法则和规律。由于人来源于自然并统一于自然，"故道大、天大、地大、人亦大。域中有四大，而人居其一焉。"③ 这反映了人虽然是万物的中心，但却不是凌驾于自然的，而是与自然相统一的。

由物极必反的认识，老子又逻辑地引出了贵和有度的思想。"和"即和谐，"有度"即适度不过分。他将"损有余而补不足"作为最高原则"天之道"，即事物在生存和发展方面的持续运动法则。保持事物发展过程中的"度"与"和"，就是为了让事物顺应其本来的运行轨迹持续地运行。按照老子对事物的认识，事物长久地生存和发展下去，所遵循的就是生生不息的和谐运动法则，即"无有和则生阴阳，阴阳和则生天地，天地和则生万物"。

---

① 《老子·第25章》中说："有物混成，先天地生。寂兮寥兮，独立而不改，周行而不殆。可以为天下母。吾不知其名，字之曰道，强名之曰大。"

② 语出《老子·第25章》。老子这里所说的"道法自然"以及在其《道德经》第24章提及的"道生一，一生二，二生三，三生万物"思想均认为"道"是宇宙万物之本源，正是"道"把天、地、人等宇宙万物统贯成为一个整体。人是自然的一部分，天与人具有本然的一体性，由此便形成了道家"天人合一"思想，并从这种思想出发，将"道"分为"天道"和"人道"。"天道"指自然的规律和法则；"人道"指人事的规律和法则，包括人与社会和人与人的相互关系；二者是一以贯之，密不可分的。

③ 《老子·第25章》。要注意的是，从严格意义上来说，道家在对待人与自然关系上，老子与庄子的思想是有区别的。如在老子的思想中，人与自然虽然是和谐统一或者说是"天人合一"的，但却强调人是其中的中心。与此强调人的中心地位的思想不同，庄子强调的是"天地与我并存，万物与我为一"，并且"以道观之，物无贵贱"（《庄子·齐物论》《庄子·秋水》）。

从老子的思想可以看出，人与天地万物之所以能持续永久地生存下去，遵循的就是"天人合一"的运动模式，亦即事物要能持续地生存与发展，就得遵从"天人合一"的基本原理。在这里，"天人合一"是老子运用直觉认知方法所觉悟和实证到的事物运动模式，即老子认为"天人合一"是事物持续生存和发展的基本原理。因此，事物若要持续不断地发展下去，也就是按照"天人合一"的模式或自然规律而运动。由此我们得知，持续性这种事物运动状态，实质上是"天人合一"运动模式的体现。

到宋明时代，"天人合一"思想发展到顶峰。宋明理学将"天"的外延延伸至整个宇宙，在天人关系上强调"天人一体"。张载把天地看作人类和万物的父母，二者同出一源，故应像兄弟姐妹一样和谐相处。他在《正蒙·乾称篇》中说："乾称父，坤称母；予兹藐焉，乃混然中处。故天地之塞，吾其体；天地之帅，吾其性。民吾同胞，物吾与也。"张载的这种万物交融、并育不害的思想，正是"天人合一"思想所提供的大生存智慧。而王阳明提出"仁者与天地万物一体"的泛爱万物的思想，既是人性的自然表露，是人类最高的伦理情感，也是人对天地万物的一种责任意识，达到了儒家"天人合一"的最高成就。

总之，"天人合一"思想是一种追求人与自然共存共荣的大生存智慧，它认为人类作为自然界的一部分，同自然界是不可分割的整体，两者之间相互联系和相互依赖，这其中不仅蕴涵了一种有机论的思维方式，且也贯穿着丰富的生态伦理规范的思想渊源。它为重建人与自然之间的和谐关系以及为人类保护自然、维护生态平衡提供一种新的思维方式和价值取向，是我国优秀传统文化的一个重要方面，为当代我国建设生态文明提供了重要的思想和理论来源。

2. 西方生态伦理关于人与自然关系的理论

西方生态伦理思想孕育于 18 世纪后期至 19 世纪末，创立于 20 世纪初至中叶，发展于 20 世纪 60 年代后期。20 世纪上半叶，A. 施韦兹和 A. 莱奥波尔德最先提出生态伦理概念，认为崇拜生命的伦理学中最重要的是人对他周围的所有生命负有个人责任，"人类的行为有助于生物群落的完整、稳定和美好时，他是正确的，否则就是错误的。"[①] 面对全球日趋严重的生态困境以及工业社会的精神失落，奥雷利奥·佩西认为，人类现在所处的危机形势的原因是人

---

① 欧阳志远. 生态化——第三次产业革命的实质与方向 [M]. 北京：中国人民大学出版社，1994：194.

类的意识和文化脱离了世界的现实形势；摆脱这种危机只有借助于改变人的思维和行为才是可能的；为此需要重新审查直至可能根本改变我们的文化理想和价值，为了改变人类的素质需要新的伦理学，即为生态伦理学；其基本宗旨就是从爱护、尊重生态环境出发，把生态伦理原则作为人类从事经济活动和其他一切社会活动的行为准则，选择有利于生态平衡的人类发展道路；要树立一种全新的价值观，采取一种与环境承受能力相适应的节约的生活方式，要持一种对后代负责的态度，谋求社会的长远利益。① 事实上，伴随着全球性资源环境问题的日益严峻和绿色运动的蓬勃兴起，西方生态伦理思想的激烈交锋主要围绕着"人类中心主义"和"自然中心主义"而进行的，并由此形成两大派系。

自然中心主义（亦称生态中心主义）学派以生态学为依据，从人的自然性出发，考察人与自然的关系，主张伦理学的知识领域从人与人的社会关系扩大到人与自然的关系，认为所有的生物都是价值主体和道德主体，自然物具有不依赖于人的"内在价值"，包括人在内的生物物种之间的合作共生关系是一种权利与义务的关系，人类"是大自然的一个有机组成部分，而不是游离于大自然之外的人。"② 因此，人类应当尊重自然物，对自然物讲道德、讲平等，人类的行为应当以人与自然的和谐发展与共同进步为目标，"有助于保护生物共同体的和谐、稳定和美丽。"③ 这个学派的思想对当代西方的环境保护运动产生了广泛而深刻的影响。

"人类中心主义"的世界观和伦理道德观是在西方宗教，尤其是在犹太教和基督教中根深蒂固的观念，它们的传统信仰就是"人类以外的其他创造物只是为人类而生存的"④，伦理学的知识领域只能严格局限在人与人的社会关系领域，人类是自然价值的主体，自然界只有对人类的工具性价值，没有自身的内在价值。人类之所以关心自然和保护生态环境，主要是由于它涉及人类生存、社会发展和子孙后代的利益，归根结底是为了保护人类自己。人类中心主义学派甚至认为，在人与自然相互作用的过程中，人类对自然的单方面沟通决定了人类的主导地位，非人类的自然界无所谓"公共利益"，人与自然之间谈不上相互的责任和义务，主张为了全人类的共同利益合理开发和利用自然生态资

---

① 欧阳志远. 生态化——第三次产业革命的实质与方向 [M]. 北京：中国人民大学出版社，1994：195~196.
② [美] 莱斯特·R. 布朗. 林自新等译. 生态经济：有利于地球的经济构想 [M]. 北京：东方出版社，2002：91.
③ [美] A. 莱奥波尔德. 侯文蕙译. 沙乡年鉴（A Sand County Almanac）[M]. 长春：吉林人民出版社，1997：213.
④ 汪劲. 环境法律的理念与价值追求：环境立法目的论 [M]. 北京：法律出版社，2000：128~129.

源。该学派虽然内含了下文论及的"人类中心论"思想的一些不合理成分，但它代表了西方生态伦理思想的主流，对当代西方的环境保护运动的理论与实践产生了较深远的影响。

事实上，西方生态伦理思想通过关注人与自然的发展，以引导人们以崭新的视角来审视人与自然的关系，从而论证了人类保护自然生态环境的伦理根据和道德意义。这主要体现在以下两个方面。

第一，西方生态伦理思想第一次从人与自然的关系的角度揭示了全人类的共同利益，为全人类的共同道德的产生和形成提供了坚实的基础。关于"人类究竟有没有共同利益"历来众说纷纭，莫衷一是。西方生态伦理思想无可辩驳地表明，地球的生态平衡是地球上包括人类在内的一切生命生存和发展的共同的前提条件。世界上的不同民族和国家，不同阶级和集团，无论存在着多么不同的，甚至是根本对立的利益，在维护地球生态平衡这个问题上利益都是一致的。破坏地球的生态平衡，任何国家和地区的"独立"发展都将失去任何意义。

第二，西方生态伦理思想引发了对传统发展观的彻底变革。我们知道，传统发展观把发展等同于经济增长，注重经济指标，忽视生态人文价值，更没有把自然生态环境问题摆在发展的议事日程上；它在人与自然的关系上，片面地强调二者的对立，忽视二者的统一，认为人类依靠科学技术可以"征服自然、改造自然、驾驭自然"，把自己看作自然的主人，把自然视为听任宰割的羔羊，把机器的轰鸣声喻为悦耳的音乐，把烟囱当作画笔，把浓烟看作牡丹，致使自然资源和生态环境的恣意开发和破坏日趋严重，使人与自然的关系越来越对立；其结果虽然极大地提高了社会生产力，创造了人类前所未有的物质财富，加速了人类文明发展的进程，但也造成了资源过度消耗、环境严重污染等全球性资源环境问题，严重地阻碍了经济社会的可持续发展和人们生活水平和消费质量的提高，其恶果已经构成了人类未来生存和发展的现实威胁。西方生态伦理思想否定了传统发展观把人与自然对立起来的看法，强调人类与自然的协调发展是人类可持续发展的基础和前提，认为人类本身首先就是自然的产物，在恢复、维护和发展生态系统的平衡与繁荣的基础上改造和利用自然，促进人与自然的协调发展和生态文明建设。总之，西方生态伦理思想主张从全面视野和整体思维的高度去认识和把握人与自然的关系，主张清洁生产和合理消费，以实现人类社会的可持续发展。

3. 马克思关于人与自然关系的生态思想

虽然马克思没有明确提出生态经济、生态消费以及消费和谐等概念，但他认为实现人与自然的和谐关系，对于人们生存、享受和发展需要的满足，即消费需要满足具有非常重要的意义。优美的自然环境不仅能使人享受大自然的丰厚赐予，而且还能开拓人的胸怀、陶冶人的情操、启迪人的思维、发展人的智力、体力，有利于人的身心健康和全面发展。马克思所处的时代正是人类统治自然的自信心极度膨胀的时代，人类驾驭自然的能力不断增强。人类在改造自然、征服自然方面取得胜利的同时，如何处理好与自然资源和生态环境的关系问题已摆在人类面前。那么，人类与自然界到底是一种怎样的关系，是人类征服自然还是与自然界保持一种和谐相处的消费关系，马克思在这方面提出不少深邃的生态思想值得我们思考。

对于人与自然的关系，马克思认为人类是自然界中的一员，而非外来的征服者。他指出，"所谓人的肉体生活和精神生活同自然界相联系，也就等于说自然界同自身相联系，因为人是自然界的一部分。"[①] 就是说，人作为自然生态系统中的一员，必然与其他自然物有着共生共存的关系；恩格斯也认为："我们连同我们的肉、血和头脑都是属于自然界和存在于自然界之中的。"[②] 自然界先于人类历史而存在，人类是自然界长期进化的产物。同时，"人直接的是自然存在物。人作为自然存在物，而且作为有生命的自然存在物，一方面，具有自然力、生命力，是能动的自然存在物；这些力量作为天赋和才能、作为欲望存在于人身上；另一方面，人作为自然的、肉体的、感性的、对象性的存在物，和动植物一样，是受动的、受制约的和受限制的存在物，也就是说，他的欲望的对象是作为不依赖于他的对象而存在于他之外的；但这些对象是他所需要的对象；是表现和确证他的本质力量所不可缺少的、重要的对象。"[③] 因此，马克思把人作为自然存在物来看待，说明人类是自然大家族中的一个成员，应该关心和爱护自己的家园，善待自然界，且其一切活动都要受到自然规律的限制和约束。

在谈到人与自然物质变换关系的问题时，马克思在《资本论》中指出："社会化的人，联合起来的生产者，将合理地调节他们和自然之间的物质变换，把它置于他们的共同控制之下，而不让它作为盲目的力量来统治自己；靠消耗

---

① 马克思恩格斯全集·第 42 卷 [M]. 北京：人民出版社，1979：95.
② 马克思恩格斯选集·第 4 卷 [M]. 北京：人民出版社，1995：384.
③ 马克思恩格斯全集·第 42 卷 [M]. 北京：人民出版社，1979：167~168.

最小的力量，在最无愧于和最适合于他们的人类本性的条件下来进行这种物质变换。"[1] 亦即人与自然处于一种物质变换的关系。人的劳动是社会发展的基础，而"劳动首先是人和自然之间的过程，是人以自身的活动来引起、调整和控制人和自然之间的物质变换的过程。"[2] 这个劳动过程是人们为了生存和发展的需要而占有自然物的活动，是人和自然之间的物质变换的一般条件，也是人类生活的永恒条件。"它不以人类生活的任何形式为转移，倒不如说，它是人类生活的一切社会形式所共有的。"

马克思进而论述了人类与自然之间物质变换关系的两个方面：一方面，人类不是单纯消极地适应自然，而是能够认识和改造自然的。马克思指出："社会地控制自然力以便经济地加以利用，用人力兴建大规模的工程以便占有或驯服自然力——这种必要性在产业史上起着最有决定性的作用。"他批判"人是环境和教育的产物"的错误观点时说："环境正是由人来改变的，而教育者本人一定是受教育的。"恩格斯也在《自然辩证法》中指出："只有人才办得到给自然界打上自己的印记，因为他们不仅迁移动植物，而且也改变了他们居住地的面貌、气候，甚至改变了动植物本身，以致他们活动的结果只能和地球的普遍灭亡一起消失。""动物仅仅利用外部自然界，单纯地以自己的存在来使自然界改变；而人则通过他所做出的改变来使自然界为自己的目的服务，来支配自然界。"可见，马克思和恩格斯是将消费这一社会再生产过程置于"人—自然"这一物质变换的大循环之中进行研究的。享受财富的消费过程并非起源于人的劳动，而是起源于自然界。人类如果不善待自然，人类活动的结果必将"和地球的普遍灭亡一起消失"。

另一方面，人类在改变自然界为自己服务时又不能违反客观自然规律，否则就要受到自然界的报复。马克思指出："耕作如果自发地进行，而不是有意识地加以控制……接踵而来的就是土地荒芜，像波斯、美索不达米亚等地以及希腊那样。"恩格斯也告诫人们："我们不要过分陶醉于我们对自然界的胜利。对于每一次这样的胜利，自然界都报复了我们。每一次胜利，在第一步都确实取得了我们预期的结果，但是在第二步和第三步却有了完全不同的、出乎预料的影响，常常把第一个结果又取消了。"强调要"一天天地学会更加正确地理解自然规律，学会认识我们对自然界的惯常行程的干涉所引起的比较近或比较

---

[1] 马克思. 资本论·第3卷 [M]. 北京：人民出版社，1975：926~927.
[2] 马克思恩格斯全集·第23卷 [M]. 北京：人民出版社，1972：201~202.

远的影响。"① 并认为,"人作为自然的、肉体的、感性的、对象性的存在物,和动植物一样,是受动的、受制约的和受限制的存在物。"②

因此,在马克思和恩格斯看来,人作为自然的组成部分,在与自然进行物质交换的过程中不能把人与自然的关系对立起来。如果凌驾于自然界之上去恣意索取和无情掠夺生态资源,去统治自然、主宰自然,其结果就只能是大自然对人类的无情报复,就必将自食恶果。同时,面对大自然,人类常常热衷于宣扬自己的主体性和能动性,而恰恰忽视了自己受动的一面。人类是生物进化的产物,人类的生存与发展、现在与将来都离不开自然生态系统整体的平衡与发展。作为自然界的组成部分,人类的价值不可能大于自然界的整体价值,人类的发展也只有在保障自然界的完整和繁荣的基础上才能实现。人类必然与自然界必须建立一种和谐统一的关系。

因此,马克思关于人与自然和谐相处的生态思想和辩证研究,不仅体现了人类的科学、适度和合理的和谐消费观念,体现了人类的一种早期的可持续发展思想,而且也为我们确立科学的生态文明消费观和可持续发展观,充分认识生态文明的本质和树立科学发展观提供了重要的启示。

4."人类中心论"视角的人与自然关系的理论

《创世纪》里写道:"上帝说,我们要按照我们的形象,按照我们的样式造人,使他们管理海里的鱼、空中的鸟、地上的牲畜和整个大地,以及地上所爬的一切昆虫。上帝照着自己的形象造人。上帝赐福给他们,还对他们说,要生养众多,布满地面,治理大地,也要管理海里的鱼、空中的鸟和地上的各样行动的活物。"可以看得出来,尽管早期的人类对于世界起源的认识还很模糊和混沌,但已出现了人类是宇宙中心的"迹象"和思想,认为世界以人类为目的,大自然为人类的观赏和享用而存在,必然臣服于人类。这不仅可以说是"人类中心论"思想的肇始③,同时在价值层面上体现了人对自然的主宰征服观。④

---

① 马克思恩格斯选集・第 3 卷 [M].北京:人民出版社,1972:517~520.
② 马克思恩格斯全集・第 42 卷 [M].北京:人民出版社,1979:167.
③ 周海林,谢高地.人类生存困境 [M].北京:社会科学文献出版社,2003:9.
④ 这种主宰征服观的思想源于亚里士多德,他认为自然界中的事物是有等级和有目的的,那些理性较少(因而较不完满)的存在物,是为那些理性较多(因而较完满)的存在物而存在的。例如:"植物是为了动物而存在的,禽兽是为了人而存在的。"因此,人对自然的主宰征服是顺理成章的。参阅:苗力田.亚里士多德选集・政治学卷.北京:中国人民大学出版社,1999:128.

1776年，英国古典政治经济学家亚当·斯密出版著作《国富论》，在该书中提出"理性经济人"假说，认为在市场机制这只"看不见的手"的作用下，每一个从事经济活动的人都是利己的，所采取的经济行为都是力图以自己的最小经济代价去获得自己的最大经济利益。可见，包括消费者在内的"理性经济人"并没有从理性的角度去考虑自然资源，而是将自然资源视为"地球"的无偿赏赐，是自然再生产的结果，人类可以不加限制的无偿索取和占有。弗朗西斯·培根（Francis Bacon）也曾说道："我们所知道的自然是可以被征服、掌控和利用为人类服务的。"[①] 而剑桥学派创始人马歇尔则进一步把市场机制的作用吹嘘到了极致，认为"一切需要的最终调节者是消费者的需要"[②]，并认为它是经济学理论当中不可动摇的原则。

消费是目的，生产是手段，"人类中心论"不仅体现在目的之中，更将之注入在手段之中。正如《绿色消费》一书在开篇中所指出的那样："人类与自然的关系，从根本上讲，就是人类消费行为、消费方式与对自然的开发、利用、破坏的关系。"[③] 消费本来是通过满足人的需要满足，最终实现人的身心素质提高，促进人的全面发展和社会的文明与进步。然而，随着工业文明的形成，西方社会的"消费者阶层"，其消费活动本身却越来越同需要失去了必然的联系。消费不再是对需要的满足，而是单一地通过"高消费"以实现对所谓"幸福感"的追求，且越来越被人的欲望所支配，并成为支撑生产发展、保障经济增长的绝对有效手段。这种所谓的"生产"与"消费"的"相辅相成"，使得世界上不少国家和地区转向以"消费"为导向，并在上层建筑层面形成一种新的意识形态和文化指向——"消费主义"。

所谓"消费主义"，是一种崇尚和追求过度占有和消费作为满足自我的人生目标的价值取向，以及在这种价值观念支配下的行为实践。西方消费主义者认为，大自然有取之不尽的宝藏，可让匮乏者用之不竭。在自然基础上建立起来的人类社会，其目的是为了征服自然。现代意义上的消费主义实践起源于20世纪30年代的美国。它带来了西方社会消费观念的重大变化，即认为经济发展的首要目的是生产和消费更多的消费品，"不消费就衰退"，"消费越多越幸福"。到了20世纪60年代末，这种消费信条已经从美国扩展到了西欧和日本。随着全球化浪潮的推进，消费主义理念在东欧、中欧等发展中国家和地区

---

① 周海林. 传统的超越与反思 [J]. 中国人口·资源与环境，2001（2）：10～13.
② [英] 马歇尔. 朱志泰译. 经济学原理（上）[M]. 北京：商务印书馆，1981：111.
③ 绿色工作室. 绿色消费 [M]. 北京：民族出版社，1999：1.

不断蔓延。

因此,"人类中心论"滋生的"消费主义"观念已深深地积淀于现代经济生活的深层,并作为一种价值目标潜入生产者与消费者的意识深层,不断地推进着生产者的积极性和创造性,使经济在日益膨胀的消费欲求驱动下高速运转,从而使得人类拥有了日新月异的物质力量。

但是,就在西方社会尽情享受着经济高速发展所带来的巨大物质财富,沉溺于消费主义这种所谓"现代化"思想观念的时候,人与自然的关系也变得日益紧张。未来学派欧文·拉施洛说,"如果53亿人全部毫无顾忌地消耗自然财富,那么地球在一代人的时间里就会流尽最后一滴血。"① 这种经济发展和运行模式不断演化成一端是人类消费欲望的无限满足,一端是自然资源的日益枯竭与生态环境的持续破坏。

事实上,西方消费社会所坚持的"人类中心论"已使人类对自然的掠夺和破坏达到史无前例的境地。马克思指出:"历史可以从两方面考察,可以把它划分为自然史和人类史。"② 一部人类自身发展的历史就是人类与自然交往、对自然进行改造和利用的历史。

人类对自然的掠夺与破坏由来已久,其中尤以进入工业社会为甚;而消费社会的到来使得这一全球性问题更为严重。"从全球变暖到物种灭绝,我们消费者应对地球的不幸承担巨大的责任。然而我们的消费却很少受到那些关心地球命运的人们的注意,这些人注意的是环境恶化的其他因素。消费是在全球环境平衡中被忽略的一个量度。"③ 艾伦·杜宁甚至认为:"迎合全球消费者社会的经济学对于人类共同的地球资源遭受损害应负最大份额的责任。"④ 尤其是一些发展中国家因此放弃了自己传统的消费行为和模式,从而也跟着走上了不可持续消费的不归路。显然,随着世界上越来越多的欠发达国家逐渐地进入消费社会发展阶段,地球资源已明显不能满足人类可持续发展的需要。"如果人类摧毁了生物圈,他将和其他身心合一的生命一样,在生命的大地母亲面前使自己遭到灭顶之灾。"⑤

总之,在"人类中心论"的倡导下,反映当代西方消费文化重要内容的

---

① 转引自:余谋昌.创造美好的生态环境 [M].北京:中国社会科学出版社,1997:150.
② 马克思恩格斯全集·第3卷 [M].北京:人民出版社,1979:20.
③ [美] 艾伦·杜宁.毕聿译.多少算够——消费社会与地球的未来 [M].长春:吉林人民出版社,1997:36.
④ [美] 艾伦·杜宁.毕聿译.多少算够——消费社会与地球的未来 [M].长春:吉林人民出版社,1997:28.
⑤ [英] 阿诺德·汤因比.徐波等译.人类与大地母亲 [M].上海:上海译文出版社,1992:21.

"消费主义""不消费就衰退""消费越多越幸福"等价值观念显然助长了人类对自然的骄横,使其生活消费方式在大自然面前变得大胆、放肆和无所顾忌,使社会进步在一种片面、畸形的价值选择中实现,使人与自然的关系日益紧张。理论的失误不可避免地会导致人类实践活动的严重扭曲和偏向,从而产生各种负面效应。为此,我们必须慎重地审视西方"消费主义"的基本理论,理性消解其谬误,以使人类消费模式更加符合现实和时代发展的要求。

2.2.3 对人与自然关系理论的简单评介

综上所述,中国古代思想家们所倡导的"天人合一观"和西方生态伦理思想,尤其是马克思关于人与自然关系的科学辩证思想,均统一于人与自然之间的和谐发展思想;而作为市场经济下的价值目标,"人类中心论"主导下的"消费主义"思潮似乎注定要成为消费问题的罪恶之源,带来环境问题和生态危机,导致人与自然关系对峙的更加激烈。一部人类社会的发展史也是人与自然的关系史。而人类消费对大自然造成的负担或危害,主要是由于它消耗原材料、在消耗过程中排放有毒物质,使用和消耗物理的和社会的环境①。人与自然环境共处在地球生物圈之中,人类繁衍与社会发展与大自然密不可分。人与自然的关系主要表现在两个方面:一是人类对自然的影响与作用,包括从自然界索取资源与空间,享受生态系统提供的消费服务功能,向环境排放生产或消费废弃物;二是自然对人类的影响与反作用,包括资源环境对人类生存发展的制约,环境污染、生态退化对人类生产和生活的负面影响。人类与自然永远是一个有机的统一体,具有紧密的内在规律和本质联系。

首先,从时间空间关系来看,人与自然的关系是有限与无限、局部与整体的关系。"我们连同我们的肉、血和头脑都是属于自然界和存在于自然之中的。"②自然科学的研究成果表明,自然界是一个生态平衡系统。在此系统中,各子系统处于自发的协调、有序状态——和谐发展状态。人类作为自然母系统中的一个特殊成员,具有自身特殊的作用,即:不仅能改造和利用自然,且能创造出自然界原本没有的人工物,给自然生态造成一定影响。但自然界的无限发展决定了人类只是自然无限发展过程中的一部分,人类发展历史的长短最终

---

① [美]乔治·恩德勒等. 李兆雄等译. 经济伦理学大辞典 [M]. 上海:上海人民出版社,2001:247~248.
② 马克思恩格斯选集·第4卷 [M]. 北京:人民出版社,1995:384.

取决于自然适合人类生活时间的长短。

其次,从马克思主义实践论来看,人与自然的关系是主体与客体的关系。实践是人与自然联系的中间物,它是人类以一定手段,有目的、能动地改造世界的对象化活动。所谓"对象化活动",就是以人为主体,以客观事物为客体,把人的知识、能力、目的、理想等主体的力量对象化,使客观事物按照人的意志与人发生关系,以满足人的各种各样的需要。由于主体与客体是认识与被认识、改造与被改造的关系,故人类在处理人与自然关系的问题上应该以自然为基础、以自然规律为前提,但人的实践却不能"以自然为本"而是应该"以人为本",这是由实践主体的目的性和计划性决定的。人作为实践的主体,总是为了满足自己的某些需要而运用一定的手段去改造客体,总是把自己持续需要的满足作为出发点、立足点和归宿。但是,地球上包括人类在内的任何一种生物,若不考虑自身的存续发展及其周围生态环境的可持续发展、不遵循自然发展的内在规律性而妄图征服自然,其后果则是被自然淘汰。强调"以人为本"完全不是那种极端的以人为中心去恣意破坏大自然,人类的一切活动都要建立在正确而全面地认识自然、尊重自然规律的基础之上。

再次,从人与自然关系的发展历程来看,人类也根本不可能征服自然。综观人类历史发展进程,我们发现人与自然关系的发展大致可以划分为统一、对立、和谐三个阶段。在狩猎文明或农业文明时代,由于生产力水平极低,人类从大自然获取维持其生存所必需的生活资料,却要承受自然界给人类生存带来的各种可能性威胁。在此阶段,人类对大自然认识不深,人与自然的关系处于人顺天,按自然规律维系其生存,亦即中国古代的那种"天人合一"的和谐统一关系。随着社会生产力的迅速发展,人类开发和利用自然资源的力度越来越大,"征服"自然的能力越来越强;特别是18世纪西方资本主义工业革命以来,科学技术的突飞猛进带来了生产力水平的快速提高,使得人类对自然的改造不论是在广度上还是在深度上不断扩展和加深。直至近百年,西方社会凭借其强大的科技进步力量,毫无节制地向大自然任意索取、掠夺,并形成了"征服自然""战胜自然"的"人类中心论"思维取向。人与自然的关系进入了一种几乎完全对立的状态,人类在近200年时期近乎掠夺性地征服自然、开发资源和破坏环境。一方面,对大自然造成破坏性的灾难,臭氧层破坏、温室效应、酸雨……成为世界性的突出问题;另一方面,也招致大自然对人类的惩罚和报复。频繁爆发的危及人类生命和财产安全的沙尘暴、赤潮、酸雨、旱涝地质灾害以及各种瘟疫和疾病,凡此种种,几乎都和人与自然关系的恶化息息相关。大自然向人类敲响的警钟使"地球村"里的"地球人"应该清醒地认识到，人毕竟是自然界的一个组成部分，其活动受自然规律的制约，就算凭借引以为豪的科学技术也根本不可能征服大自然。人类的明智选择就是和大自然和谐共处，走可持续发展之路理应成为全人类的共识。

这里需要强调指出的是，关于人类科技进步的利弊争论由来已久。必须承认，科学技术的不断发展确实强有力地推动了社会经济的巨大进步，创造了丰富的物质财富，提高了整个人类的生产力水平，为物质文明、精神文明和生态文明的发展奠定了坚实的发展契机和现实基础。很显然，科学技术对开发新型资源、废物资源化、加强可再生资源的可持续利用，以及对不可再生资源的替代提供了支撑。通过科学技术创新，人们在人工资源替代稀缺自然资源，储量丰富资源替代短缺资源（如光导纤维代铜质电缆），各种再生性能源替代化石能源，塑料与陶瓷替代木材及某些金属等方面取得了显著进展。特别是科技本身直接替代和节约一些稀缺自然资源，如 Internet 媒体代替报纸，E-mail 代替书信能够节省和替代部分森林资源；用网络可视电话替代交通出差等，能够减轻资源浪费和环境污染。乐观的经济学家甚至认为，当人类面临各种危机的时候，市场会根据人的需要刺激新的技术发明，自动安排好全球问题的解决方案。然而，如果我们进一步分析就会发现，科学技术在整个资本主义工业文明时代常被人们有意或无意地滥用，甚至被严重地"异化"，造成灾难性的后果，如贫富差距扩大、军备竞赛、自然资源枯竭等。因此，科学技术是一把"双刃剑"，"如果人们不去理智地利用它，它就有可能很快地发展到一种糟糕的地步。"[①] 我们可以认为科学技术仅是环境问题成因的一个技术性因素。广大发展中国家要实现社会经济的现代化，必须走一条用高科技开道的新型工业化道路。或者说，新型工业是生态文明中的工业化道路选择，亦即为建设生态文明和实现可持续发展服务的绿色产业或生态产业。只有用绿色科技或生态科技体系武装起来的生产和消费活动，才能够使人与自然和谐相处，推动社会经济的可持续发展。

总之，人类是自然界的一部分。在生物圈范围内，人类与动植物相互依存，不断地进行物质、能量和信息的转换，共同构成生物圈网络，在网络中共同享有平等的权利和价值。正是在这个角度上，我们强调保护自然界与保护人类并重。当然，"人类"的需求及发展，是资源节约和环境保护的终极关怀对象，还因为如此，是"以人为本"而不是"以自然为本"。但是，如果人类以高消耗、

---

① 王克敏. 经济伦理与可持续发展 [M]. 北京：社会科学文献出版社，2000：154.

高污染的生产方式和高消费、高浪费的生活方式去开发、利用与消费各种自然资源，势必造成环境问题继续恶化，导致生物链、食物链断裂，加剧人类生存与发展的需求同自然资源之间的矛盾，从而使人类的生存与发展面临严重的威胁。从这个意义上来讲，人与自然和谐发展是一种互动的关系，是人类文明的重要标志。所谓人与自然和谐发展，是指人类要合理地开发、利用与消费自然资源，使人类生存与发展的需求同自然资源的利用之间的矛盾不断地得到有效的解决，使经济社会和自然界的可持续发展能力都得到维护与增强，实现经济、社会、人口、资源、环境诸方面平衡、协调发展的过程。党的十七大报告明确地提出"科学发展观根本方法是统筹兼顾"。其中，统筹人与自然和谐发展，就要高度重视资源和生态环境问题，处理好经济建设、人口增长与资源利用、生态环境保护的关系，增强可持续发展的能力，推动整个社会走上生产发展、生活富裕、生态良好的文明发展道路。因此，实现人与自然的和谐发展，对于我国贯彻落实"统筹人与自然和谐发展"的科学发展观，实现人口消费与社会、经济、资源和环境的协调统一，促进人的全面发展和人类文明进步具有极其重要的作用。

2.3 认识消费模式

2.3.1 消费模式的内涵、界定和影响因素

所谓"模式"，是从总体上表现一定事物的存在状态、运行程式和机制，反映这种事物的发展趋势和内在规律。对于消费模式的内涵，学者们存在不同的理解。有的学者把消费的特征看成消费模式，中国社会科学院周叔莲教授认为："消费模式是指一定时期消费的主要特征，包括消费内容、消费水平、消费结构、消费方式、消费爱好、消费趋势以及消费的其他方面的主要特征。"[①]我国较早出版的《政治经济学》教材认为："消费模式是指一定社会在一定时期内消费的特征和量的规定，包括消费方式、消费结构、消费水平等的规范、数量和发展趋势。"[②]有的学者认为，消费模式就是消费过程的主要内容的总

---

① 周叔莲. 应该重视消费模式的研究［J］. 载《新华文摘》，1982（2）：13~19.
② 南方16所大学《政治经济学教材》编写组. 政治经济学［M］. 成都：四川人民出版社，1982：429.

和,强调"消费模式就是消费收入、消费水平、消费结构和消费方式的总和。"① 有的学者着重从消费的基本规范以及"人为规定"来考察消费模式:"消费模式是指一定的生产力发展水平,特定的生产关系以及与其相适应的上层建筑的作用和制约下,形成的人们消费活动的基本规范"②;"人们对消费的人为规定,而不是人们消费实践的客观结果。因而只限于对未来时期人们的消费作出规定,'以指导人们的消费活动'。"③

有的学者则从消费体制去考察消费模式。"所谓消费模式是消费体制中最根本最重要的部分,是消费体制的骨架、基本规定性和主要原则。"④

有的学者认为,消费模式是指一定社会在一定时期内居民消费的总体特征和量的规定性。包括消费水平、消费结构、消费方式等的规范、数量和发展趋势。⑤

有的学者认为消费模式是"消费运行应遵循的基本理论原则,是政府实行宏观调控的基本根据。"同时,它又是人们消费行为的基本规范,将对亿万群众发生深刻的影响作用。⑥

还有学者从国家或地区的视角探寻适合其国情特点和可持续发展要求的国家消费模式。周殿昆教授认为,所谓"国家消费模式"是指一个国家或地区按照可持续发展原则,在充分考虑总供给和总需求具体状况,并兼顾二者要求的前提下,选择的包括公共消费和个人消费在内的总体消费方式及其实现机制和保障制度的总称。并认为在我国当前"资源性供给紧约束"条件下,为突破资源环境保护和经济高速增长的"两难困境",只能选择以公共消费为主体的"健康—集约型"国家消费模式才能破解这个难题。⑦

我国消费经济学创始人尹世杰教授认为,消费模式是指在一定生产力水平和一定生产关系下人们消费行为的方式、规范和质的规定性。具体说,第一,它综合地反映消费领域的主要范畴、主要经济关系和人们消费生活的基本内容,是消费这个有机整体中一些根本性的东西的综合表现,而不是反映个别消费或其简单加总。第二,消费模式反映消费领域的本质联系、发展趋势和内在

---

① 李彦和等. 简明社会主义消费经济学 [M]. 银川:宁夏人民出版社,1987:187.
② 林白鹏等. 中国消费结构学 [M]. 北京:经济科学出版社,1987:308.
③ 徐淼忠. 现代消费经济学通论 [M]. 北京:海天出版社,1988:290.
④ 杨圣明. 中国消费模式选择 [M]. 北京:中国社会科学出版社,1989:68.
⑤ 文启湘. 中国消费经济学 [M]. 西安:西北大学出版社,1990:232.
⑥ 闻潜. 关于健康文明消费模式的理论探讨 [J]. 经济纬,2006 (2):21~24.
⑦ 周殿昆. 中国"资源性供给紧约束"条件下国家消费模式的合理选择 [J]. 消费经济,2006 (5):62~65.

规律性。它不仅反映人们消费生活的主观愿望、要求和行为规范,而且反映人民群众消费生活的丰富实践,反映消费行为的正确方向和必然趋势,反映消费行为的运行机制和发展规律。第三,消费模式不仅是人们丰富的消费实践的总结和升华,而且是人们在消费升华方面的愿望和意志的集中体现。它应该反映国家对消费的基本政策和方针,反映国家对人们消费生活的基本要求和行为规范。[①] 总之,消费模式是人们消费关系和行为规范的综合表现,是从总体上反映人们消费行为的主要内容、基本态势和质的规定性,是指导人们进行消费活动,并对人们的消费行为进行社会价值判断的理论概括和依据。它不仅反映了人们消费行为的主要规范,而且反映了社会公共生活的准则。

如前所述,人们的消费活动都不能脱离社会和自然环境而孤立存在。消费者不仅是"自然人",也是"社会人",更是现代文明社会中具有生物性和环境性的"生态人",在社会生活中都应该遵循一定的社会规范和受到客观的资源禀赋条件的约束和限制。消费所具有的自然属性、社会属性、主观属性和文化属性等特性,决定了消费模式应该包括社会生活中与消费有关的规范、法规以及价值观念和道德标准、资源存量和环境容量等方面的内容。也只有这样,人们在消费活动中才有所遵循,才能适应消费过程发展的客观规律性。所以笔者认为,尹世杰教授的观点较准确、全面地反映了消费模式的本质和内涵界定,这也是本书中所论及的居民消费模式的概念内容。

应当指出,消费模式反映一定时期内人们消费的基本特征,但消费的特征不等于消费模式本身。不能把一定时期人们生活消费的一些特征说成是消费模式本身。消费模式既反映人们消费生活领域的量和质的规定性,又反映消费领域各方面的物质利益及其协调发展。显然,上述学者对消费模式的定义虽然侧重点不同,但基本上都把居民消费过程中的绝大部分内容包含在消费模式当中。消费模式虽然不是全部消费内容的总和,但却反映了人类社会不同历史发展阶段和生产力发展水平下人们消费的内容和特征。

消费模式反映消费领域的主要范畴,反映人们消费生活中诸如消费需要、消费倾向、消费水平、消费结构、消费方式等各方面的基本内容和发展变化。虽然学者们理解消费模式内涵的视角存在一定的差异,但其主要表现为三个方面:一是消费水平。消费水平有高低的差别,它在经济运行和发展过程中呈现不断提高和上升的趋势;二是消费结构。消费结构有完善和不完善的差异,它

---

① 尹世杰. 关于消费模式的几个问题 [J]. 求索, 1990 (4): 3～10.

在经济运行过程中应该不断升级，不断趋于完善；三是消费方式。消费方式则有合理与不合理、节约和浪费之分，调节经济运行应该坚持倡导资源节约，杜绝铺张浪费，实施科学、合理的消费方式。①

在社会主义市场经济条件下，伴随着市场经济不断发展而带来的消费商品化、市场化程度的不断深入，广大居民的消费内容日益丰富，消费层次性、选择性和差异性发生了重大的变化，研究消费模式有着重要的理论意义和现实意义。研究消费模式有利于促进消费的科学化和合理化，有利于揭示消费领域的内在规律和发展模式，有利于合理调整产业结构和产品结构促进经济发展方式转变，有利于建立消费领域的市场新秩序，促进社会主义市场经济的健康发展。在当前生态环境日趋恶化，能源、土地等资源性产品供给日益趋紧约束的条件下，研究消费模式对于充分满足广大居民日益增长的生态、环保和绿色消费需要，转变居民生活领域存在的不合理的消费行为和方式，促进人的全面发展，实现人口消费与社会、经济、资源和环境的全面、协调、可持续的科学发展均具有极其重要的现实意义。

消费模式不仅受生产力发展水平的影响，也受生产关系的影响；不仅受经济因素的影响，也受上层建筑的影响。生产力和生产关系是推动人类社会向前发展的两个最基本的因素。马克思指出："一定的生产决定一定的消费、分配、交换和这些不同要素相互间的一定关系。"② 其中，生产力的发展水平是决定消费模式的根本因素，生产关系直接决定着分配和流通关系，从而决定消费方式和内容。正如下文所分析的那样，处于不同的生产力发展水平和资源环境约束条件，社会就会生产出不同数量和质量的消费品，人们就会有不同的消费水平、消费结构、消费方式等，进而就会有不同的消费模式。

另外，在不同的社会经济制度（特别是收入政策）下，有不同的消费模式；而不同的消费模式，正反映不同的社会经济制度和生产关系的本质要求和基本特征。特别是在宏观经济发展战略指导下的消费体制对消费模式的形成和发展也有着重要作用。体制合理与否，在相当大的程度上影响消费模式是否合理。例如，我国在计划经济体制下，居民收入增长异常缓慢，劳动所得来之不

---

① 在经济学研究中，不少人将消费方式等同于消费模式，其实它们是有区别的。消费方式的主体是个人和家庭，是消费过程中自然形成的，它仅反映消费者消费资料的方式；消费方式可能各种各样，甚至千差万别，不具有规范性。而消费模式是从整体上、客观上反映消费过程中各种消费活动的内在联系，体现国家和社会对消费领域的基本要求、基本政策和基本准则，具有一定的规范性，反映了消费过程的整体结构，包括消费方式、消费需要、消费水平等各个方面及其内在联系的质的规定性。

② 马克思恩格斯选集·第2卷 [M]．北京：人民出版社，1997：102．

易,"新三年,旧三年,缝缝补补又三年"就是当时消费模式的具体写照。其他的还有消费习俗、收入分配状况、中西消费文化、地域特征、消费运行机制、宏观经济发展战略等,均在不同程度上对消费模式产生一定的影响。

2.3.2 消费模式的发展历程

人类社会的历史进程是以经济活动的建立和发展为前提的,而经济活动无论具有多么复杂的体系结构和运作过程,它都无法摆脱对自然的依赖性,总要直接或间接地与自然发生某种联系。因此,作为人类经济活动核心的消费也始终离不开对自然的依赖和环境的影响。

回溯人类消费的历史发展阶段,我们不难发现,消费模式的演替总是与资源环境趋紧约束和社会生产力发展水平息息相关,从而也决定了人与自然相处关系的和谐程度。在人类社会的不同历史发展阶段,人类消费模式表现出不同的内容、方式和特征,从而也反映了人类对自然资源和生态环境的开发、利用和消耗程度。①

1. 农业文明时代的消费模式

在农业文明时代,人类的消费依赖的主要是植物栽培和动物饲养所得到的产品。生产过程对诸如地理、气候、资源等自然条件的依赖性很大,物质财富的极度匮乏使原始人类充分意识到创造物质财富的来之不易,消费崇俭由此而生。它要求人们在消费时应最大限度地节约物质财富,杜绝奢侈和浪费,崇尚朴素和节俭以满足其生存需要。生产力水平的低下和物质财富的匮乏等客观条件决定了早期人类只能采取"黜奢崇俭"的消费行为和模式。

事实上,"黜奢崇俭"是中国几千年历史中的基本主张,在中国经济思想史上占据重要的价值主导地位。《左传》将节俭与奢侈作为善恶道德评判的两极,"俭,德之共也;侈,恶之大也"(《左传·庄公二十四年》)可称得上是中国古代历代思想家们的共识。儒家学派创始人孔子一贯主张节俭,"与其奢也,宁俭",因为"奢则不孙,俭则固。与其不孙也,宁固"(《论语·八佾》)。荀

---

① 有学者认为,由于人类文明的演替经历了原始文明、农业文明和工业文明,以及即将到来的生态文明,因此,从循环经济和可持续发展的角度来分析消费模式,即把消费模式与资源环境关系联系起来进行分析,消费模式作为人类文明的表现,经历了原始生态消费、线性消费、循环消费等模式的更替。参见:张长元.消费模式的演替[J].生态经济,2001(1);俞海山.可持续消费模式论[M].北京:经济科学出版社,2002:42~44.

子对儒家节俭消费观的论述最为精到和深邃:"节其流,开其源,潢然使天下有余","强本而节用,则天下能贫;……本荒而用侈,则天下不能使之富。"(《荀子·富国》)墨子是主张和宣传节俭消费的最突出者,在古代节俭思想史上独树一帜;他不仅系统地提出了"俭节则昌,淫佚则亡"(《墨子·辞过》)的节用崇俭消费观,认为"国家去其无用之费"(《墨子·节用》)是实现经济发展的主要手段,且还极其详细地对人们在衣、食、住、行等方面的基本消费标准进行了一系列规范,以防止"饥者不得食,寒者不得衣,劳者不得息"情况的发生。道家的消费思想是与其追求"道"的思想相一致的,即坚持"道法自然""见素抱朴、少私而寡欲"的消费观,特别强调节俭消费的极端重要性,并把节俭作为他的"三宝"之一,即"我恒有三宝,持而宝之。一曰慈,二曰俭,三曰不敢为天下先。"(《老子·第五十八章》)法家的韩非认为"侈而惰者贫,力而俭者富。"(《韩非·显学》)可见,崇尚节俭在一定程度上堪称是我国古人消费思想的最集中表现。①

此外,中国古代还有许多流传甚广的家训、族规也都把节俭作为基本美德,并与勤劳艰辛结合起来,成为中华民族一种自古相传的消费理念和民族精神,如"俭者省约为礼之谓也","历览前贤国与家,成由勤俭败由奢","一粥一饭,当思来之不易;半丝半缕,恒念物力维艰","锄禾日当午,汗滴禾下土。谁知盘中餐,粒粒皆辛苦",等等,正是这方面的真实写照。由此可以看出,古人已经十分重视自身消费行为和模式与资源节约关系的极端重要性。

而在 15 世纪文艺复兴运动以前处于农业文明时期的西方国家,由于生产力不发达以及宗教盛行的原因,其消费观念极力主张遏制人们的消费欲望,表现为禁欲主义消费特征和模式。随着社会生产力的不断发展,西方国家开始进入文艺复兴时期,农业文明时代的禁欲观念不断地受到挑战,逐步形成了节欲主义思想,即肯定人的真实消费需要,认为人的需要既不能禁止也不能放松,应当鼓励合理的消费,反对铺张浪费和奢侈豪华,倡导适度节俭的消费生活。显然,它与禁欲主义的区别在于,它不是扼制人们的消费欲望、否定正当的物质消费,而是鼓励和支持合理适当的消费,并重视提高消费的质量和层次;加之这个时期尚处于资本主义原始积累时期,对资本积累和财富增长的渴望使得

---

① 从严格意义上来说,中国古代诸子百家虽主张黜奢崇俭,但其衡量标准是有差异的。例如,儒家把"礼"作为区分奢、俭的标准,以维护等级制消费,超过礼制标准的消费为奢;墨家主张不分等级以维护生命和健康的需要为消费标准,认为财富使用在"有用"的地方,即符合节用原则,否则就是奢侈;而道家则以原始简陋的生活条件为理想,而把人类物质、文化方面的任何进步都看作导致人们身心堕落的坏事。

节俭消费必然成为这个时期消费理念的基本内容。"资本的增加,由于节俭;资本的减少,由于奢侈与妄为。一个人节省了多少收入,就等于增加了多少资本。""(个人和政府的)奢侈都是公众的敌人,节俭都是公众的恩人。"① 法国经济学家萨伊也认为,"奢侈是社会幸福的最大敌人,而公共浪费比之私人浪费有更大的危害。"②

因此,无论是禁欲主义还是节欲主义的消费理念和模式,其基本精神都是坚持奢侈为恶、节俭为善的道德评价体系,反对奢侈浪费的生活方式,要求人们形成勤俭节约、适度合理的生活习惯和消费模式。

总之,崇尚勤俭节用,反对奢侈浪费是人类历史上形成最早、影响最深、历时最长的一种消费价值理念和实践模式。无论是在东方还是在西方,社会生产力的相对落后和物质资料的极度匮乏使得"黜奢崇俭"的消费理性成为农业文明时代的一种客观的选择。③ 更何况,那个时代的人们对自然界的认识和理解是含混和模糊的,甚至还表达出对自然规律和自然界力量的敬畏、顺从和渴望。"自然界起初是作为一种完全异己的、有无限威力的和不可制服的力量与人们对立的,人们同自然界的关系完全像动物同自然界的关系一样,人们就像牲畜一样慑服于自然界,因而,这是对自然界的一种纯粹动物式的意识(自然宗教)。"④ 在这种意识的指导下,这个时代的人们,尤其是原始人类不仅在现实生产和生活中不得不依附于自然界,而且在精神上也依附于自然或被动地适应自然,人与自然处于一种和谐统一的消费关系。显然,在此阶段的人类处于对自然认识和变革的幼稚阶段,其消费主要指向于满足生存需要,基本上不会导致威胁自身生存的资源环境问题。

2. 工业文明时代的消费模式

资本主义工业革命的爆发标志着西方近代工业文明的开端。工业革命既是一次新型文明的开始,又是一次消费模式的革命。坎布尔认为,与工业革命同

---

① [英] 亚当·斯密. 郭大力,王亚南译. 国民财富的性质和原因的研究 [M]. 北京:商务印书馆,1972:310,315.
② [法] 让·巴蒂斯特·萨伊. 陈福生等译. 政治经济学概论 [M]. 上海:商务印书馆,1981:453.
③ 消费理性或理性消费可以看作是一种消费自我约束,反映了人们用既定的资源(如货币收入)来进行交换的过程中,对所能获得的产品效用的理性计算和考虑。在匮乏的经济条件下,由于消费品供给严重不足或受到绝对控制,人们被迫以高度理性(如崇尚节俭、侧重产品价格和实用等)的态度来使用消费品。
④ 马克思恩格斯选集·第1卷 [M]. 北京:人民出版社,1995:81~82.

时出现的是消费革命,道理非常简单:"消费需求是工业革命的最终关键。"①它对整个人类社会的发展进程产生了极其深刻的影响。工业革命以后,机器工业取代了传统的手工业和农业,劳动生产率大大提高;而商品经济的快速发展更使得企业生产和人们的消费截然分离,以资本为基础的生产,"把满足人的需求的生活资料作为商品来生产"②,资本纯粹以利润的标准进行大量的生产,追求剩余价值最大化成为其终极目标,且此目标的客观要求即是崇尚大量消费的生活方式,以满足资本逐利和增值需要。资本主义社会开始进入了以"消费社会"为外部表现形态的工业文明时代。

应当肯定,工业革命所带来的快速技术革新使工业化大生产创造了巨大的物质财富,强劲地推动了工业文明的不断进步和社会经济的迅速发展,大大地提高了人们的消费水平和生活质量,拓宽了人们的生活领域和知识视野,促进了人类知识化、信息化进程的快速发展,显然是人类文明的巨大进步。

然而,西方社会的工业化也使得人类社会首次出现了供过于求的过剩局面。为实现企业生产和社会经济的可持续发展,这就必然会求助于消费的持续增长和居民消费模式的转变。正如美国销售分析家维克特·勒博在谈到消费模式时说,我们庞大而多产的经济要求我们把消费作为一种生活方式,把商品的购买与使用变成一种仪式,从中寻求我们的精神满足和自我满足。我们需要消费东西,用前所未有的速度把东西烧掉、穿掉、换掉和扔掉。③

因此,传统消费观念不可避免地受到腐朽的"享乐主义"、贪婪的"消费至上"等消费价值观的挑战,崇尚符号象征等意义的感性消费观不断凸显④,"无限度地改善人的物质生活条件的欲望被看成是人的内在本性。"⑤ 消费行为被看作是自我表达和社会认同的荣誉准则,"使用这些更加精美的物品既然是富裕的证明,这种消费行为就是光荣的行为;相反地,不能按照适当数量和适

---

① 参见:Campbell, Colin, The Romantic Ethic and the Spirit of Modern Consumerism, Oxford: Basil Blackwell, 1987, p.17.
② [日]岩佐茂.韩立新等译.环境的思想[M].北京:中央编译出版社,1997:169.
③ [美]艾伦·杜宁.毕聿译.多少算够——消费社会与地球的未来[M].长春:吉林人民出版社,1997:18.
④ 感性消费是指在具体的消费品的选择时,消费者以对产品的直观、感觉、情感、主观偏好和象征意义(如品牌)作为消费选择的原则。感性消费与广义的理性消费不是对立的,前者是后者的高级阶段。感性消费当然也要考虑产品的性能或功能,但其只是感性消费的前提条件。在对同样性能或功能的产品进行选择时,感性消费侧重的不是价格,而是自己对产品的感觉、直观和情感,即"喜欢不喜欢""是否表现自己的个性或品位",等等。如果说实用型消费(狭义的理性消费)是一种物理消费(或功能消费),那么,感性消费就是一种心理消费。显然,感性消费超越了物理消费而进入到心理消费和意义消费(如西方发达国家消费者阶层奉行的"消费主义"消费观),并同时把物理消费降低为一个附属层次。参见:[日]星野克美.黄恒正译.符号社会的消费[M].台湾:远流出版社,1988:17~18.
⑤ [美]大卫·雷·格里芬.王成兵译.后现代精神[M].北京:中央编译出版社,1998:19.

当的品质来进行消费,意味着屈服和卑贱。"①

西方学者更为这种追求超前享受的消费方式推波助澜。英国学者蒙德维尔在其所著《蜜蜂的寓言》一书中早就提出"私恶即公利"的观点,鼓吹"奢侈有利,节俭有弊";而以凯恩斯为代表的西方经济学者甚至将消费刺激经济的思想提升到理论的高度。凯恩斯主义极力主张奢侈消费,甚至铺张浪费,通过社会意识观念和经济政策刺激消费,以使20世纪30年代的美国经济乃至西方资本主义经济走出"大萧条"的阴影。②

很明显,西方国家这种力举挥霍和浪费型消费模式的社会功能就是尽快地把现有的消费品消费掉,以支撑经济的快速增长。这种片面追求工业化和城市发展的极端经济主义,以及单纯追求物质享受的腐朽消费主义,已经在实践中把人类推向与自然生态严重对立的危险境地。这种大工业,"一方面,聚集着社会的历史动力;另一方面,又破坏着人和土地之间的物质变换","从而破坏土地持久肥力的永恒的自然条件"③。西方社会这种不顾土地等自然资源存量和容量的经济发展方式,不仅使人与人之间的关系物化,人们所追求的幸福感发生偏移,而且给人们的生态家园和精神家园带来巨大的灾难。"当西方国家物质匮乏的困境消除之后,人们并没有寻找到幸福⋯⋯相反,人们失去的宝贵的东西越来越多,人们不仅失去了洁净的生态环境,而且相伴而来的是灵魂的失落。在痛苦的反思中人们终于醒悟,对人性的摧残和对生态的破坏在根本上是一致的。其根源在于人们的消费方式和生产、生活方式。"④ 因此,一方面,这种追求消费"享受"生活方式关注的只是消费者的现实享受,根本没有考虑资源环境的巨大代价。"对消费品的喜新厌旧成风,无限制地使用能量,我们的前途只能是生态系统的无穷灾难。"⑤ 另一方面,它也使人们在消费过程中丢失了自我,成为依赖于物的人。

因此,西方工业社会这种追求超前生活享受的腐朽消费方式必然造成滥

---

① [美]托斯丹·凡勃伦. 蔡受百译. 有闲阶级论 [M]. 北京:商务印书馆,1988:56.
② 凯恩斯认为,自由竞争市场经济推崇的"看不见的手"的调节使用只注重微观经济利益,而忽视了宏观经济的协调和均衡,导致了有效需求的不足与失业。"有效需求之不足,常常阻碍生产——虽然劳力之边际产出,尚大于就业量之边际负效用。"为此,他推出了以崇尚国家调节和干预经济生活为前提的需求管理政策,即所谓的"看得见的手",其总体框架为"国家必须改变租税体系、限定利率以及其他方法",以引导经济的运行。如通过国家税收政策,改善国民收入再分配,以提高社会消费,尤其是提倡奢侈消费,用"高消费、高浪费"政策导向刺激有效需求,促进经济增长。参见:[英]凯恩斯. 徐毓枬译. 就业、利息和货币通论 [M]. 北京:商务印书馆,1983:30,325.
③ 马克思. 资本论·第1卷 [M]. 北京:人民出版社,1975:552.
④ 曹明德. 生态法原理 [M]. 北京:人民出版社,2002:71.
⑤ [美]巴巴拉·沃德.《国外公害丛书》编委会译校. 只有一个地球 [M]. 长春:吉林人民出版社,1997:165.

用、毁损自然资源，污染、破坏生态环境，损害人类生存所需的自然资源和环境基础，不仅导致人与自然，从而使人类再生存陷于恶性循环，且也使人与人、人与社会之间的关系日益尖锐，严重地影响到人类社会的可持续发展。

从农业文明时代的"黜奢崇俭"到工业文明时代的高消费、过度消费等非理性的"消费主义"，从早期人类与自然的"统一"到近当代的人与自然"为敌"，相应地，西方资本主义国家的很多消费观念和实践模式也由崇尚节俭转变为不顾及自然资源存量和生态环境容量的铺张浪费式的奢侈消费。进入20世纪60年代后，很多人开始意识到，工业文明在给人们带来舒适方便的生活的同时，也给自然环境造成了严重危害。全球性的生态系统失衡和生存环境的不断恶化，不断地促使经济学家和环境科学家为人们的消费模式和社会经济的可持续发展寻找出路。

值得庆幸的是，自20世纪60年代起，许多有识之士开始对工业文明时代西方国家这种浪费型的奢侈消费进行深刻的反思，并对现代社会所要求的新的理想的消费价值观念进行了有益的探索。法国学者弗朗索瓦·佩鲁指出："我们完全有理由谴责那些具有最工业化国家的毫无意义的资源浪费……应该在'道德'、'伦理'因受目光短浅的唯科学主义影响及盲目相信'中立的'市场力量的影响而被长期埋没之后，重新发现它们的价值。"[①] 英国生态学家戈德·史密斯认为，生产和消费的迅速增加对自然生态带来了极为严重的后果。由此他提出了建设"平衡、稳定社会"，即人口、消费和生产适度增长的社会的构想。[②] 罗马俱乐部认为，人类社会究竟是"沿着癌症似的无差异增长道路继续前进，还是在有机增长的道路上重新开始"，他们认为只能选择后者。[③]

可见，人类现存不合理的消费模式正威胁着人类本身的生存、自由和全面发展。因此，必须寻找适合在现代21世纪社会，即生态文明社会能满足人类自身发展需要的消费发展模式，回到"消费"的本来意义上来，即回到人类作为自然人的需要和消费必须满足的基本需求出发，实现人的全面发展以及社会、经济、环境的和谐与共赢。生态文明时代是继农业文明和工业文明时代之后的一种全新的人类文明发展阶段；生态文明充分地反映了经济社会全面协调可持续发展的客观要求，反映了人与自然、人与人、人与社会之间的和谐协

---

① [法] 弗朗索瓦·佩鲁. 张宁等译. 新发展观 [M]. 北京：华夏出版社，1987：19.
② [英] 戈德·史密斯. 程福祜译. 生存的蓝图 [M]. 北京：中国环境出版社，1987：22.
③ [美] 米哈依罗·米萨诺维克，[德] 爱德华·帕斯托尔. 刘长毅等译. 人类处在转折点上——罗马俱乐部研究报告 [M]. 北京：生活·读书·新知三联书店，1987：9.

调。在全球资源性供给紧约束条件下，建设生态文明是人类遵循人与自然和谐发展规律的必然要求，是对人与自然关系历史的总结和升华。建设生态文明不仅包括对工业文明社会存在的不合理的产业结构和经济结构的战略性调整、生产方式和经济增长方式的根本性改变，而且还应该包括人类传统的不可持续的粗放型消费理念的重新塑造和变革、人类生活行为方式和消费模式的转变和变迁，最终实现人口消费与社会、经济、资源和环境的全面协调可持续的科学发展。

基于上述问题的考虑，联合国、世界各国政府和组织，以及理论界和学术界提出了绿色消费、可持续消费、适度消费和生态消费等现代消费模式。例如，联合国环境规划署（1994）认为，可持续消费是为了实现"提供服务以及相关产品以满足人类的基本需求，提高生活质量，同时使自然资源和有毒材料的使用量减少，使服务或产品的生命周期中所产生的废物和污染物最少，从而不危及后代的需求"的目标。[①] 因此，基于工业文明时代所出现的不当消费模式对全球资源环境造成的消极影响，消费领域的可持续性问题不可低估。

目前，人类已经进入到继农业文明、工业文明时代之后的 21 世纪生态文明时代，为促进人与自然之间的和谐与统一，达成人口消费与社会、经济、资源和环境的全面、协调、可持续的科学发展目标，要求我们必须建立可持续性、符合生态文明时代发展要求的现代消费模式——生态文明消费模式，以实现资源环境与居民消费模式的良好互动和协调发展，最终达到人的全面发展和人类社会的文明与进步。生态文明消费模式是在对绿色消费、可持续消费、适度消费和生态消费等现代消费发展模式进行综合性、多层面、多线性的交叉思考的基础上提出来的，它所蕴涵的生态主义道德责任观和环境伦理观，能够为人类重新认识自己提供了一种健康文明、科学合理的消费观念视角和价值尺度。有关生态文明消费模式的分析和探讨详见本书第 6 章，这里只是简单提出来。

---

① 张坤民. 可持续发展论 [M]. 北京：中国环境科学出版社，1997：106.

第3章　消费模式变化与资源性供给紧约束

人与自然之间的关系，在某种程度上就是人的消费行为、消费方式与对资源的开发、利用，或对环境的污染、破坏的关系。自18世纪工业文明以来，西方社会在尽情地享受技术创新和社会进步所带来的种种物质财富、无限满足消费欲求的同时，也带来了人口增长、资源短缺和环境污染等全球性问题。在中国，改革开放30余年来，国民经济一直保持着持续快速增长的发展态势，广大居民的生活水平不断提高，居民消费模式发生了比较显著的变化，突出表现为居民消费需要不断得到满足，消费不断升级，消费方式不断转变等方面。然而，这种变化也使得我国在一定程度上付出了生态环境遭受过度破坏的沉重代价，能源、土地、矿石等资源性产品供给日益趋紧约束。所谓"资源性供给紧约束"，是指一个国家或地区的人均土地、能源、森林、淡水等资源存量和环境容量显著低于世界平均水平，对产品和服务的生产与供给，进而对居民消费需求实现而形成的一种显著偏紧的限制和约束状态。

在现代经济社会，消费需求上升规律决定了居民消费在超出维持自身生命活动的基本需要后，会趋向于追求享受和发展需要的满足；然而，居民消费需要的急剧增长和无限满足，必然会在一定程度上加剧了水、电、燃油、燃气等资源的大量耗费和衰竭，能源等资源性产品供给日益趋紧约束，进而严重影响到人口消费与经济、社会、资源和环境的可持续发展。事实上，正是由于消费者有了某种客观意义上的需要或需求意愿，并以消费需求上升规律表现出来，才会产生各种形式上的消费行为和发展模式，并在一定程度上体现了人们对自然资源、生态环境的开发、利用和影响强度。

3.1　自然资源、生态环境与居民消费需要

消费需要是指消费者通过消费物品和劳务才能得到满足的需要，它表明消费者对消费资料和劳务的依赖关系。人们的消费需要，不仅包括物质需要和精

神文化需要，还应该包括生态需要在内。① 生态需要不仅是最基本、最重要的生存需要，也是很重要的享受和发展需要。② 自然资源和生态环境明显有利于满足人的生态消费需要，它在居民消费需要各层次中占据重要的位置。首先，像土地、淡水、大气等资源环境为消费者提供了最基本的物质条件和生活环境。若缺乏这些条件，人类很难生存，更谈不上什么享受和发展等方面的消费满足；其次，自然生态环境中的自然资源为生产能满足物质需要的商品提供原材料和能源，但它们最终来源于大自然，这些生产要素应该体现人与自然相结合所创造出的生产力的内涵；再次，随着社会经济的快速发展和人们生活水平的不断提高，不仅人们的物质水平得到大幅度提升，更为重要的是人们精神生活水平的迅速上升（如新鲜的空气、纯净的淡水和令人精神舒爽的环境等）。特别是当人类进入 21 世纪的生态社会时代，一个重要的消费趋势就是对美好自然生态环境的享受和需要，即人们向往诸如生态旅游和生态公园等消费场所，以满足人们日益增长的生态消费需要。

从消费品效用的角度来分析，为满足居民不断增长的生态消费需要，资源环境作为一种稀缺性资源显然具有可供选择的使用或利用价值。例如，人们砍伐森林可以用于建筑、造纸或一次性消费品的生产，也可以把森林保护起来用于生态旅游的开发和利用，至于究竟该选择哪种森林利用方式则取决于对消费者的效用满足程度。我们完全可以将资源环境作为一种"商品"，并与其他商品形成一个特定偏好的组合，若组合中商品的不同数量比例不影响偏好，则形成一条无差异曲线。边际替代率递减规律不仅使无差异曲线凸向原点，也说明以破坏资源环境为代价的对其他商品的消费将越来越不能满足人们的需要，此时自然生态环境的效用会更加突出和重要。例如，当森林资源数量和质量的大幅度降低，并由此带来的全球气候变暖和温室效应等问题严重制约着人们生活质量的持续提高，人们不再或很少能享受到森林带来的生态效应时，以森林为中心的资源环境就会被重视并被保护起来以实现人们生态需要的消费效用满足，显示了森林在建设生态环境和满足人们更高层次消费需要的重要性。所谓环境问题，"就是要改造、培育良好的自然环境和人工环境，以适应人的生态需要。"③ 目前，我国共有森林公园 874 个，面积共 7.48 万平方公里，其中，国家森林公园有 292 个。这些公园的接待游客量，从 20 世纪 80 年代初的 100

---

① 尹世杰.消费需要论［M］.长沙：湖南出版社，1993：267.
② 尹世杰.中国消费结构合理化研究［M］.长沙：湖南大学出版社，2001：25.
③ 尹世杰.消费需要论［M］.长沙：湖南出版社，1993：272.

多万人次上升到近年来的 5000 多万人次。这些都充分地说明了人们生态消费需要的不断上涨使得人们越来越注重"环境消费"效用的选择重要性，生态消费需要已成为人们的需要结构的重要组成部分。

此外，资源环境对居民消费需要的影响还表现在消费需要的连锁反应上。所谓连锁反应，是指当一个经济社会已处于平衡状态，但由于任何一个变量的变化而引起的一系列错综复杂的相关需要的变化。保护良好的自然生态环境和适度利用自然资源必将使人们对高消耗、高污染的消费趋于降低，转而使用低耗、节能和环保的消费品。如果这些生态消费品的生产是基于一定的技术创新之上，则又会使相关技术和设备的需求增加以及由此引致的教育和科研经费的需求增加，而这又会进一步引起教育消费需要增加；与此同时，与高消耗、高污染的消费互补的需要就会减少，如节能型汽车等绿色环保交通工具的消费增加使普通耗油汽车的需要减少，从而使与其相配套的普通汽油的需要必然减少。

事实上，除消费需要外，居民消费水平、消费方式和消费质量等消费行为和模式总是离不开自然资源和生态环境。恩格斯认为，"人本身是自然界的产物，是在他们的环境中并且和这个环境一起发展起来的。"[①] 生态环境对人的生存、享受和发展，对社会经济和文化的发展都有极其重要的意义和作用。人类社会经济的发展是为了提高人们的生活水平和消费质量；而消费质量的提高，不仅包括消费主体、消费客体质量的提高，还应该包括消费环境质量的提高。[②] 在全球性资源环境问题日益突出的背景下，由森林资源和植被遭到破坏和城市过度扩张而导致的荒漠化及耕地减少，大城市住房紧张、交通拥挤、垃圾成灾、水质及噪音污染等资源环境问题，无一不对人们的消费需要满足和消费质量提高产生重要的影响。

3.2 中国居民消费模式变化与资源性供给紧约束

新中国成立 60 多年来，特别是改革开放 30 多年以来，我国城乡居民生活和消费状况发生了根本性的变化。从 1949 年新中国成立时"一穷二白"的极度贫困，到 20 世纪 80 年代初期的解决温饱；从 2002 年实现总体小康，到现

---

① 马克思恩格斯全集·第 20 卷 [M]．北京：人民出版社，1972：38．
② 尹世杰．消费需要论 [M]．长沙：湖南出版社，1993：267．

在的建设全面小康社会，中国居民生活和消费水平实现了历史性的跨越，广大居民的吃、穿、用、住和行以及居民消费方式等各方面均发生了极大的变化。尤其是当人类社会跨入 21 世纪，中国改革开放和现代化建设进入了新的发展阶段。随着"十一五"计划目标的提前完成，我国居民生活总体达到小康水平之后又有新的提高。以 2003 年人均 GDP 达到 1000 美元为重要标志，居民消费正在从生存型向发展型和享受型加快过渡，工业化在住行消费的带动下正在迈入了以新型工业化为主导的新的发展阶段。

但是，我们也要清醒地看到，我国仍然存在着相当比重的高耗能、高污染、高排放的工业、企业，这与我国能源技术加快创新和节能减排目标相距较远。消费需求增长对企业能源资源节约的引导、引致作用表现得并不显著。实践证明，消费规模的日益扩大，消费水平的不断提高和以"住、行"为主要标志的消费结构升级，虽然已成为拉动经济增长的强劲和持久的动力，但正如前文所述，国民经济的快速增长在有力推动居民生活消费水平极大提高的同时，它所带来的资源环境代价也是非常巨大的。"人口消费对资源环境的影响效应主要包括资源占用（耗竭）和环境污染，居民消费需求的增长将导致消费水平的提高、消费规模扩大以及人均环境压力的进一步加大。"[①] 尤其是经济增长所要求的化工业，尤其是重化工业仍在迅猛发展，使我国伴随着经济快速增长的居民消费升级、消费方式转变等消费模式变化带来的资源性供给趋紧与环境承载能力之间形成了越来越严峻的现实制约和发展困境。

3.2.1 消费水平提高

消费水平从狭义的角度是指按人口平均的消费品（包括劳务）的数量，反映人们物质文化需要实际满足的程度。从广义的角度是指消费水平不仅包括消费品的数量和质量，也包括消费质量。[②] 质量因素不仅是消费水平不可忽视的重要内容，而且也成为越来越重要的衡量标志。"人们不仅要求有比较好的消费品和服务，而且要求有比较好的生活环境，提高消费质量。"[③] 任何消费者均是在一定的环境中进行生活和消费活动的，显然，消费质量也应该包括良好的

---

① Geng L. P. Analysis of the influence of Chinese citizens' consumption on resources environment and ecology. China Population, Recourses and Environment, 2004, 14 (1): 39~44.
② 尹世杰等. 消费经济学原理 [M]. 北京: 经济科学出版社, 2000: 80~81.
③ 尹世杰. 关于维护消费者权益的几个问题 [J]. 河北学刊, 1985 (6): 18~23.

环境质量。

　　改革开放 30 多年来，随着我国经济的高速增长，广大居民的收入水平和消费水平有了显著的提高，消费规模日趋扩大。我国城镇居民家庭人均可支配收入由 1978 年的 343.4 元提高到 2008 年的 15781.0 元，增长了约 46 倍；农村居民人均纯收入由 1978 年的 133.6 元提高到 2008 年的 4760.6 元，增长了约 36 倍；相应的，就消费水平而言，城镇居民家庭人均消费性支出 1978 年为 184 元，2008 年为 11213 元；农民人均消费性支出 1978 年为 138 元，2008 年为 3661 元，扣除物价上涨因素，城乡居民消费水平增幅也是非常显著的。[①] 从社会消费品零售总额，即从居民消费需求实现的角度来看，1978 年至 2008 年间也增长了 10 多倍。居民消费水平的提高具体表现在吃、穿、用、住、行等方面。例如，在吃的方面，居民食品消费已从吃饱过渡到吃好，在外就餐的越来越多；在穿的方面，由穿暖到穿好，讲究花色、式样、质量、颜色、新颖、品牌，追求个性化。我国消费水平的大幅度提高，既反映了居民对从贫困、温饱、小康直至全面小康生活的向往，体现了社会主义制度的优越性，同时，也反映了我国改革开放 30 多年来所取得的巨大成就。

　　消费水平有高低之分。在市场经济条件下，消费者会通过提高消费水平以实现自身消费效用最大化。追求更高的消费水平以及消费什么、消费多少、如何消费等，消费者均有选择的自由和权利。我们必须肯定世界经济一体化和社会经济的快速发展带来了人类物质消费品的极大丰富，也同样肯定其为消费者提升消费水平所奠定的现实基础和提供的有利前提条件。然而，可供选择消费品的丰富多彩在为消费者提高消费水平、丰富消费生活的同时，也在一定程度和范围内滋生了西方奢侈消费观导向下的"消费主义"生活方式，从而使得消费者对物的占有欲越来越强烈，远远超出了消费者的基本需要满足。然而，"地球所提供的足以满足每个人的需要，但不足以填满每个人的欲壑。"[②] 消费主要是由经济发展水平决定的，而最终受制于资源环境容量或可承载能力。追求过高的消费水平，尤其是浪费性消费根本不会考虑资源环境的可承载能力，它仅根据自身需求和欲望而恣意索取和掠夺自然界。消费规模持续扩大所带来的资源环境问题，将在一定程度上影响社会经济的可持续发展。

　　人均资源短缺、人口基数巨大的现实国情，决定了我国经济迅速增长和消

---

① 国家统计局. 中国统计年鉴（2009）[M]. 北京：中国统计出版社，2009：315，317.
② [英] E. F. 舒马赫. 虞鸿钧等译. 小的是美好的 [M]. 北京：商务印书馆，1984：16.

费水平提高带来的资源环境问题要比西方国家面临的形势更加严峻。进入 21 世纪，在全面建设惠及十几亿人口的更高水平的小康社会的过程中，大幅度提高人口消费水平仍将是我国经济社会发展的主要目标，消费水平提高与资源环境利用将成为中国经济可持续发展面临的突出问题。① 尤其是居民日常消费生活向自然界排放的大量生活废弃物，更加剧了居民生活环境乃至生态环境的污染和破坏程度。

事实上，我国居民生活垃圾数量的增长与消费水平的提高几乎是同步增长的。垃圾（含居民生活污水）不仅占用了土地资源，也在一定程度上污染了耕地与地下水资源，严重危害到居民的身心健康。未来的 20～30 年，随着人们收入水平和消费水平的不断提高，各种家具、家用电器等耐用消费品更新换代的速度将越来越快。不仅生活垃圾的数量会继续上升，而且生活垃圾处理技术的攻坚难度与垃圾处理成本也会加大，废旧物资回收和利用将面临愈加严峻的考验。依据前文分析可知，虽然我们"消费"了资源和能量，但物质和能量并不会消失，它们是永恒的，且这种"消费"过程必然是一种熵增的过程，即变成熵大的废弃物。从能源等资源"消费"的这种物理学意义的角度来看，我们讨论资源枯竭问题时，首先得考虑如何处理废弃物枯竭或污染等问题。

总之，消费水平不仅表现在数量方面，而且还表现在质量方面。人均拥有消费品数量越多，并不一定就能说明人们的消费水平和生活进步就提高得越快。② 目前，在资源性供给紧约束条件下，我国经济社会发展不得不面对一个两难困境：一方面，经济增长速度的不断提高推动着我国居民消费水平迅速提升和消费规模不断扩大，要求人均消耗和占用更多的自然资源；另一方面，国内自然资源的消耗日益加剧，导致后备资源严重不足和生活废弃物处理难度的加大，严重制约居民消费水平的持续稳定提高。中国在提高居民消费水平方面面临越来越大的压力。③

---

① 吴文恒，牛叔文. 人口数量与消费水平对资源环境的影响研究［J］. 中国人口科学，2009（2）：66～74.
② 当然，随着社会经济发展和科技进步而开发的新型消费品或服务代表一种新的消费方式、消费品位和消费文化现象。在其刚上市时，稀缺、名贵、价格昂贵，只有少数人带头消费，是奢侈消费品。但这是相对的，因为当其普及后就成为生活必需品，如手机、手提电脑及其他新兴的家庭用品的消费演变都是如此。这些由奢侈消费品变为生活必需品的发展演变过程，是社会进步、消费升级的必然趋势，明显有利于扩大消费，促进经济发展。我们要坚决反对和禁止的是那种纯粹追求消费猎奇、消费刺激、独特享受而出现的奢侈消费品，如违法猎杀和砍伐受法律保护的珍稀动植物进行非法消费，在豪华娱乐场所进行嫖赌黄消费，入住一晚就消费巨资的超豪华酒店就是明证。
③ 国家环境保护局. 中国 21 世纪议程——中国 21 世纪人口、环境与发展白皮书［M］. 北京：中国环境科学出版社，1994：43.

3.2.2 消费结构升级

消费结构是经济结构的重要组成部分。在一定的社会经济条件下，人们在消费过程中所消费的各种不同类型的消费资料的比例关系就是消费结构。[①] 消费结构反映了人们消费的具体内容，反映了消费水平和消费质量，反映了人们消费需要的满足程度。需求上升规律是居民消费结构的外在表现形式，主要表现为需求总量的增加和需求结构的升级。随着社会经济的不断发展和社会主义市场经济体制的逐步建立，我国居民的消费需求结构发生了巨大的变化，即生存资料在消费总量中的比重将逐步下降，享受资料、发展资料在消费总量中所占的比重将逐步上升。

居民消费结构优化和升级具体表现为居民消费支出重点的转移，主要标志是恩格尔系数的逐渐下降。从经济学的角度来说，由于边际效用递减规律的作用，对某一物品的需求量的增加会逐渐减少，当收入的增加引起预算线向远离原点的位置移动，要实现效用的最大化，必然要与代表更多效用的无差异曲线相切，而这条无差异曲线本身代表满足更高需要层次的需求和更高层次的消费结构，即从生存消费需求结构逐渐过渡到享受、发展乃至奢侈消费需求结构，而这必然会在一定程度上对能源资源性产品的供给造成日益趋紧的约束。

以消费结构中的"行"——轿车消费为例。随着居民收入水平的日益提高和汽车消费政策的放宽，以及国内汽车营销、售后服务体系的逐渐健全和完善，我国私人轿车拥有量和年销售额迅猛增长。轿车消费步入居民家庭，这是我国居民消费结构的新特点之一，表明居民"出行"交通工具选择逐渐转移至家庭轿车等现代化交通工具。国家汽车工业协会统计表明，我国私人轿车保有量从2004年到2009年翻了1倍，由1300万辆增加到2600万辆。必须肯定，由于汽车产业具有较强的技术关联和市场需求，故扩大汽车消费是促进国民经济快速增长的重要力量。作为世界经济发展龙头的美国，汽车进入美国家庭引领美国经济保持了50年的增长，而且由于更新量大，时至今日，汽车仍是拉动美国经济快速增长的重要力量。日本经济也因为汽车业的振兴持续了30年的增长。[②] 然而，我们面临的现实情况是，私人轿车数量的剧增无疑将带动石

[①] 尹世杰等. 消费经济学原理 [M]. 北京：经济科学出版社，2000：100.
[②] 魏劲松等. 节约资源，保护环境 [N]. 经济日报，2006-3-11.

油、天然气等能源和铁矿石资源的大幅度增长。如前所述,由于我国资源稀缺,石油资源储量有限,这将使得我国石油消费的对外依赖度迅速上升。始于1993 年,中国就已成为能源净进口国,2002 年石油进口量就已达近 7000 万吨,占据国内石油消费总量的近 1/4。2003 年中国首次超过日本,成为仅次于美国的全球第二大石油消费国和进口国,石油消费量为 2.67 亿吨,进口石油9779 万吨[①];2007 年,我国石油净进口量为 1.968 亿吨,石油进口依存度已达到 50%[②],已超过了我国"十一五"规划 2010 年达到 40%的原计划标准。随着我国经济的持续快速发展,我国石油供需缺口将进一步加大。[③]对世界石油的依赖性将不断增强,不仅威胁到我国能源消费安全乃至经济安全,而且这种巨大的市场需求与能源等资源性产品供给紧约束之间的矛盾将变得更加尖锐。

应当指出,针对居民出行消费结构逐渐上升到轿车消费层面所面临的石油资源短缺和能源危机问题,不少学者认为可以通过技术进步和创新解决这些问题。但笔者认为,虽然通过技术创新等手段可以降低单位 GDP 能耗量,达到提高汽车的能源利用效率,部分解决环境污染问题的目的;但基于我国通过技术创新等措施降低能耗与发达国家仍有较大差距的现状[④],这种手段或措施绝非石油能源等这类不可再生资源可持续利用的战略转换和现实选择。对于具有环境选择权利的消费者而言,问题的关键还是在于其出行方式的转变。与公共交通工具相比,私人轿车的能源消费量远远超过公共汽车、地铁等城市公共交通工具。况且,不断增多的轿车消费所排放的尾气引起日益严重的环境污染和危害[⑤],造成全球性的温室效应,导致全球变暖、海平面上升以及各种地质性灾害,恶化人类的生存环境。可见,随着居民"出行"消费结构的不断升级,

---

① 倪健民. 国家能源安全报告 [M]. 北京: 人民出版社, 2005: 57~58.
② 何春雷等. 提倡绿色生活观念, 加大环境与资源保护力度 [N]. 中国消费者报, 2008-3-10。
③ 研究资料显示, 2020 年我国石油需求总量有可能控制在 4.5 亿吨, 石油供需缺口将达到 2.5 亿~2.7 亿吨, 石油自给率将下降到 44%左右。2050 年, 年需求量将达到 8 亿吨左右, 缺口将达到 6.2 亿~6.8 亿吨。我国石油安全将面临越来越严峻的挑战。参阅: 严陆光等. 中国能源可持续发展重大问题研究 [M]. 北京: 科学出版社, 2007: 60.
④ 我国单位 GDP 能耗与世界发达国家相去甚远。以 2004 年为例, 我国单位 GDP 能耗 (单位: 标准油吨/万美元) 为 8.33, 而美国为 1.99, 法国为 1.34, 德国为 1.27, 意大利为 1.07, 英国为 1.10, 日本为 1.16, 中国香港为 1.03。参见: 国家统计局. 国际统计年鉴 (2008) [M]. 北京: 中国统计出版社, 2008: 266.
⑤ 汽车尾气排放的污染物主要是一氧化碳 (CO)、二氧化碳 (CO_2)、氮氧化物 (NO_x) 和化学需氧量 (COD) 等, 它们是温室效应的元凶。由于汽车消费的大量增加, 空气中氮氧化合物和其他温室气体不断集中, 使得地球温度不断上升, 招致严重的生态、经济和社会后果。研究表明, 造成温室气体增加的一个重要原因就是汽车等交通运输工具的尾气排放。根据美国国家研究院交通研究理事会 (TRB) 的一项报告指出, 交通运输排放的 CO_2 几乎占全部温室气体排放的 1/3, 是温室效应的重要来源。参阅: Transportation Research Board (TRB) Special Report 251, Toward A Sustainable Future: Addressing the Long—Term Effects of Motor Vehicle Transportation on Climate and Ecology, 1997.

轿车"飞入寻常百姓家"在给人们生活带来方便、快捷与舒适的同时也带来了能源资源的消耗和环境质量的下降，能源消费的增加对能源保障构成越来越大的压力。显然，鼓励居民开展"节约一滴油""每月少开一天车"等活动，提倡居民选择乘坐公交车等公共消费或集中消费方式出行明显有利于节能减排，而这也体现了2008年全国节能宣传周活动所倡导的"依法节能、全民行动"的主题思想。

因此，诸如居民过多选择轿车消费等方面的消费结构升级正日益对生态环境产生越来越严重的影响和压力，石油、天然气、矿石等资源性产品供给日益趋紧约束。由于个人消费引起的负面效应是渐进的、隐性的，但当这种逐渐累积发展到一定阶段后却会对资源环境造成巨大的负面影响效应。

3.2.3　消费方式转变

所谓消费方式，就是人们采取什么样的方法、途径和形式去消费消费资料，以满足消费者各种物质的和精神的需要，亦即消费者个体或群体与消费资料的结合方式。在一定的社会经济发展条件下，人们在生活消费活动过程中会形成一定的消费思想和观念，如"黜奢崇俭"、铺张浪费或适度合理等，在其指导下就会出现不同的消费行为，而这些具体的消费行为就外在地表现为一定的消费方式，且具有相对的稳定性。当某种消费方式一旦形成，它就会成为一种指导人们消费行为的无形推动力量。

一些不可持续的消费方式在我们日常消费生活中主要表现为居民的种种浪费性的消费行为和模式，从而对森林、土地、矿石、能源等资源性产品形成日益趋紧约束。首先，大量"一次性"消费的商品数量不断上升。[①] 在当今社会，不仅仅是一次性筷子、一次性塑料包装袋这些典型的一次性用品的生产和消费，就连装食物的碟子、婴儿尿布、照相机、剃刀、电池、瓶子、罐子、杯子等也出现"一次性"的。甚至许多耐用消费品，如冰箱、彩电、汽车等也因技术进步的强劲推动下不断更新换代，"用过即扔"的物品越来越多。这些一次性用品既浪费了大量资源，又造成了许多难以降解的生活垃圾。

其次，物化在消费品中的资源，尤其是无效能量的无节制增加。这种现象

---

① 其实，除"一次性"消费方式外，还有"类一次性"消费方式。前者如一次性塑料包装袋，后者如耐用消费品因市场上过快的更新换代而被抛弃。

突出表现在消费品的过度包装上。在现代社会，从出售的食品、饮料、药品、服装到大件的家用电器，越来越追求所谓的"高档""（超）豪华""时尚"包装。"在过去的20年间，精制食品的使用量已经增加到这样一种程度，使如今工业国的食品包装物几乎占到家庭垃圾的一半。"①

再次，广大居民消费方式选择的不合理也造成大量的浪费。在这方面，西方著名社会学家艾伦·杜宁早就指出："在美国，人均饮料的消费在1990年上升到182升，而饮水只有141升。"② 大量饮用罐装饮料不仅有害人的健康③，而且造成资源的大量浪费和生态环境的严重污染。

还有，就是能量资源浪费型的"深加工"产品。应当承认，有些深加工产品在生活上是必要的，但也有大量的深加工产品只是形式上的花样翻新，没有一点实质性的新内容。像这类只是追求形式的"虚假"深加工产品，由于它们的制造属于不同能量层次之间的转换，其浪费的能量必然就更多。

应当指出，居民消费满足存在两个层面，即需要满足和欲求满足。这是两种完全不同的消费。"需要"是人们为了生活需要而必须消费的东西，它是有限的、相对稳定的；而"欲求"则是在需要之外，是由追求心理上各种满足（如追求地位上的优越感、满足感、嫉妒、攀比和炫耀等）而形成的一种需求，它是无限的、变幻莫测的。满足需要的消费是一切社会共同具有的，而满足欲求的消费则是工业社会所独有的。正如丹尼尔·贝尔所说："资产阶级社会与众不同的特征是，它所满足的不是需要，而是欲求。欲求超过了生活本能，进入心理层次，它因而是无限的要求。"④ "欲求消费"在本质上是一种"异化消费"，是居民消费方式的"变异"和"恶化"，它使消费与"需要""使用价值"相背离，过度地去追求不必要的欲求满足，并因此而造成巨大的浪费和人性的异化，显然是一种反科学和不合理的消费方式，在一定程度上造成对地球支持生命能力的威胁和资源环境的极度破坏。巴里·康芒纳甚至认为"工业社会受消费驱动的生活方式比起人口规模来更是环境破坏的根源"。基于此，未来学派欧文·拉施洛说，"如果53亿人全部毫无顾忌地消耗自然财富，那么地球在

---

① [美] 施里达斯·拉夫尔．夏堃堡等译．我们的家园——地球 [M]．北京：中国环境科学出版社，1993：93．
② [美] 艾伦·杜宁．毕聿译．多少算够——消费社会与地球的未来 [M]．长春：吉林人民出版社，1997：45～46．
③ 研究表明，灌装饮料的包装材料一般有纸、塑料和金属等。纸制包装因质地疏松而较易渗水，故易受微生物感染；而诸如铝、铅等金属包装饮料使用过多更易导致人体血液中含铅、锡等浓度过高，危害身体健康，尤其是儿童大量饮用灌装饮料，会给其生长发育带来不良影响。
④ [美] 丹尼尔·贝尔．赵一凡等译．资本主义的文化矛盾 [M]．北京：生活·读书·新知三联书店，1989：68．

一代人的时间里就会流尽最后一滴血。"① 显然,这种奢侈型的消费方式不仅危及后代人的生存和发展,而且身处当代的人们也身受其害。更何况,西方工业社会所秉承的这种不合理的消费行为和生活方式,已经对包括我国在内的广大发展中国家产生了极其消极有害的负面影响。

通过上述分析可以看出,居民消费规模扩大、消费水平提高和消费结构升级所带来的消费升级,正不断对自然资源和生态环境造成越来越严重的压力;而居民浪费型消费、一次性消费、破坏性消费等不可持续的消费方式,使得这一问题更为严重,能源、淡水、森林等资源性产品供给日益趋紧约束。"越来越多的事实表明……不可持续的消费形态对有限的能源、资源已构成巨大压力,尤其是……不合理的生活消费极大破坏了生态环境,由此危及人类自身生存条件的改善和生活水平的提高。"② 居民日常生活领域中存在的不合理的、不可持续的消费行为,使不少居民消费模式发生了实现和行为的"偏差",明显不利于适度合理、健康文明型消费模式的形成,不利于资源节约型、环境友好型社会的构建,不利于人口消费与资源、环境的全面协调可持续的科学发展,最终导致人与自然之间关系的日益恶化。

3.3 不可持续消费模式产生的原因

通过前文的分析可知,居民消费模式的不合理在一定程度上进一步加剧了资源短缺和环境污染问题。事实上,转变居民不可持续的消费模式是我国深入贯彻科学发展观,实现人与自然和谐相处,促进人的全面发展和社会全面进步的一个重要方面。因此,分析和探究现存不可持续消费模式的深刻根源是正确把握居民消费与资源环境之间互动影响关系的应然和实然之举。

事实上,近现代以来,不少学者对全球自然资源耗损、生态环境破坏和人类经济活动(包括消费活动)的可持续性等问题的认知、探讨和反思从来就没有停息过。深入剖析这种不当消费模式产生的原因,显然有助于我国居民消费可持续发展目标的实现。

---

① 转引自:余谋昌. 创造美好的生态环境 [M]. 北京:中国社会科学出版社,1997:150.
② 国家环境保护局. 中国21世纪议程——中国21世纪人口、环境与发展白皮书 [M]. 北京:中国环境科学出版社,1994:39.

3.3.1 "资源和环境无价论"加剧了资源耗竭和环境破坏的程度

长期以来，自然资源和生态环境被认为是一种可以随意使用或者低价使用的公共物品，主要表现为资源价格的市场化配置程度不高，不能真实反映市场供求关系和资源稀缺程度；缺乏对投资者、经营者和消费者的激励和约束作用，如土地、水、电、油等重要资源的价格一直由政府实行管制，对重要资源实行低价政策；再加之对马克思主义的劳动价值论和现代西方新古典经济学的边际效用理论的片面和狭隘理解，认为自然资源和生态环境不是劳动创造的，不具有边际效用，故没有价值，更不用说具有价格。现实生活中所出现的"产品高价、原料低价、资源无价"现象就折射出人们对资源环境价值的淡薄和漠视，从而导致了自然资源的无偿占有、掠夺性开发以及不合理利用，造成资源存量锐减，生态破坏和环境质量的下降。

事实上，自然资源是为人类生产和生活条件提供自然物质与自然条件及其相互作用而形成的自然生态环境，它具有多种多样的功能，如耕地资源能够生产出粮食，以满足人类的食物需求；风景优美的自然风光能给人类带来感官上的享受，因而具有景观美学的价值；森林资源具有涵养水源和保持水土的生态保护功能……这些形式各异的功能均是人类全部物质需要、精神需要乃至生态需要得到满足的前提条件和根本基础。况且，人类为了生存与发展，就必须利用自然资源进行社会再生产，而为了维护、恢复自然资源的某种功能，就必须付出必要的劳动时间；"劳动首先是人与自然之间的过程，是人以自身的活动来引起、调整和控制人与自然之间的物质变换的过程。"[①] 因此，这种通过劳动方式而进行的"物质变换"，必然使具有有用性和稀缺性等特性的自然资源自身蕴涵着潜在的价值，它起着人与自然的联结作用。"人类的劳动无疑是商品等经济物品的价值源泉，但没有理由说孕育了并一直养育着人类的自然和自然资源反而没有价值或者不是价值源泉；自然资源数量有限且正在变得稀缺的现实使这一点变得更加无可置疑。承认和珍惜自然和自然资源的价值，尊重其创造价值的作用，就是承认和珍惜人类自身。"[②]

---

① 马克思恩格斯选集·第 24 卷 [M]. 北京：人民出版社，2001：207.
② 晏智杰. 自然资源价值刍议 [J]. 北京大学学报，2004 (6)：70～77.

正是由于自然资源和生态环境具有巨大的社会经济价值和生态价值①，能够满足人类的物质、精神和生态需求，并与人类的物质文明、精神文明和生态文明的发展相适应，所以，那种"资源无价论"和"环境无价论"越来越受到学术界的质疑和批判。从经济学角度分析来看，资源环境内含的这些价值是由自然资源的稀缺性和效用性决定的。马克思曾说过："土地是一切生产和一切存在的源泉。"②"劳动并不是它所生产的使用价值即物质财富的唯一源泉。正像威廉·配第所说，劳动是财富之父，土地是财富之母。"③ 土地资源的稀缺与有用不仅说明它与劳动力相结合后能创造物质财富，以满足人类日益增长的各种消费需求，而且也证实了自然资源的稀缺性决定了资源不可能无限地提供给人类加以利用。这就要求利用市场供求法则，充分发挥市场机制优化配置资源的功能，尤其是要充分发挥价格机制的作用，达到实现资源环境价值的最大化利用。

价格是合理配置资源和保护环境的重要手段，由价格扭曲所导致的资源配置失灵是居民消费模式不可持续的重要原因。如我国2004年为完善资源市场价格机制，国务院明确规定城市水价由水资源费、水利工程供水价格、城市供水价格和污水处理费等4部分构成，但在实际工作中尚有不少城市没有建立污水处理收费制度；即使已经建立起污水收费制度的城市，其污水收费标准也偏低，不能满足污水处理厂的运营需要，由此导致资源价格普遍偏低；还有能源资源，如我国的燃油税仅是美国的1/10、欧洲的3%～5%；另外就是我国矿产资源补偿费平均率为1.18%，而外国一般为2%～8%。④

显然，作为资源环境价值表现的价格，同样受供求规律的影响和支配，从而实现作为生产要素或消费客体的资源环境达到供需平衡，这是我们确定资源环境价格的基本理论依据。承认资源环境的价值，实现从资源环境无价值论到有价值论的转变，对于扭转人们不当消费模式，合理使用和有效保护自然资源，消除环境污染，营造有利于人类可持续发展的生态环境和社会环境具有重大而深远的现实意义。

---

① 资料显示，1997年，美国国立生态分析和综合研究中心一个由生态学家和经济学家组成的研究小组估算了地球的生态价值，认为地球每年向人类提供的价值为16万～54万亿美元，平均为33万亿美元。当年世界国民生产总值为30万亿美元。它表示自然价值对全球经济的贡献。参见：余谋昌. 生态文明：人类文明的新形态[J]. 长白学刊，2007(2)：138～140.

② 马克思恩格斯全集·第12卷[M]. 北京：人民出版社，1962：757.

③ 马克思恩格斯全集·第23卷[M]. 北京：人民出版社，1972：57.

④ 张卓元. 深化改革，推进粗放型经济增长方式转变[J]. 经济研究，2005(11)：4～9.

3.3.2 传统发展观纵容了不可持续消费模式大量存在的可能性

对消费的不可持续性问题的追问不能不涉及西方传统发展观,亦即不少学者所描述的"现代性发展理念"①。传统发展观是以"经济人"假设为前提,以GDP增长为核心,以利润最大化为目标,不重视资源利用与环境保护,忽视社会效益和环境效益的高增长、低效率的发展模式,亦即所谓的粗放式经济增长方式。由于这种传统经济增长方式把经济看作是不依赖外部环境的孤立系统,片面追求经济效率提高,从而形成了以资源的过度消耗、环境的严重破坏为基本特征的生产方式,及以商品的高消费为经济增长动力的生活方式。不仅如此,这种源自西方发达国家的传统发展观还对不少发展中国家产生了极其严重的负面影响。

应当指出,由于世界上许多贫困国家大多分布在自然资源贫乏、生产生活条件恶劣、生态环境脆弱的地区。在贫困和资源耗损、环境破坏之间的恶性循环中,"资源的不合理开发利用和生态环境的恶化是造成贫困的重要原因之一"②,而贫困又反过来迫使人们产生滥用自然资源和破坏生态环境的不可持续的生产和消费行为。世界自然保护同盟主席施里达斯·拉夫尔指出:"贫困威胁着最穷的人的生存……仅仅告诉那些处于生存边缘的人不要砍伐树林,不要多生孩子,不仅是对他们的疾苦麻木不仁,而且是彻头彻尾的挑战。"这些贫穷落后国家为了解决生存问题,除了动用大自然所恩赐的这些财富,实施以资源环境为代价的粗放式生产方式,以及不可持续的消费方式之外,他们往往别无选择。这种对环境造成的灾难性后果,只能使原本贫穷的地区和人口进一步贫困化。这就是贫困导致环境破坏,环境破坏又进一步加剧贫困的恶性循环的本质。走出这种"贫困→破坏环境→更加贫困"的"恶性循环"发展困境,显然需要仰仗于世界各国政府的国际性环境保护合作。

当前,我国居民虽然大部分已摆脱贫困走向小康,目前正处于全面小康建

---

① 现代性发展理念是"唯经济效益或经济增长是问"的发展理念,实现经济增长是现代性发展理念的唯一目标。现代性发展理念认为,凡是能够带来经济增长的办法都是可行合理的,经济增长是人类的福利,是解决一切社会问题的基础,与其他社会因素相比,增长具有至高无上的地位。参见:[德] 路德维希·艾哈德. 祝世康,穆家骥译. 来自竞争的繁荣 [M]. 北京: 商务印书馆,1983: 64~179, [美] R. 科斯等. 刘守英等译. 财产权利与制度变迁: 产权学派与新制度学派译文集 [C]. 上海: 三联书店, 1991: 179.

② 国家环境保护局. 中国21世纪议程——中国21世纪人口、环境与发展白皮书 [M]. 北京: 中国环境科学出版社, 1994: 47.

设的新的历史发展阶段。但在农村，尤其是广大西部地区仍然有两千万人口还没有彻底走出贫困的阴影。为了尽快解决此类问题，我国政府先后制定了重工业，特别是重化工业优先发展等赶超型经济发展战略和政策（时至今日这种所谓的"优先发展战略"仍然在我国一些地方继续存在）。资金短缺及不具备自主发展能力和条件等现状，使我国不得不从制度上人为地压低资源、能源和劳动力等生产要素的价格，低价甚至无偿开发和利用自然资源，形成"高投入、高消耗、低效率"的粗放型经济增长方式，进一步加剧了能源、土地、矿石等资源性产品的趋紧约束。虽然这种发展模式大大促进了我国企业生产和居民消费的迅速增长，但由于秉承"资源无价、环境无价"的发展理念，造成资源、环境廉价或无偿使用的存在。更为重要的是，这种发展观简单地把消费增长等同于经济增长，把经济增长等同于经济发展和经济社会的现代化，显然忽视了消费增长与社会、经济和资源环境的协调发展。因此，这种源自西方国家的传统发展理念与我国追求以人为本，全面、协调、可持续发展的科学发展观有着本质的区别，前者产生的严重后果则是纵容了诸如浪费消费、污染消费、黄色消费、黑色消费等不可持续消费方式存在的可能性，甚至"合理性"。

3.3.3 消费外部性是造成居民不可持续消费模式的重要原因

近代从理论上论及资源消耗和环境消费问题导源于经济的外部性。早在1740年，休谟就曾因公共资源浪费等现象而论及"公共悲剧"（The Tragedy of the Commons）问题，指出"免费搭车者"的存在是以共同体中的其他成员不同时是以"免费搭车者"为前提的，追求自身利益，即消费效用最大化的个人会导致公共资源质量的下降。1889年，马歇尔首先讨论生产性外部经济；1920年，庇古在其《福利经济学》一书中确立了外部性理论，他以森林的火车等案例说明某些经济活动可能对无辜的第三者造成损害（外部的不经济）。这种概念后经诸多学者加以引申和进一步扩展，现已成为处理有关外部性问题的基本模型。如布坎南与斯塔布尔宾认为，只要某一个人的效用函数或某一厂商的生产函数所包含的变数是在另一个人或厂商的控制之下，就有外部效应存在，并把它分为消费的外部效应与生产的外部效应。西方众多学者在研究外部性时，主要是关注生产领域的外部性，这种外部性直接导致了企业的不可持续的生产行为，从而进一步影响到自然生态环境。[①]

其实，外部性不仅存在于企业生产经营活动中，消费领域中也同样存在外部性，即消费外部性。人类在与大自然进行物质和能量的交换过程中，会对资源环境产生直接或间接的影响，但消费者本人往往并未为这种影响支付环境成本或予以生态补偿，即消费者的资源浪费和环境污染行为破坏了自然生态环境却没有为此而付费。显然，由于消费者的污染成本没有纳入其消费成本，而只是成为由他人或社会买单的社会成本，因此，为了追求效用最大化，消费者会按边际收益和不包含社会成本的边际消费成本的交点决定消费量，这一数量必然超过考虑社会成本（含环境成本）时的消费量，从而导致低价或免费资源的严重消耗和污染物的过度排放；加之环境资源等公共产品的市场价格没有反映其稀缺性，即没有反映其影子价格，许多环境资源的市场价格实际上是零，尽管其供给有限，影子价格为正。当一个当事人承担了另一个当事人消费活动的成本而未得到补偿时，必然会导致居民非可持续消费模式的持续存在，因为消费者只承担消费活动的个人成本（消费品购买价格、烹饪加工费用等），此时消费活动所产生的社会成本（至少应包括环境资源耗减成本）大于个人成本。可见，当一个社会的经济体制没有将资源环境价值货币化，或没有将污染环境外部成本内部化，消费者私人消费效益不会受到因排污量的增多而减少，为了进一步扩大消费效益，往往导致资源的过度消费以及环境污染的日渐加剧。

总之，正是由于自然资源和生态环境具有典型的公共物品属性，难以引入市场机制，或界定产权主体的成本很高，从而给"搭便车"的机会主义行为提供了充足的机会，也为居民不可持续消费模式提供了市场默认和行政许可，直接加剧了资源浪费和环境污染的程度，"公地悲剧"由此而生。正如亚里士多德所说："最多的人共用的东西得到的照料最少，每个人只想到自己的利益，几乎不考虑公共利益。"[②] 美国学者哈丁（G. Hardin）也说："这就是悲剧所在。每个人都被锁在一个迫使他在有限范围内无节制地增加牲畜的制度中。毁灭是所有人都奔向的目的地，在信奉公用地自由化的社会中，每个人都追求各自的最大利益。"[③] 消费的可持续性源于大自然所提供的物质和能量，即消费的

---

① 关于用生产外部性这一特殊形式替代对外部性一般形式的研究主要有：科斯（R. Coase, 1960）从产权角度分析了外部性，提出了著名的"科斯定理"；杨格（A. Young, 1928）提出了动态外部性理论；鲍莫尔和奥茨（W. J. Baumol and W. E. Oates, 1975）讨论了开采可耗尽资源的外部性，等等。
② [古希腊] 亚里士多德. 吴寿彭译. 政治学 [M]. 北京：商务印书馆，1965：48.
③ Hardin, G: "The Tragedy of the Commons", Science, Vol. 162, 1968, pp. 1243~1248.

资源禀赋约束，而人类消费活动的外部性使得资源性产品供给难以为继，导致人类赖以生存的自然生态环境消费的不可持续性。

3.3.4　伦理道德原因

前面提到，人与自然的关系具有深厚的生态伦理基础和伦理道德价值因素。在消费观念上追求欲望的极大满足，在消费行为上出现高消费、过度消费等非理性的不可持续消费方式都体现着一定的伦理精神和道德价值。消费和道德是人类生活的两重空间，对应着人的两重需要，即生存和怎样生存。消费行为如何选择，道德伦理因素往往起到很大的影响作用。消费行为的选择中，不仅有经济能力上"能不能"的问题，而且还有消费者个人"愿不愿"的问题，一定的价值观支配和影响着人们的消费行为和模式。从这个意义上讲，任何消费行为都无法排斥和摆脱一定的伦理干预，都存在着一个对其进行伦理价值的评价问题。

消费具有社会属性，即人们的消费总是在一定的社会关系中进行的，具有社会的、历史的规定性。这种规定性决定了人们消费的伦理文化指向，亦即任何一种消费模式都有其特有的伦理作为观念和规则支撑。在人类历史的早期，由于生产力水平低下，人类的生存方式也比较低级，因此古代社会的消费是满足基本生存需要的消费，其基本指向是为了衣、食、住等维持人类生存不可或缺的需要的满足。满足基本需要的消费方式决定了古代社会"黜奢崇俭"的消费伦理观念。社会关系的公正以及人与自然关系的协调，决定了这是一个物质匮乏但精神"充裕"的时代。

伴随着西方工业革命的完成以及生产力水平的极大提高，人类创造出规模空前的物质财富。人们相信地球资源的储量是无限的，物质产品的供应也是无限的，丰富和过剩意味着生活水平的提高，也意味着个人或家庭的成功与幸福。人类逐渐摆脱为生存而挣扎的短缺时代，传统的以生产为中心的社会转变为以物的依赖性为基础[①]，崇尚最大化物质消费为中心的"消费社会"。工业文明把刺激消费、鼓励消费作为商品生产的重要动力和目标，主张"生活就是消费"，从而确立了奢侈型、浪费型，以追求享乐为目的的消费价值观和伦理观。

[①] 马克思把人类社会的发展分为三个阶段，即人的依赖关系是最初的社会形态；以物的依赖性为基础的人的独立性是第二大形态；建立在个人全面发展和人类共同的生产能力成为人类的社会财富这一基础上的自由个性是第三阶段。参见：马克思恩格斯全集·第46卷（上册）．北京：人民出版社，1979：104．

日本学者堺屋太一指出，"工业社会的价值观念是'消费更多的物质是好事'的美学意识和'最大限度地满足人的物质欲望'的伦理观念的总和。"① 资本主义文化的正当性已经由享乐主义取代，即以快乐为生活方式，② 在人与自然的关系上，强调人的中心地位，把人类对自然的顺从提升到了对自然主宰的地位，人可以肆无忌惮地统治和掠夺自然。这种消费伦理指向下的过度消费模式，不仅造成了人性的异化，造成了全球资源环境问题的日渐突出，而且也加剧了人类消费模式的不可持续性。

应当指出，伦理精神和价值观对人类消费行为的道德约束其实涉及一个消费道德问题。所谓消费道德，是指人们在消费过程中形成的自觉遵守消费规则、尊重他人、环境、社会和后代子孙的良性消费行为。在消费道德体系中③，消费者的生活消费道德约束是指在消费者个人约束的基础上，通过其消费行为模式形成的，对他人、环境和社会造成的影响而提出的维护他人、保护环境、保障社会利益得以实现的约束机制；它以居民的日常消费模式作为外在表现形式，是社会文明公约的重要组成部分。当然，政府在规定居民的社会文明公约时，已经体现出了公约对个人消费道德的要求，如不随地吐痰、不乱扔废弃物等。然而，仅有这些公约还不够。在中国目前的个人消费道德体系中，还缺乏对各种消费行为，尤其是消费责任和消费义务的系统规范，如对生活环境的保护、对垃圾分类处理的具体要求等。而在西方发达国家和地区，关于个人消费中生活垃圾的处理或有严格的法律规定，且已成为每个公民的自觉行为，如将垃圾分为可再生性垃圾、不可再生性易处理或需加工处理的垃圾等。在这方面，我国仍然还有很长的路要走。

居民生活领域存在的一些不可持续消费模式产生的原因除以上所述外，还包括前文所提及的心理、价值观念等方面体现出来的以消费"享乐主义"为外部表征现象的社会文化根源。例如，消费享乐主义导致了消费模式和生活方式上的竞相攀比、竞争与模仿，导致了对消费时尚和流行产品的追逐，导致了商品外观的美感分量和符号象征价值的增加；这就不可避免地催生了"大量生产"模式（旧工业化）的产生，缩短了产品的社会寿命，提高了产品更新换代

---

① ［日］堺屋太一．金泰相译．知识价值革命［M］．北京：东方出版社，1986：132．
② ［美］丹尼尔·贝尔．赵一凡等译．资本主义文化矛盾［M］．北京：生活·读书·新知三联书店，1989：67．
③ 消费道德内含着生产者的消费道德、社会组织业务运行中的消费道德和消费者的生活消费道德等一系列内容，由此形成了一个消费道德体系。

的频率，导致了包装过度和广告成本的飙升。这些因素所导致的环境、能源和生态后果，也必然使得居民消费模式赖以可持续性发展的资源环境供给难以为继。

3.4 资源性供给紧约束呼唤可持续性的消费模式

以 2003 年人均 GDP 超过 1000 美元为标志，我国现已步入中低收入国家行列，并逐步向中等收入国家行列迈进。国际经验表明，从中低收入社会步入中等收入社会既是一个"黄金发展时期"，也是一个"矛盾凸显时期"。随着经济的快速增长，呈现在我国面前的土地、水、能源、矿产等资源短缺问题越来越突出，生态建设和环境保护的形势日益严峻。以水资源为例。我们生活的地球表面布满了水，但全部水资源有 97% 已被盐化，剩下的 3% 的水资源中绝大部分存在于冰川、积雪中，因此，真正在利用的淡水资源是很少的，而且还在受到人类的破坏，尤其是工农业"三废"污染更是加剧了水资源危机，目前全球有 20% 的人口难以得到清洁的饮用水，50% 的人口无法得到卫生用水，每年有 2500 万人死于水污染。[1] 在中国，江河湖库水域普遍受到不同程度的污染，78% 的城市河段不适宜作饮用水，50% 的城市地下水受到污染，污染如此之重，真是触目惊心。

特别是，在我国能源消费结构中，75% 是固体矿石燃料，而无污染的能源消耗，如水力、风力供电只占据 5%，因此，在能源消耗过程中造成了生活环境和自然环境的严重污染。不合理的生产和消费模式使得我国资源环境的承载力急剧下降。如我国 COD 排放总量迄今为止达 1400 多万吨，接近最大允许排放量的两倍；大气中 SO_2 排放总量已接近 2000 万吨，远远超过大气达标 1200 万吨的标志；超过 50% 的城市空气质量处于中度或重度污染。

更为严重的是，我国能源资源的短缺与能源的严重浪费、低效使用和环境污染并存。一方面，不仅我国的石油、天然气等人均占有储量仅为世界平均水平的 7% 和 4.5%，铁矿石、铜和铝土矿储量分别为世界平均水平的 1/6、1/6 和 1/9[2]，而且我国的 GDP 每增加 1 美元产值所消耗的能源却是美国的 4.3

---

[1] 张坤民. 可持续发展论 [M]. 北京：中国环境科学出版社，1997：103~150.
[2] 马凯. 贯彻落实节约资源基本国策，加快建设节约型社会 [N]. 经济日报，2005-12-19.

倍，德国和法国的 7.7 倍，日本的 11.5 倍，世界平均量的 3 倍①；另一方面，我国能源消耗量大，能源储量与未来几十年的发展需求之间存在一个巨大的缺口，且污染日益严重，严重制约着我国居民消费质量的稳步提高乃至国民经济的持续稳定发展。

必须指出的是，我国环境污染已从陆地蔓延到近海水域，从地表水延伸到地下水，从一般污染物扩展到有毒有害污染物，形成点源与面源污染共存、生活污染和工业排放叠加、各种新旧污染与二次污染相互复合态势，大气、水体、土壤污染相互作用的格局，对生态系统、食品安全、人体健康构成了日益严重的威胁。② 2004 年，中国 500 个"城考"城市统计结果表明，有 290 个城市的环境空气质量达不到国家环境空气质量二级标准（居住区标准），有 119 个城市超过三级标准，有 50 个城市的水环境功能区水质达标率低于 50%。垃圾围城、机动车污染、扬尘污染、油烟污染等环境问题都十分突出，直接影响了我国居民的生活环境和生活质量。③ 正如温家宝总理在全国第六次环境保护大会（2006）上的讲话中所指出的："……1/5 城市空气污染严重，1/3 的国土面积受到酸雨影响。全国水土流失面积 356 万平方公里，沙化土地面积 174 万平方公里，90% 以上的天然草原退化，生物多样性减少。发达国家上百年工业化过程中分阶段出现的环境问题，在我国已经集中出现。"瑞士达沃斯世界经济论坛公布了 2004 年的"环境可持续指数（ESI）"评价，在全球 144 个国家和地区的排序中，中国位列第 133 位。

因此，发达国家近 200 年发展过程中出现的环境问题，在我国 30 多年的经济体制改革过程中就集中凸显出来。尽管造成环境危机的直接原因也许更多地表现为企业的不可持续生产模式，以及政府实施粗放式经济增长方式所导致的低效或无效管理；但消费增长，尤其是居民不当生活方式和消费模式的不可持续增长更是加剧了资源消耗和环境破坏，消费者应该承担的环保责任被严重"疏忽"了。虽然我们不能绝对地说自然生态的变化均因居民消费所为所致，但是，面对我国当前日趋严重的资源危机和环境问题，毋庸置疑，居民不合理的消费模式扮演了极其重要的角色。时至今日，煤炭、石油、天然气等能源资源性供给紧约束的基本国情，及其与经济快速增长之间的现实矛盾，已经不允许我国继续存在过度消费、浪费性消费、一次性消费等不合理的生活方式和消

---

① 谢浩然.从资源约束看可持续发展［N］.经济日报，2004-8-9.
② 吴季松.新循环经济学解析重化工业化［N］.科技日报，2005-11-16.
③ 陆敏."政府绿色采购"推行时机已成熟［N］.经济参考报，2005-6-29.

费模式。

  目前，我国正处于全面建设小康社会的新的历史发展阶段，为了达到良好的环境质量和实现可持续发展目标，从根本上改变破坏资源、大量消耗资源的传统生产和消费模式，转变粗放型的经济增长方式，转变居民不可持续的消费理念，寻求科学合理的现代消费模式和经济发展模式已到了刻不容缓的地步。事实上，《中国 21 世纪议程》（1994）便已指出："中国只能根据自己的国情，逐步形成一套低消耗的生产体系和适度消费的生活体系，使人们的生活以一种积极、合理的消费模式步入小康社会。"中共十七大报告（2007）更是提出要"建设生态文明，基本形成节约能源资源和保护生态环境的产业结构、增长方式、消费模式"。因此，在 21 世纪生态文明社会，能源、土地、矿石等资源性产品供给日益趋紧约束的现实状况，呼唤生活领域可持续性消费模式的形成，以推动居民消费模式，乃至经济发展方式的根本性转变。

第4章 中国居民消费模式变化与资源性供给紧约束:以食品消费为例

4.1 中国居民食品消费的现状分析

"国以民为本,民以食为天。"(《宋书·文帝纪》)食品消费与人的生存、发展息息相关,是人类第一位的、最基本的需求。长期以来,食品消费支出一直是我国城乡居民家庭消费支出的重要部分。2007年,城镇居民家庭人均消费性支出为9997.47元,其中食品消费支出为3628.03元,所占比重为36.29%;农村居民家庭人均生活消费支出为3223.85元,其中食品消费支出为1388.99元,所占比重为43.08%。[①] 家庭食品消费支出在总支出的比重(即恩格尔系数EC)反映居民生活水平的高低和消费结构的优化。食品消费状况是居民消费水平和生活质量最直接的反映。

新中国成立直到我国改革开放前,由于我国一直坚持建国初期优先发展重工业的战略思路,重生产轻消费,致使在相当长一段时期内广大居民不敢妄言消费问题,生活水平和消费水平极低,恩格尔系数在60%以上(1978年为67%)。加上三年自然灾害、"大跃进"和"文化大革命"运动的影响,居民食品结构虽以粗杂粮等植物性食品为主,但食品消费仅供维持生存。

以北京市为例,1956年至1978年间,北京城镇居民家庭的食品消费以细粮为主,附以相当的粗粮,蔬菜除夏季外则以大白菜为主,至于其他副食则是偶尔能享用的东西;而农村居民家庭的食品消费,主食以粗粮为主,附以部分细粮,副食除老咸菜外,其他食品都很难享用。不但如此,连这样最低限度的消费需求,不少年份也是不能满足的。[②] 可见,这一时期的居民和家庭还处在

---

① 国家统计局. 中国统计年鉴(2008)[M]. 北京:中国统计出版社,2008:320,344.
② 张太原.1956年至1978年北京居民家庭的食品消费生活[J]. 当代中国史研究,2001(5):103~112.

一种勉强温饱的状态，食品消费档次很低，消费结构雷同和单一，生存意识成为食物消费的核心，居民食品消费模式呈现生存型发展态势。

党的十一届三中全会后，我国经济持续快速增长，城乡居民收入迅速提高。与此同时，伴随着由传统计划经济向市场经济的转轨，中国农村实施了家庭承包责任制，食品生产全面大幅度增长，供给能力显著增强，人均收入和食品消费水平显著提高。这一阶段的鲜明特征表现为食品结构以植物性食物为主，动物性食物的消费量以较快速度增加，广大居民温饱问题已得到基本解决[1]，人们的消费倾向也更加趋向于注重食品消费质量和消费安全。

目前，我国已进入由小康向全面小康直至迈向富裕的新的历史发展阶段，对食品的消费需求表现为享受型食品、加工食品和营养保健食品的大幅度增加。烹饪简易快捷、色香味美、营养价值高且包装精美的食品越来越受到消费者的青睐。可以预见，在"十二五"期间，随着我国城市化发展的加速前进，人们对营养价值高和内含丰富食品文化品位的食品的需求会显著增加。

应当指出，随着我国国民经济的快速发展和生活水平的不断提高，广大居民的食品消费和营养状况已获得全面的改善，这是必须肯定的事实。然而，在食品消费发展过程中的国际差异、城乡差异和地区差异仍然非常明显。[2] 以城乡差异为例：我国不少城市居民的食品消费已经接近或达到世界中等发达国家或地区的发展水平，正在由"吃饱"向"吃好"[3] 的方向转化；而广大农村地区仍然还有相当一部分居民和家庭围绕着"吃饱"，即解决温饱问题而展开。由于多数食品消费的起点低，尽管增长速度较快，但其食品消费的绝对量仍落后于城市居民的食品消费量。另外，由于我国不同地区经济发展水平、文化传统、消费习俗、地域条件等因素的影响，居民食品消费还表现出较大的地区差异特征。

---

[1] 中国农科院中长期食物发展研究组通过研究认为，1978年至1985年达到了温饱水平，其主要依据是这一阶段人均国民生产总值达到600元左右，人均国民收入达到500元左右，恩格尔系数在53%～59%之间；人均粮食占有量350kg以上，人均每日热量供给2400千卡以上。按食物平衡表估算，1982年我国居民膳食中热量、蛋白质摄入量已达到或接近RDA水平，基本已满足需要，说明我国在总体上已经解决了温饱问题。参见：马凤楼，徐超．近五十年来中国居民食物消费与营养健康状况回顾[J]．营养学报，1999 (3)：21．

[2] 世界上不少国家的发展经验表明，当人均GDP达到1000美元时，恩格尔系数的平均值约在40%的水平。我国人均GDP已于2003年超过1000美元，我国城乡居民食品消费的国际差距还是较明显的。

[3] 一般认为，"吃好"是经济发展水平提高，人们追求生活质量的食品消费阶段。一种是"动物性食品消费为主"，其主要特点是人们的食品消费以粮食转化的动物类食品消费为主，以口粮直接消费为辅，即通过动物性产品的大量消费获得较多的热量、蛋白质和脂肪，目前以欧美经济发达国家居民的消费为代表；另一种是"动植物食品消费兼顾型"，即粮食直接消费和间接消费各约占一半，能够保持摄取足够的热量、蛋白质和脂肪，达到较好的营养要求，以日本、东南亚部分新兴工业化国家为代表。

4.2 改革开放后我国居民食品消费模式变化分析

4.2.1 恩格尔系数逐渐下降,食品消费水平不断提高

随着我国改革开放的不断深入以及社会主义市场经济的逐步完善,我国经济取得了突飞猛进的发展,城乡居民收入得到了前所未有的提高;而农业生产力的解放和食品生产能力的大幅度提高,使得我国城乡居民食品消费水平提高的速度明显加快,人均食品消费支出的绝对值不断上升,恩格尔系数呈不断下降的趋势。[①] 表 4-1 列出了改革开放 30 年间我国城乡居民家庭人均收入和恩格尔系数的变化情况。

表 4-1 1978—2007 年我国城乡居民家庭人均收入(元)及恩格尔系数(%)

年份	农村居民家庭人均纯收入	城镇居民家人均可支配收入	农村居民家庭恩格尔系数	城镇居民家庭恩格尔系数	年份	农村居民家庭人均纯收入	城镇居民家庭人均可支配收入	农村居民家庭恩格尔系数	城镇居民家庭恩格尔系数
1978	133.57	316.0	67.7	57.5	1993	921.62	2336.5	58.1	50.3
1979	160.17	377.5	64.0	57.2	1994	1220.98	3179.2	58.9	50.0
1980	191.33	439.0	61.8	56.9	1995	1577.74	3892.9	58.6	50.1
1981	223.44	500.4	59.9	56.7	1996	1926.07	4377.2	56.3	48.8
1982	270.11	535.3	60.7	58.7	1997	2090.13	5160.3	55.1	46.6
1983	309.77	572.9	59.4	59.2	1998	2161.98	5425.1	53.4	44.7
1984	355.33	660.1	59.2	58.0	1999	2210.34	5854.0	52.6	42.1
1985	397.60	685.3	57.8	53.3	2000	2253.42	6280.0	49.1	39.4
1986	423.76	827.9	56.3	52.4	2001	2366.40	6859.6	47.7	38.2

---

① 有学者认为,由于食物内部存在品种替换,不同时期相同的恩格尔系数可能对应着差异较大的收入水平,以及差异较大的食物消费结构,故恩格尔系数并不能灵敏地反映食物消费的质量和结构的变化。今后在食物消费发展阶段的研究方面,应建立能灵敏反映食物消费的质量和结构的发展变化的指标体系,根据指标值的变化,划分食物消费的发展阶段。参见:中国农业科学院农业自然资源和农业规划研究所. 演变中的食物消费——中国典型地区分析 [M]. 北京:气象出版社,2000:11.

续表

年份	农村居民家庭人均纯收入	城镇居民家人均可支配收入	农村居民家庭恩格尔系数	城镇居民家庭恩格尔系数	年份	农村居民家庭人均纯收入	城镇居民家庭人均可支配收入	农村居民家庭恩格尔系数	城镇居民家庭恩格尔系数
1987	462.55	916.0	55.2	53.5	2002	2475.6	7702.8	46.2	37.7
1988	544.94	1119.4	53.4	51.4	2003	2622.2	8472.2	45.6	37.1
1989	601.51	1260.7	54.8	54.5	2004	2936.4	9421.6	47.2	37.7
1990	686.31	1387.3	58.8	54.2	2005	3254.9	10493.0	45.5	36.7
1991	708.55	1544.3	57.6	53.8	2006	3587.0	11759.5	43.0	35.8
1992	783.99	1826.1	57.6	53.0	2007	4140.4	13785.8	43.1	36.3

资料来源：根据《中国农村统计年鉴》（2001、2002年）和《中国统计年鉴》（2008年）有关数据整理计算而得。①

由表4-1可以看出，在1978年至2007年的30年间，随着我国居民收入的增加，城乡居民食品消费水平大幅提高。农村居民家庭年人均纯收入由1978年的133.57元增加到2007年的4140.4元，相应的人均食品消费支出由78.59元增加到1162.16元，城镇居民家庭年人均可支配收入由1978年的316.0元增加到2007年的13785.8元，相应的人均食品消费支出由1978年的182.3元增加到2007年的3628.03元。②

虽然我国城乡居民人均食品消费支出的绝对值伴随收入增长呈现出不断上升的发展趋势，但其在居民人均生活消费总支出的比重，即恩格尔系数是逐年下降的，即农村居民家庭恩格尔系数由1978年的67.7%下降到2007年的43.1%，城镇居民家庭由1978年的57.5%下降到2007年的36.6%。在国际上，恩格尔系数的下降，被认为是居民收入和生活水平提高的重要衡量标志。根据联合国粮农组织（FAO）的测算，恩格尔系数在59%以上的居民家庭的生活水平为绝对贫困型；在50%～59%之间者为勉强度日型（温饱型）；在40%～49%之间者为小康型；在30%～39%之间者为富裕型；在30%以下者为最富裕型。尽管城乡居民食品消费支出不断增加，但由于收入增长速度较

---

① 一般认为，我国城乡居民恩格尔系数经历了三个阶段：1979年至1988年为第一阶段，恩格尔系数逐年下降；1989年至1995年为第二阶段，恩格尔系数总体上处于一种缓慢上升的趋势，先是经历了前三年的比较明显的上升过程，之后四年一直在56.0%左右徘徊；1996年至现在则逐年呈较大幅度下降。

② 国家统计局.中国统计年鉴（2008）[M].北京：中国统计出版社，2008：320.

快,恩格尔系数是逐年下降的:农村居民恩格尔系数由1978年的67.7%下降到1990年的58.8%,后又进一步下降到2000年的49.1%,摆脱了贫困,超越了温饱,迈进了小康生活阶段;城镇居民恩格尔系数由1978年57.5%下降到1996年的48.8%,到2000年又进一步下降至39.4%,实现了由温饱到小康和小康到富裕水平的两次跨越。

4.2.2 食品供给多样化,食品消费数量和消费结构不断变化

自1978年改革开放以来,我国一度长期存在的食物供给短缺状况发生了根本性的变化,人们的生活方式也发生了巨大变化,对食物消费提出了新的要求;而农业生产的持续发展和农产品供应形势的改变给居民食品需求提升提供了物质和经济基础,消费者不仅能够填饱肚子,还能进一步满足营养与舒适要求,居民食品构成也发生了很大变化。在粮、油等基本食物的供给得到保障以后,食品生产结构突出表现为非粮食食品供给的显著增加,食品供给呈现出多样化特点。根据中国统计年鉴的统计数据,笔者整理了表4-2和表4-3。

表4-2 城镇居民家庭平均每人全年购买(消费)的主要食品数量

单位:千克

年份 项目	1978	1985	1990	1995	2000	2007	2007比1978增长速度
粮 食	136.00	134.76	130.72	97.00	82.31	77.60	−42.9%
鲜菜(蔬菜)	130.00	144.36	138.70	116.47	114.70	117.80	−9.38%
食用植物油	3.87	5.76	6.40	7.11	8.16	9.63	148.84%
猪牛羊肉	13.70	19.32	21.74	17.24	20.06	22.14	61.61%
禽 肉	1.63	3.24	3.42	3.97	5.44	9.66	492.64%
禽 蛋	3.90	6.84	7.25	9.74	11.21	10.33	164.87%
水产品	5.89	7.08	7.69	9.20	11.74	14.20	141.09%

资料来源:中国统计年鉴.北京:中国统计出版社,1997,1998,2001,2002,2008.

表 4-3　农村居民家庭平均每人全年购买（消费）主要食品消费量

单位：千克

年份 项目	1978	1985	1990	1995	2000	2007	2007 比 1978 增长速度
粮食（原粮）	247.83	257.45	262.08	256.07	250.23	199.48	−19.51%
其中：细粮	122.50	208.83	215.02	210.30	207.09	173.76	41.84%
蔬　菜	141.50	131.13	134.00	104.62	106.74	98.99	−30.04%
猪牛羊肉	5.75	10.97	11.34	11.29	14.41	14.88	158.78%
禽　肉	0.25	1.03	1.25	1.83	2.81	3.86	1444.00%
禽　蛋	0.79	2.05	2.41	3.22	4.77	4.72	497.47%
水产品（鱼虾）	0.84	1.64	2.13	3.36	3.92	5.36	538.10%

注：表中"细粮"包括小麦和稻谷。
资料来源：中国统计年鉴．北京：中国统计出版社，2001、2002、2008．

由表 4-2 和表 4-3 可以看出，改革开放 30 年间，我国城乡居民消费结构主要表现为肉类食物消费量的迅速提高，即农村居民肉类（包括猪、牛、羊及家禽）消费大幅增加，年人均肉类消费量由 1978 年的 6.01 公斤增至 2007 年的 18.74 公斤，增长了 211.8%；城镇居民家庭年人均肉类消费量由 1978 年的 15.33 公斤增至 2007 年的 31.80 公斤，增长了 107.44%。其中，家禽消费增长较为突出，农村居民人均家禽消费由 1978 年的 0.25 公斤增长至 2007 年的 3.86 公斤，增长了 1444%；城镇居民由 1978 年的 1.63 公斤增长至 2007 年的 9.66 公斤，增长了 492.64%，增幅显著高于其他肉类产品。家禽消费快速增长，改变了城乡居民肉类消费结构（2007 年分别占城乡居民肉类消费总量的 30.4% 和 20.6%），但整体来看目前城乡居民肉类消费中猪肉比重仍旧较高。以 2004 年为例，农村居民肉类消费中猪肉所占比重高达 70%，城镇居民肉类消费中猪肉所占比重也达到 65%。显然，我国人均食品消费结构突出表现为粮食、蔬菜等植物性食品的消费量下降或相对稳定，而猪肉、牛肉、羊肉、家禽、蛋及其制品和水产品等动物性食物的消费量在快速增长。

4.2.3　食品消费方式逐渐由"生存型"向"享受型"转变

伴随着食品消费数量和消费结构的变化，我国居民的食品消费方式也在逐渐发生改变，即主要由"生存型"消费向"享受型"转变。具体主要表现在以下两个方面：

一是大量使用"一次性"消费品、包装产品和"深加工产品"。

（1）随着人们生活节奏的加快，加之西方快餐在中国迅速发展和传播，我国"一次性"消费品被广泛使用，餐饮业的一次性筷子、饭盒、刀叉、饮水杯等迅速地膨胀了起来。[①]

（2）包装产品，尤其是过度包装产品的大量使用。一般而言，包装产品具有便于携带、使用方便、外形美观、商品保护等优点。企业为满足消费者不同的购买目的、购买水平以及"面子消费"等消费心理的需要，一般均对不同产品，甚至同种产品使用不同的包装档次。不少企业通过产品包装，甚至把若干关联的产品配套包装组合，或在包装内附有精美赠品，以诱导消费者重复购买等方式。在巨额利润的吸引下，越来越多的企业自然乐意在食品包装上互相攀比，做足表面文章，致使食品过度包装愈演愈烈，大有朝"奢侈、豪华"方向发展的趋势，如天价月饼、天价洋酒等。南京某饭店竟然推出"燕窝粽"，一盒8个粽子售价高达1988元，为粽子披上"豪华外衣"[②]。北京物资学院对北京16个区县近40家大中型商场的调查结果显示，73.64%的被调查者认为商品存在过度包装问题；29.3%的被调查者认为食品的过度包装最为明显。[③]

（3）"深加工产品"比例的迅速上升。居民所消费的各类食品，既包括初级产品，也包括加工产品。随着我国居民人均收入水平的日益提高，城市化进程的不断发展以及越来越多核心家庭[④]的出现，越来越多的妇女走出家庭从事各种工作，使得妇女从事家务劳动的机会成本越来越高，从而导致越来越多的家庭进入市场选择快速食品、冷冻食品、加工食品、方便食品等烹饪快捷、色香味美、营养价值高且包装精美的食品，以满足高效率的工作节奏，并增加自己的休闲娱乐时间。居民食品消费方式的变化使食品结构中的食品工业品，尤其是深加工食品的比例迅速上升，而未加工的初级食品比重不断下降。

二是外出就餐者越来越多。居民食品消费除了居家消费以外，还有在外就餐。伴随着广大居民收入水平迅速增加、城市化水平不断上升及生活节奏的逐

---

① 其他"一次性"消费品还有宾馆业的一次性牙刷、牙膏、拖鞋；医疗方面的一次性针管等医疗器械、用品；文具方面的一次性水笔或不能更换的签字笔，等等。
② 薛庆元等. 一盒粽子售价1988元 [N]. 中国消费者报, 2006-5-26.
③ 转引自：孙启宏等. 可持续消费 [M]. 贵阳：贵州科技出版社, 2001：42.
④ 核心家庭，亦称基本家庭，人类学认为，核心家庭是指具有普遍性的人类社会群体，由丈夫、妻子及其子女组成的群体。它是社会群体组成的基本单位，经济合作、生产、生儿育女和社会化等种种功能都在其中实现。

渐加快，居民直接在外就餐次数不断增加。① 我国餐饮业的迅速发展始于1993年，适应不同收入水平的需要，饮食设施从高档的宾馆、酒楼到大街小巷的大排档、小吃摊应有尽有，从而强有力地促进了居民的外出就餐消费。外出就餐从过去只有与亲戚朋友聚会时才会有的"奢侈"消费方式，逐渐演变成一些城镇居民的食品消费方式。在居民食品消费的各项支出中，外出饮食支出是增长最快的项目。据调查，中国的外食市场从2001年开始以每年1000亿元的速度递增，在2004年达到了7486亿元，城镇居民每人每年在外用餐开支由1995年160.66元增加到2005年的607.23元，增长了2.78倍；2005年城镇居民在外用餐开支相当于其粮食类消费支出的2倍多。②

4.3 食品消费模式变化与资源性供给紧约束

依据上述分析不难发现，随着农业生产力水平的提高以及人民生活的日趋富裕，我国城乡居民食品消费数量、消费水平、消费结构以及消费方式已经有了重大的转变，且这一转变还在继续进行之中。这是我国居民生活质量明显提高的标志，但其负面影响也不容忽视。尤其是一些人过度追求"豪华""时尚""高档"等奢侈浪费型消费方式，对居民的生活消费环境产生了日趋严重的消极影响，能源、淡水、森林等资源性产品供给日益趋紧。

4.3.1 食品消费升级面临严峻的资源和环境条件的约束

我国改革开放前，落后的经济发展水平以及极低的收入水平客观上决定了居民食品消费水平的极度低下，温饱问题没有得到解决。因此，这个时期居民食品消费对资源环境并没有造成实质性的影响和破坏，自然资源约束问题并不突出。

我国改革开放以后，尤其是近20年来，我国经济的快速增长，带来了居民生活水平和消费水平的极大提高，消费结构不断升级，这是必须肯定的事实。然而，食品消费的持续、快速升级必然会突出地表现为对粮食需求的大幅

---

① 进入20世纪90年代中后期以来，随着收入水平的不断提高，我国居民直接在外就餐次数不断增加。虽然居民恩格尔系数逐年下降，但城乡居民，尤其是城镇居民的食品消费总量却呈上升的发展趋势。
② 张静. 明天，我国怎样外出就餐[N]. 中国旅游报，2005-11-16.

度上升,能否保障粮食的充足供给成为制约食品消费升级的最重要因素。粮食安全将是21世纪人类面临的最严峻挑战。① 1994年,美国世界观察研究所所长莱斯特·R.布朗撰写出版了《谁来养活中国》一书,书中提及中国未来粮食能否自给,中国是否会给世界造成饥饿,成为国内外讨论的热点问题。虽然经过热烈讨论和充分论证,认为中国人能够靠自己来养活,且完全有能力养活自己。然而细想起来,这个本该由我们自己发问的问题并没有因为争论的结束而消失。随着我国国民经济的日趋强大,食品供需和贸易对世界食品安全的影响将会越来越大,而食品消费不断升级与生态环境污染,土地、淡水等资源性产品趋紧约束,使食品生产必需的粮食供给所面临的矛盾更加尖锐。

1. 粮食生产必需的土地与淡水资源的发展趋势不容乐观

我们知道,土地和淡水是粮食生产不可或缺的两大生产要素,然而,我国耕地资源和农用水资源的发展趋势并不乐观,存在耕地数量减少、质量下降和水资源利用效率低下等问题。一方面,耕地资源面临数量与质量的双重压力。在耕地数量上,2007年我国耕地面积为13004万公顷(约19.5亿亩),按当年人口132129万人计算,人均耕地仅0.098公顷,只相当于世界人均耕地0.25公顷的36.8%,居世界第67位。② 仅1997年至2003年间,全国耕地减少1亿亩,其中600多个县(市)的人均耕地面积低于0.8亩(约0.0534公顷)的国际警戒线。③ 在人均耕地不足的同时,随着工业化、城市化进程中建设用地不断扩大,农村住房占地不断增加,加上生态退耕和灾害损毁,使耕地资源不断减少。2006年,全国建设占用耕地、灾毁耕地、生态退耕、农业结构调整分别使耕地减少16.7万公顷、3.6万公顷、33.9万公顷和4万公顷。④ 估计在未来20~30年内,耕地资源将持续下降到18亿亩警戒线以下,甚至可能下降到16亿亩生存线,要保证未来15~16亿人口对食物的需求,在努力提高水土资源利用率、提高单位面积产量与单位水资源效率的前提下,全国耕地仍缺口1亿多亩。⑤ 在耕地质量上,我国的土地质量不断下降。据中国农业科

---

① 联合国粮农组织最早是在1974年11月罗马世界粮食大会上提出了"粮食安全(food security)"的概念。目前,人们普遍使用的food security的定义是1983年4月,由联合国粮农组织原总干事爱德华·萨乌马提出来的,即"确保所有的人在任何时候既能买得到又能买得起他们所需要的基本食物"。
② 国家统计局.中国统计年鉴(2008)[M].北京:中国统计出版社,2008:382.
③ 李通屏.中国消费制度变迁研究[M].北京:经济科学出版社,2005:200.
④ 冷淑莲,冷崇总.资源环境约束与可持续发展问题研究[J].价格月刊,2007(11):3~9.
⑤ 卢良恕.中国食物与营养发展[M].北京:中国农业出版社,2003:9.

学院土壤肥料研究所调查，华北地区土壤有机质含量不足 1.2%，而高产稳产田有机质含量应在 1.5% 以上；东北及南方地区 50% 以上耕地有机质含量低于标准下限；这三个地区土壤的速效磷和速效钾的含量分别低于标准水平的 50% 和 25%。① 目前，我国水土流失面积已达 $367\times10^4 km^2$，并且以平均年增 $1.0\times10^4 km^2$ 的速度增加；沙漠化面积 $267.4\times10^4 km^2$；受酸雨影响面积占国土总面积的 40% 以上。很显然，耕地数量的剧减以及耕地质量的下降严重影响到粮食产量，导致日益严峻的粮食供给压力和危机。

另一方面，农用水资源发展形势严峻。据联合国粮农组织（FAO）1995 年的调查数据表明，全世界目前淡水用量为 4.13 万亿立方米，而农业用水则占用水总量的 70%，且存在着严重的超量开采等不可持续使用的发展态势。淡水资源是农业生产不可或缺的生产要素，实际上世界上 8% 的人口（大约 5 亿人）是依靠不可持续使用的水生产出的谷物养活的。② 当前，我国水资源总量 2.8 万亿立方米，人均水资源量 2200 立方米，约为世界平均水平的 31%，是全球 13 个人均水资源最贫乏的国家之一，且季节和地区分布极不均衡。专家预测，到 2030 年中国人口将达到 16 亿，人均水资源量将降到 1750 立方米，接近国际承认的 1700 立方米"用水紧张"标准。③

在我国目前现有耕地中，能确保灌溉的耕地只有 7.5 亿亩，另外还有 10 多亿亩的旱耕地，只能依靠自然降水来进行农业生产，灌溉水资源缺口 300 亿立方米左右。这种状况导致我国常年农作物受旱面积 3 亿~4 亿亩，每年损失粮食近 300 亿公斤，占各种自然灾害损失总量的 60%④，这在西北黄土高原和西南丘陵山地表现尤其突出。更为严重的是，我国经济发展过程因工业废水和生活污水排放等因素所导致的水环境污染和破坏不断加剧。

必须指出，我国农用水短缺固然存在水资源禀赋约束以及水环境污染和破坏等问题，但农用水利用效率低下也是一个不可忽略的重要因素。我国目前农业灌溉水的生产效率为生产粮食 1 公斤/立方米，自然降水的生产效率为 0.6~0.75 公斤/立方米，全国平均水的生产效率仅为 0.8 公斤/立方米，与发达国家有很大差距。传统的灌溉方式，每亩实际灌水量达到 450 立方米~500

---

① 转引自：万宝瑞. 深化对粮食安全问题的认识 [J]. 农业经济问题, 2008 (9)：4~9.
② [美] 莱斯特.R. 布朗. 林自新等译. B 模式 [M]. 北京：东方出版社, 2003：85.
③ 高云才. 水资源紧缺成为我国粮食安全瓶颈 [N]. 人民日报, 2005-3-26.
④ 高云才. 水资源紧缺成为我国粮食安全瓶颈 [N]. 人民日报, 2005-3-26.

立方米,连同降水量,超过作物实际需要量的1倍到几倍。① 可见,水资源的利用效率不高,存在严重的浪费现象。

因此,农用水资源的严重短缺和趋紧约束,直接导致了粮食及农产品产量、质量不稳定,即使是优良品种或者具备高新技术,也因为长期缺水而难以发挥其应有的作用。水资源趋紧的局面成为一种刚性紧缺,制约着中国的粮食生产,日益成为中国粮食安全的瓶颈,更何况我国到2030年16亿的人口规模,更需要粮食的绝对增长量来保证粮食供给,更多的淡水将被用于农业生产,以保障耕地的产出能力和科技作用的发挥。

2. 农业生产存在内源性和外源性环境污染

农业生产造成的内源性污染主要是由于生产过程中大量使用化肥、农药等生产要素造成的。事实上,不仅农业生产排放的痕量气体② CH_4(其中稻田是主要的大气 CH_4 源)和 N_2O 对大气环境造成影响,而且化肥、农药等农业投入品以及大规模畜禽养殖业所产生的面源污染,主要是以氮、磷等养分形式以及有机磷、有机氯、重金属等毒害形式污染水体。

随着高产品种的推广和灌溉面积的扩大,全世界对化肥的使用量已从1950年的1400万吨攀升到2000年的1.37亿吨,增加了近9倍。③ 研究表明,1978年以来,我国粮食产量与化肥施用量之间存在较强的正相关。④ 进入20世纪90年代,我国农药、化肥用量在总体上接近或已超过某些发达国家的水平。虽然近些年因收益递减而导致化肥使用量的增长减缓,但出于粮食自给等经济安全方面的考虑,通过使用农药、化肥等生产要素追求农产品数量,对农作物被化肥、农药等污染的情况未给予充分重视。⑤ 首先,农业生产中大量地

---

① 高云才. 水资源紧缺成为我国粮食安全瓶颈 [N]. 人民日报,2005-3-26.
② 痕量气体包括 CO、N_2O、SO_2、O_3、NO、NO_2、CH_4、NH_3、H_2S 等。人类经济活动大量排放各种痕量粒种,在各种物理的、化学的、生物的和地球过程的作用下,会对全球大气环境和生态引起重大影响,如光化学烟雾、酸雨、温室效应、臭氧层破坏等无不与痕量气体有关。
③ [美] 莱斯特. R. 布朗. 林自新等译. B模式 [M]. 北京:东方出版社,2003:122.
④ 从1978年至2006年我国化肥施用量与粮食产量都保持了较快的增长速度,化肥施用量由1978年的884万吨增加到1998年的4083.7万吨,年均增长率为8.0%,粮食产量由1978年的30476.5万吨增加到1998年的51229.5万吨,年均增长率为2.6%;1998年至2003年化肥施用量增长速度出现下降,由以前的年均增长8.0%下降到这5年的年均增长1.56%,与此同时粮食产量也连续5年出现下滑;2003年至2006年,化肥施用量又开始回升,由上一阶段的年均增长1.56%提高为这3年的年均增长7.8%,粮食产量也相应地出现恢复性增长,由2003年的43069.5万吨增加到2006年的49747.9万吨,接近历史最高水平。参阅:王祖力等. 化肥施用对粮食产量增长的作用分析 [J]. 农业经济问题,2008 (8):65~68.
⑤ 国家环境保护局. 中国21世纪议程——中国21世纪人口、环境与发展白皮书 [M]. 北京:中国环境科学出版社,1994:79~80.

投入使用农药不仅对水体、土壤和农产品造成严重污染并进而威胁人类健康（主要是农药的残留毒性），而且打破了农田生态系统的平衡，破坏了生物多样性。其次，化肥对农业生态环境的污染，主要是使用氮素过多造成。我国化肥生产品种单一，主要以氮化肥为主。氮、磷和氯三要素比例严重失调，而施用量却逐年递增。由于利用率极低，导致大部分流失到水体和土壤，不仅造成河流、湖泊的水质污染和富营养化，重金属含量超标等一系列问题，严重影响渔业生产，而且使土壤中硝酸盐富集，导致农作物、蔬菜、饲料遭受硝酸盐污染。[①] 第三，地膜残留污染。由于回收不力，大大降低了土壤的渗透功能，减少了土壤的含水量，降低耕地抗旱能力，阻碍农作物的生长发育，给农业生产和生态环境带来不利影响。第四，畜禽养殖对环境的污染。中国是畜禽养殖大国，畜禽粪便和废物产生和排放量较大，排入水中后既造成养分流失又造成水质污染，使土壤污染和农作物受害。

还有就是，随着工业化和城市化快速发展，农业外源性污染也不断加剧，大量工业废水和生活污水不加处理排入天然水域，严重改变渔业环境，影响渔业生产。目前我国的污染敏感区域主要在沿海和淡水养殖渔业区域。渔业环境遭受到污染和破坏，不仅使水产品产量逐年下降，且质量日益变劣，污染范围不断扩大，局部区域已经达到十分严重的地步。据不完全统计，目前中国受工业三废污染的农田面积达 10 万平方公里，约有 5% 的农田受到不同程度的影响，年直接损失达 125 亿元以上。此外，农业系统生态环境日益恶化、植被退化、湿地干涸、生物多样性下降、水土流失与荒漠化等一系列问题均在不同程度上对我国粮食供给形成制约，对中国农业生态环境安全造成了危险或潜在威胁，极大地制约了中国农业的可持续发展。[②]

综上所述，土地和淡水等资源是进行粮食生产必需的生产资料，它受一定的自然条件的限制，不可能无节制增加。而耕地和种粮面积的锐减使粮食生产总量增加面临更大的困难。一方面，由于缺乏管理和有效的控制，耕地的损失非常严重；另一方面，由于我国的山地、丘陵、荒漠面积较大，可开垦的耕地越来越少。面对我国人口众多和人口数量不可逆转的增长态势，在经济全球化的发展潮流推动下，过度依赖粮食进口亦非我国粮食可持续发展的长远战略选择。因此，我国城乡居民食品消费水平的不断提高，以及消费结构的持续升级

---

① 硝酸盐可在生物体内转变为亚硝酸盐，直接危害可发生亚硝酸盐中毒，严重时能使人畜死亡。其间接影响，可由亚硝酸盐转变成亚硝胺，促进人畜机体癌变。

② 周珂，王权典.论国家生态环境安全法律问题[J].江海学刊，2003 (1)：113～120.

表明，随着经济的迅速发展和居民收入水平的不断提高，城镇家庭将在未来20年内实现由全面小康向富裕阶段的转变，中国农村家庭也将在未来10年内步入全面小康阶段。

粮食是食品生产的主要原料，居民食品消费升级所带来的消费模式变化（尤其是趋向于动物性食品的需求变化）必然会推动粮食需求量的持续增加；虽然居民对粮食的直接消费将不断降低，但其对粮食的间接需求明显呈现出越来越大的发展势头。土地和淡水等资源性产品供给紧约束使人地矛盾不断加剧。居民食品消费升级日益受到资源环境的约束，而居民食品消费方式的转变使得这一问题更加严重。

4.3.2 食品消费方式的变化加剧了资源环境的压力

如前所述，居民食品消费过程中大量使用"一次性"消费品、包装产品、"深加工产品"以及在外就餐次数的增加，这种食品消费方式的改变固然是我国居民生活质量和消费质量明显提高的重要标志。但这种转变在我国粮食供给难以为继的同时，也进一步加剧了自然资源和生态环境的压力。

首先，大量使用"一次性"消费品使森林等资源浪费严重，恶化了人类赖以生存的生态环境。以一次性筷子为例，资料显示，我国每年因生产一次性木筷1000万箱而失去500万立方米木材，需要砍伐2.5亿棵大树，减少森林面积200万平方米，其中600万箱出口到日本、韩国等国家。[①]"一次性"消费品的大量生产与消费，不仅浪费了成片的森林资源，且产生了大量的生活垃圾，由此带来的生态环境的恶化也是十分明显的。还有诸如"用过则扔"的一次性塑料购物袋所造成的"白色污染"等问题也非常突出，它不仅浪费资源，且其回收后不易处理，而采用焚烧处理方式会产生有毒气体等物质，对环境造成严重污染，因此必须加以限制使用。[②]

其次，食品包装，尤其是食品过度包装造成了包装材料的浪费。[③] 一般而

[①] 王刚等.一次性消费的伦理反思[J].商业时代，2006 (28)：13～15.

[②] 为了节约资源和保护生态环境，引导消费者减少使用"一次性"消费品——塑料购物袋，我国从2008年6月1日起正式实施"限塑令"，在全国范围内实行塑料购物袋有偿使用制度，并禁止生产、销售和使用厚度小于0.025毫米的塑料购物袋。这项举措基本能从源头上采取有力措施督促企业生产耐用、易于回收的塑料购物袋，引导、鼓励居民使用竹篮子、布袋子等替代品，合理地使用塑料购物袋。

[③] 国际上，一般商品的包装成本占商品售价的10%左右，占出口商品售价的15%，均属适度包装。参见：姜春云.偿还生态欠债——人与自然和谐探索[M].北京：新华出版社，2007：117.

言，食品包装对资源环境的影响包括食品包装生产过程、包装材料或包装容器、包装废弃物等所造成的环境污染，尤其是包装材料因自身化学性能变化导致对食品乃至生态环境造成污染；而过度包装又使这种污染变得更加严重。据调查，有16.99％的人认为"包装废弃物污染"是对人们社会和工作影响最大的环保问题。① 还有，就是食品过度包装所导致的资源浪费。不少作为礼品的食品，其包装大有朝豪华包装发展的趋势，且这些礼品包装更是越包越大，而大量的包装物仅仅是在消费者将商品带回家中就被丢掉，其浪费程度可想而知。

目前，食品包装材料已经从天然植物、陶瓷等演变成为以纸、塑料、玻璃、金属等四大类材料为主的格局。随着包装材料的多样化，世界人均包装材料的消费量也与日俱增。据不完全统计，目前世界人均包装材料的消费量为145千克/年，美国人均包装材料消费量居世界之首，达250千克/年，日本达200千克/年，我国为30千克/年。但由于我国人口基数巨大，故年均包装材料消耗量绝对数高达3000多万吨。统计数字表明：目前我国每年仅包装盒用纸量就达24万吨，相当于砍掉了168万棵碗口粗的树木。② 显然，带有奢侈性质的过度包装尚且如此，其他诸如贪大求洋、追求奢华和挥霍浪费等奢侈消费的损失就更大了。我国每年可综合利用的固体废弃物和可以回收利用的再生资源中，没有得到回收利用的价值达500多亿元。

应当指出，商品过度包装被称为"美丽的垃圾"，已成为社会公害，为人诟病已久，必须予以矫正和规范。通过法律手段限制商品过度包装，对于规避商业欺诈，维护消费者利益，遏制奢侈之风，节约社会资源等方面，很有积极意义。而且，日、法等许多发达国家都已从立法角度严格限制过度包装，充分鼓励适度包装。就此而言，抓紧制定的《限制商品过度包装条例》很值得期待。我国从2005年起，每年都对月饼的过度包装现象进行整治，时至今日，这种包装治理整顿虽然取得了初步成效，但仍然还没有根治，而另外一些带有礼品特性的商品过度包装问题则愈演愈烈。

第三，选择外出就餐的食品消费方式存在着严重的奢侈浪费现象。目前，我国在食品消费方面存在着大肆炫耀性的奢侈消费现象。资料显示，近年来，北京、上海、广州和杭州等大城市的宾馆和酒楼推出价目从几万元到几十万元

---

① 转引自：孙启宏等．可持续消费[M]．贵阳：贵州科技出版社，2001：42.
② 杨亮．礼品奢侈包装风不可长[N]．光明日报，2007-2-15.

的"豪宴"。如杭州一家酒楼推出19.8万元的超豪华年夜饭，有的地方还有高达25万元的"乾隆御宴"。这些"天价"食品消费所造成的资源浪费是相当巨大的。据有关部门统计，近年来，北京市平均每天约产生1600吨剩饭剩菜泔水，食品垃圾占垃圾总量的17%，且呈逐年上升的发展趋势。[①] 我国在生产、流通和消费等环节存在的（粮食）损失和浪费达450亿公斤以上。[②] 尤其是公款消费所存在的浪费现象更是触目惊心。资料显示，目前我国大中型饭店、酒家60%～70%的营业额来自公款吃喝，中国人每年吃掉的公款总计将近800亿元，相当于国家教育投资经费的3倍。[③] 显然，无论是现存城市中高消费阶层的食品消费，还是屡禁不止的挪用公款大搞吃喝消费，均明显超前于我国经济发展水平。这种远超过了我国国民生产总值相应水平的讲排场、摆阔气和铺张浪费等食品消费方式，不仅败坏了社会风气，且与我国构建资源节约型、环境友好型社会的目标背道而驰。

最后，"深加工食品"存在着能量资源浪费现象。对食品进行生产和加工需要消耗大量的能源，甚至认为现代食品工业是建立在"石油经济"之上也不为过。美国《地理》杂志揭示，在美国，每生产1磅牛肉要消耗3/4加仑汽油，饲养1头乳牛要消耗283加仑汽油，而对牛肉进行加工因加工深度和储存时间等方面的差异而面临更多的能源需求。应当承认，有些深加工产品在生活上是必要的，但也有大量深加工产品只是形式上的花样翻新，没有一点实质性的新内容。像这类只是追求形式的深加工产品，由于它们的制造属于不同能量层次之间的转换，必然会造成大量的资源浪费和对环境的污染。[④] 生态学"百分之十递减律"告诉我们，生态系统中不同营养级之间能量转移的效率一般不超过10%，会导致其余90%的能量都在转化过程中流失了。我国《节约能源法》已于2008年4月1日起颁布实施，严格限制和控制食品行业在生产和营销等经营过程中的能源消耗显然有利于能源节约。

应当指出，我国居民食品消费模式的变化，虽然在一定程度上加剧了土地供给压力，以及土地、淡水、能源等资源消耗程度，但它对于引导居民趋向于绿色消费模式，推进我国农业生产和产业结构的调整，促进农业生态系统的可

---

① 姜春云. 偿还生态欠债——人与自然和谐探索[M]. 北京：新华出版社，2007：122.
② 王家新，吴志华. 中国可持续粮食消费战略探析[J]. 中国经济问题，2001 (6)：26～31.
③ 李建华，周小毛. 腐败论——权利之癌的"病理"解剖[M]. 长沙：中南工业大学出版社，1997：75.
④ 刘福森，胡金风. 资本主义工业文明消费观批判[J]. 哲学动态，1998 (2)：23～25. 另：虽然刘福森等学者在这里所指的是与资本主义消费方式相联系的"深加工产品"，但在包括我国在内的许多发展中国家，在其现实生产和生活领域中也大量存在着这种仅追求形式的深加工产品。

持续发展均具有重要的现实意义。以崇尚食品绿色消费为例。通过居民消费行为的绿色化,可以使不可再生资源与稀有物种得以保存,可以使资源的利用效率与开发价值得到极大的提高,可以提高消费者剩余和整个社会的福利水平。绿色消费通过降低或消除废弃物,从而减少对废弃物的处理成本,从而强有力地推动了农业产业的调整和优化,促进整个社会的经济效益和生态效益的双赢。

第5章 资源性供给紧约束条件下的消费、增长与可持续发展

在现代社会，消费需求上升规律决定了居民消费在超出维持自身生命活动的基本需要后，会趋向于追求享受和发展需要的满足，进而有力地推动了国民经济的快速增长。消费是促进社会经济增长的重要动力，消费需求对整个社会经济发展具有巨大的导向作用和推动作用，消费增长目前已成为我国经济乃至全球经济最强有力的拉动力量。然而，正如本书第3章所述，居民消费增长，尤其是不可持续的消费增长在一定程度上加剧了生态环境的紧张和压力，能源、土地、矿石、森林等资源性产品供给日益趋紧约束，进而更深刻地影响到经济社会的可持续发展。

因此，本章从居民消费增长入手，依据"消费增长→经济增长→经济发展→可持续发展"这条传导主线和发展规律，分析和探讨了居民消费增长的可持续性对实现经济社会可持续发展的极端重要性，最后得出"改善居民消费模式是贯彻落实科学发展观，实现我国社会经济可持续发展目标的重要保证"这一结论。

5.1 消费增长与经济增长

在市场经济条件下，消费、投资和出口是拉动国民经济增长的"三驾马车"。在宏观经济运行过程中，消费需求作为最终需求，是经济增长最重要的因素，它所提供的消费市场增长空间对经济增长具有明显的拉动作用。实现消费增长是保持经济增长持久而稳定的拉动力量，是国民经济能否顺利实现增长的一个重要基础和基本条件。

5.1.1 消费增长对经济增长的拉动作用

消费可以通过自身的增长直接促进国内生产总值（GDP）的增长，而不是

通过别的变量对经济起拉动作用。由于消费是 GDP 使用额的重要组成部分，故在生产能力的界限之内，消费需求的增长直接就是经济的增长，二者之间没有中间环节或中间变量，消费增长直接推动了 GDP 的增长。需求是需要的实现。马克思早就指出，"没有需要，就没有生产。而消费则把需要再生产出来"，"消费的需要决定着生产。"[①] 因此，消费需求是一切经济活动的起点和落脚点，消费需求的增长是直接拉动经济持续增长的原动力。

而对于投资需求，其表现形式就是通过消费拉动投资，投资被拉动起来以后，它就和消费一样对经济增长起到拉动作用。只要不存在资源约束，消费需求的增长将带来投资需求的增长，由消费增长及其所引致的投资增长进一步推动经济的增长。事实上，投资需求作为由消费需求派生的引致需求，具有"名为当期需求，实为下期供给"的"二重性"。如果投资结构不能适应消费需求结构的变化，投资增长超过了消费需求的增长，则这一阶段投资需求扩张，虽然能暂时拉动增长速度，但对国民经济长期发展而言，无疑是"饮鸩止渴"。所以，投资自身不可能成为经济增长的持久拉动力量。从中长期看，只有把投资建立在消费的基础上，形成消费与投资的良性循环和持续增长态势，通过二者的相互影响、相互促进来共同拉动经济增长，才能有效地扩大内需，真正使整个国民经济运行进入良性循环轨道。

另外，按照宏观经济学的乘数理论，消费需求的较小增长，会导致投资需求的巨大增长乃至 GDP 的更多增长，即投资的乘数作用需要通过消费发挥出来。乘数理论认为，投资增加会导致生产和收入增加，且收入增量会大于投资增量，也就是说投资增加对生产和收入具有成倍的扩张作用，即乘数作用。理论推导证明，投资乘数公式为 $K = 1/(1 - MPC)$，其中 MPC 为边际消费倾向。该公式表明：投资乘数的大小取决于 MPC 的大小，且呈现同方向的变化趋势；而 MPC 的大小直接反映了消费需求的强弱以及消费增长速度的快慢。因此，从这个意义上来说，消费需求的增长在一定程度上就是投资需求的增长，从而是国民经济增长的基础。

应当指出，由于消费支出刚性等原因，消费增长的波动幅度总是小于投资增长乃至经济增长的波动幅度。关于这一点，各国学者在对经济波动的分析中已得出结论。厉以宁等学者研究表明，无论是 1978 年前还是 1978 年后，我国

[①] 马克思恩格斯选集·第 2 卷 [M]．北京：人民出版社，1972：94，108．

的消费波动都明显滞后于投资波动。① 罗伯特·霍尔和约翰·泰勒认为,"就长期来看,消费支出和国民生产总值的增长率大致相同。但是,从短期来看,消费支出的波动比国民生产总值的波动小。"② 正是由于消费增长产生波动的幅度较小,使其对经济增长的影响作用比投资增长等因素更具有稳定性,更能够避免经济的大起大落。

5.1.2 资源性供给紧约束条件下的消费增长方式与经济增长方式

如前所述,消费需要的满足在一定程度上也受制于经济增长。居民消费需要的满足程度和消费需求的增长幅度,在一定程度上也受制于生产增长和经济增长幅度,亦即马克思所说的"生产决定消费"。消费增长和经济增长的关系本质上是消费与经济,或者说是消费与生产之间的关系。在资源性供给紧约束条件下,我们探讨的生产决定消费,不只是生产的内容决定消费的内容,生产结构决定消费结构,以及生产的方式与水平决定消费的方式与水平,还有就是,经济增长方式制约和决定消费增长方式。

同经济增长一样,消费增长也有一个"增长方式"问题。经济增长方式有粗放和集约两种类型,消费增长同样也有粗放和集约两种类型。经济的粗放型增长方式是指主要依靠增加生产要素投入、追求产品数量扩张的增长方式;经济的集约型增长是指注重依靠科技进步和提高劳动者素质,加强管理,改善效益的增长方式。在资源性供给紧约束条件下的现代社会,厉行资源节约,促进节能减排已经逐渐上升到各国的国家发展战略的高度,以最终实现经济增长方式由粗放型向集约型的根本性转变。而消费的粗放型增长主要表现为消费资料数量上的累积和增加,最终表现为对资源环境的粗放型消耗和破坏;消费的集约型增长主要表现为消费质量的改进和消费效益的提高,以及出于对自然资源节约使用和生态环境保护,而对低碳、绿色产品需求的增加等。当然,这两种类型不是截然分开的,数量和质量是相互依存的,只不过在一定时期有一种类型的增长是主导的。

消费增长由粗放主导向集约主导转变是居民消费水平和生活质量提高的表现,它在一定程度上虽然是生产发展的结果,但集约型消费需要对于企业开

---

① 厉以宁,秦宛顺,靳云汇等.中国经济增长与波动[M].北京:中国计划出版社,1993:286~288.
② [美]罗伯特·霍尔,约翰·泰勒.冯立新译.宏观经济学——理性预期与价格调整[M].北京:中国展望出版社,1989:279.

发、设计和生产环境友好产品具有明显的导向和激发作用。第一，集约型的消费需要是靠集约型的生产满足的。生产为消费需要提供了消费的对象、方式以及数量和质量的界限，没有集约型的生产就没有集约型的消费。那种通过对资源环境进行粗放型开发和利用而进行的产品生产方式不仅是不可持续的，且它所生产出来的产品也必然是资源浪费型和环境污染型的；第二，集约型的生产是由集约型的消费需要激发出来的。马克思说："生产不仅为需要提供材料，而且它也为材料提供需要。在消费脱离了它最初的自然粗陋状态和直接状态之后——如果停留在这种状态，那也是生产停滞在自然粗陋状态的结果——消费本身作为动力是靠对象来媒介的。"[①]因此，集约型消费需要通过激发和引导企业的集约型生产，促进企业的节约资源和节能减排，推动国民经济走上内涵式经济增长之路。

在当前资源性供给紧约束条件下，集约型消费需要对生产导向或激发作用的一个典型例子就是，广大居民对绿色环保型产品的消费需要自然会激发企业对环境友好型产品的开发、设计和生产，而不是那种过度消费、高消费等不合理消费需要而引发的企业对资源高耗型产品的生产和供给。很明显，消费对生产的导向和动力作用会引领生产的方向。生产与消费这两个层面的决定作用如果从微观经济，或从企业营销的角度来看，前者称为满足需求或者紧跟市场，后者称为创造需求或者创造市场。因此，在资源性供给紧约束条件下，一方面，集约型的经济增长方式意味着企业通过产品设计、技术创新和节能减排等经济活动，不仅要满足广大居民的绿色消费需要，而且还要创造低碳、环保的绿色产品需求；另一方面，集约型的消费增长方式所要求的不仅仅是温饱问题的解决，更重要的是消费环境的改善和生活质量的提高，以及对集约型经济增长方式所提供的绿色环保产品的消费需要。

5.2 经济增长所面临的发展困境

5.2.1 经济增长与经济发展

自18世纪工业革命以来，人类社会发展的一个突出的特点就是经济的高

[①] 马克思恩格斯选集·第2卷[M]．北京：人民出版社，1972：95．

速增长和大规模的物质财富积累。当人类跨入 20 世纪,尤其是进入 20 世纪中期,伴随着世界经济的快速增长,人类社会出现了三大全球性问题,即人口膨胀、资源短缺和环境污染。这些问题的出现和日益深化,使人们对推动人类社会不断前进的经济发展观滋生质疑,经济增长与经济发展的关系也因此成为可持续发展所关注的重要焦点之一。

学术界关于经济增长与经济发展这两个概念的争论由来已久。在经济理论的早期研究中,增长与发展是同义的,属于同一概念,虽然经济发展主要用于贫穷国家,经济增长主要用于富裕国家。之所以如此,是因为战后初期世界各国最为迫切的任务便是恢复或发展经济。在现实的经济工作中,不计成本片面追求产值、速度就是增长与发展不分的表现。"一个国家的国民经济增长能力,主要表现为向该国人民提供品种日益丰富的商品长期上升的能力。"[①] 美国发展经济学家 L.G. 雷诺兹认为,"我们将互相替代地使用'增长'和'发展'两个词","经济发展问题实质上就是通过增加人均产出来提高国民收入水平,使每一个人都能消费得更多。"[②] 可见,早期的西方经济理论都是从单纯经济增长来看发展的,从而把经济发展问题归结为单纯增长问题,经济发展意味着国家财富和劳务生产增加以及人均国民生产总值提高。但是随即发现,这种战略存在着许多重大缺陷并导致一系列矛盾,特别是片面追求经济增长速度而导致的质量和效益不高,以及经济结构和产业结构失调、收入分配不均、资源过度耗损、环境严重恶化等全球性问题。

显然,这种一味地追求经济增长的传统发展观的理论前提是自然资源的供给能力具有无限性,经济增长和物质财富增长所依赖的自然资源在数量上不会枯竭,环境自净能力具有无限性,因而对它的开发、利用可以不受约束。这就导致工业文明以来,先是发达国家,后是发展中国家的工业化基本上都是把经济增长建立在贪婪地索取自然资源、大量地消耗化石能源的基础之上,使工业文明建立在对不可再生资源的大规模开发和自然环境容量的毫无顾忌地利用基础之上,这种粗放式的发展行为和方式严重地脱离了人、社会与自然界的协调发展和全面进步的良性循环轨道。这是当今难以确保可持续发展的重要思想根源。

基于人类社会发展过程中为片面追求物质财富而出现的种种问题和矛盾,

---

① [美] 西蒙·库兹涅茨. 戴睿,易诚译. 现代经济增长——发现与思考 [M]. 北京:北京经济学院出版社,1989:66.

② [澳] 海因茨·阿恩特. 唐宇华,吴良健译. 经济发展思想史 [M]. 北京:商务印书馆,1997:52.

学术界对这种传统经济发展模式进行了深刻的讨论和反思。20 世纪 80 年代后，经济发展理论进入了一个新的发展时期，许多新的理论与模型相继出现，主要有新经济增长理论、新制度主义、寻租理论、可持续发展理论等。这些理论明显有异于此前的经济发展理论。

例如，1979 年诺贝尔经济学奖得主、英国经济学家阿瑟·刘易斯认为，经济机会分为外生的经济机会和内生的经济机会两种。在经济发展的初始阶段，为了利用外生的经济机会而搞外延式的增长是符合比较优势原理的，尽管要付出一定的代价——在很大程度就是所谓的"拿资源换增长"。但是，当经济发展到一定阶段以后，这些外生的机会就会逐渐失去可持续利用的空间，继续走外延之路就不符合比较优势原理了。这个时候就需要逐步利用内生的经济机会，学会走内涵式经济增长的道路，从注重生产要素的投入注重生产技术的进步，在整体意义上整合和提高全要素生产率，这才是决定长期经济增长和经济发展的关键。[①]

可见，经济增长与经济发展是有本质区别的，应当把视野从经济增长扩大到经济发展。相对于经济增长注重"量"而言，经济发展更重视发展的"质"。"如果说经济增长是个'量'的概念，那么经济发展就是一个比较复杂的'质'的概念。从广泛的意义上来说，经济发展不仅包括经济增长，而且还包括国民的生活质量，以及整个社会经济结构和制度结构的总体进步。"[②] 发展不只是一种经济的连续增长，而是一种以全人类的全面发展为目标的经济、社会、资源、环境的可持续发展。[③] 更有学者认为，"经济增长仅仅指一个国家或地区在一定时期包括产品和劳务在内的产出的增长。经济发展则意味着随着产出的增长而出现的经济、社会和政治的变化，这些变化包括投入结构、产出结构、产业比重、分配状况、消费模式、社会福利等在内的变化。"[④] 由经济增长到经济发展，不仅仅是两个字的改变。无论是在发展理念和发展道路，还是在发展的国际环境等方面，经济发展都是一个具有根本性全局性的战略问题。经济发展包含了更加丰富的内容，体现了对经济发展理念上的深化和发展道路上的拓展，明显有利于解决包括我国在内的经济发展中所面临的资源趋紧约束等矛盾

---

① [英] 阿瑟·刘易斯. 周师铭等译. 经济增长理论 [M]. 北京：商务印书馆，1996：458～462.
② 高鸿业. 西方经济学 [M]. 北京：中国人民大学出版社，2004：687.
③ 吴志军，黄晓全. 江西资源、环境问题及实施可持续发展的对策 [J]. 江西财经大学学报，2004 (1)：10～13，21.
④ 王军. 可持续发展 [M]. 北京：中国发展出版社，1997：27.

和问题。

当然，我们强调经济发展并不意味着我们完全否定经济增长的作用。事实上，在经济社会的特定发展阶段，经济增长仍然是社会物质财富增加和综合国力增强的重要标志，是实现人们生活水平提高和生态环境状况逐步改善的物质基础和基本保证。即便是特别注重经济增长与经济发展区别，也会得出"没有经济增长是不可能有经济发展"的结论。[①] 通过经济增长实现物质财富积累是提供环境治理费用的有力保证。[②] 然而，如果我们站在全球统一的大系统角度上来看待不发达经济的现状时，很难将不发达经济的困境与发达国家的"经济发展"割裂开来。因此，在我们观察和分析人类社会的发展时，必须清醒地认识到经济发展与经济增长的内在联系。

应当指出，针对我国经济增长方式粗放，自主创新能力较低，增长付出的资源环境代价过高等问题，为了更好地引导我国经济发展，党的十七大报告明确地提出要转变经济发展方式。加快转变经济发展方式是在探索和把握我国经济发展规律的基础上提出来的重要方针，也是从当前我国经济发展的实际出发提出来的重大战略。转变经济发展方式，不仅包含经济增长方式的转变，即从主要依靠增加资源投入和消耗来实现经济增长的粗放型增长方式，转变为主要依靠提高资源利用效率来实现经济增长的集约型增长方式，而且包括结构、质量、效益、生态平衡和环境保护等方面的转变。不仅如此，经济发展方式的改进与转变，也是生态文明建设的重要内容；因为经济发展方式和生态文明建设所体现的基本精神和实现目的是一致的，亦即体现了科学发展、协调发展的重要精神，其目的都是为了提高经济发展的质量和效益，使经济运行走上科学发展的轨道，最终促进国民经济又好又快的发展。可以说，建设生态文明的具体措施就是要把推进经济发展方式转变和优化产业结构放在相当突出的位置，并以此来减轻资源和环境的压力，从源头上突破资源性供给紧约束与经济可持续发展的困境。

因此，面对经济增长付出的资源环境代价过高这一关系国民经济全局的重大问题，要求我国必须以科学发展观为指导，更加注重推进经济结构战略性调整，从根本上改变依靠高投入、高消耗、高污染来支持经济高速增长，坚持走

---

① 王军. 可持续发展 [M]. 北京：中国发展出版社，1997：27.
② 在当今社会，除了部分因历史和自然条件原因的发展中国家，如巴西等，尚在一些地区保存着较好的生态环境外，各国的生态环境基本上是与该国在世界经济中的地位或经济增长水平成正比的，也与它们在这方面的支出成正比的。

科技含量高、经济效益好、资源消耗低、环境污染少、人力资源优势得到充分发挥的中国特色新型工业化道路,从而达到增强发展协调性、努力实现经济又好又快发展的新要求,最终实现我国经济社会的全面协调可持续的科学发展目标。

5.2.2 资源性供给紧约束条件下的经济增长及其所面临的发展困境

世上没有免费的午餐,人类每一次获得都要付出代价。[①] 20世纪60年代末,正当西方国家沉溺于高速经济增长而欢喜雀跃时,它所带来的恶果已开始显露,付出的沉重代价也与日俱增,其中最显著的问题则是伴随着高经济增长率而带来的环境污染、生态失衡、资源浪费和耗竭以及高人口增长率,等等。正是由于这些问题,才进一步限制了社会经济的持续、快速和协调发展。

迄今为止,关于经济增长的理论体系已相当成熟。基于全球资源环境问题日趋严峻和恶化的现实情况,人类社会经济的可持续增长已日益受到资源环境的约束和限制。事实上,在经济发展理论的演变进程中,始终贯穿着两种经济发展观,即资源观和环境观。

1. 经济发展理论的简单回顾:资源观和环境观

传统经济发展理论虽然是以追逐物质财富最大化为终极目标的,但不少学者在关注经济增长的同时,也同样高度重视经济增长过程必须持有的资源观和环境观。

古典学派中的增长理论已开始考虑或加入自然资源和环境因素,这集中体现在他们对土地这一自然资源要素的论述中。重农学派的代表人物杜尔阁提出了报酬递减原理,指出了土地资源的生产力极限。[②] 这一观点隐含了重农学派的一个基本理论前提,即自然资源是创造一切财富的重要前提;而报酬递减规律的陈述则指出了财富增长的自然生产力边界,也就是说报酬递减规律表明了自然资源和生态环境存在着自然生产力发挥的最大限度或容量,即生态阈值或阈限。

---

① [美]巴里·康芒纳.侯文蕙译.封闭的循环——自然、人和技术[M].长春:吉林人民出版社,1997:35.
② 转引自:亨利·威廉·斯皮格尔.晏智杰译.经济思想的成长[M].北京:中国社会科学出版社,1999:168.

1798年出版的《人口原理》一书，是马尔萨斯对自然资源绝对稀缺论的最早概括。他认为由于人口数量增长呈指数型，而自然资源数量却是一定和有限的；二者由于增长速率的显著差异，总会达到一点，即人口数量将超过自然资源的供给极限。因此，如果人类认识不到自然资源的有限性，不仅自然资源与环境将遭到破坏，而且人口数量将以灾难性的形式减少，从而陷入"马尔萨斯陷阱"。大卫·李嘉图（David Ricardo）在其代表作《政治经济学及赋税原理》一书中提出了资源相对稀缺论，他认为一个国家的经济增长最终约束归结为自然资源的约束。[①] 约翰·穆勒（John Stuart Mill）在他的《政治经济学原理》一书中，提出了"稳态经济理论（Steady-State Economy）"[②]，是对马尔萨斯和李嘉图关于资源稀缺观点的综合；同时他将资源稀缺论引申到自然环境，认为最好的安排是自然环境、人口和财富增长保持在一个静止稳定的水平状态，即稳态经济状态；而且这一状态要远离马尔萨斯的绝对极限，以避免出现食物缺乏和自然美的大量消失。在他看来，荒野生境，野生动植物都应受到保护，而且还要为子孙后代着想。[③]

新古典经济学派分析经济问题的出发点，是以资源稀缺作为一个既定前提，偏重于研究在此前提下的资源最优配置问题，认为市场机制会调节资源供求，价格反映资源的稀缺程度。[④] 当某种资源短缺时，价格上涨导致生产成本上升，这样人们会发明节约资源新技术或开发新资源加以替代，故无须为资源稀缺而担忧。然而，清洁水源、空气等未进入市场体系的资源对人类福利贡献不会反映在价格机制中，这必然造成资源的过度利用，不断催生了人与自然失和的生态危机；与此同时，人们对自然资源的无序争夺和过度占用又将自己陷入人与人失和的人态危机和人自身失和的心态危机的泥潭。

而现代经济增长理论从哈罗德—多马的理论到新经济增长理论，对自然资源与环境要素的认识有一个转变过程。哈罗德、多马、索洛、斯旺的增长理论

---

① [英]大卫·李嘉图. 郭大力，王亚南译. 政治经济学及赋税原理[M]. 北京：商务印书馆，1962：240~244.
② 所谓"稳态经济"是一种人口与产品恒定的经济，二者的数量（产品和人口）恒定但不静止。人有死亡，物有折旧，生代死，新替旧，总的输入和输出速率在低水平上相等。所以，人的预期寿命和产品的耐久性将会提高，这两种流交汇便形成了"流通量"这一概念。这种"流通量"始于资源消耗，继于输出、折旧，终于废物返回环境时所引起的污染。对于稳态经济，其流通量必须限于一定的规模，以便与生态系统的再生和同化能力相适应。
③ Herman Daly, The economics of the steady state, American Economic Review, 64：15~21. 1974.
④ 虽然研究资源稀缺是主流经济学的永恒主题，且也认为相对于人们的欲望而言，包括劳动、资本和自然资源在内的一切资源都是稀缺的，但新古典经济学等主流经济学仅仅将那些人类在使用时必须付费的自然资源作为研究对象；而像人类所消费的某些东西，诸如空气、水、日光等，在某些情况下是自然所赐予的无代价礼物，无需人的努力去创造它们。它们既生产不出，也不会消耗殆尽，故不属于其研究范围。

很少，甚至不予考虑资源和环境问题，而更多的是关注于资本、技术和制度等要素。20 世纪 60 年代末以来，伴随着经济的持续增长，全球范围内的资源和环境问题日趋严重，理论界开始反思经济增长理论，认为这种"忽视人对自然界的依赖性及无视自然资源特性的思想是以市场为主要研究对象的现代经济体系所固有的缺陷"[①]，甚至认为这种唯经济增长是"资源错配的政治经济学"[②]。因此，人们逐步又重新审视自然资源和环境要素对现代经济增长的内在意义。资源和环境以生产要素、约束条件等形式进入理论模型，以反映资源、环境日益稀缺的状况。这方面的相关文献主要包括 Dasgupta and Heal（1974，1979）、Edward Barbier（1984）、Lepoz（1994）、John and Pecchenino（1994）、Bovenberg and Smulders（1995）等。

因此，把生态环境从现实的世界系统中分割开来，仅把生态系统看作是经济增长、经济发展的外在变量，或生产力的外部条件，甚至强调市场机制和技术进步能够解决经济增长、经济发展的一切问题，必然导致自然资源的过度耗损和生态环境的严重破坏。事实上，20 世纪 80 年代以来，世界系统生产力运行与发展的实践表明，自然生态环境不仅是现代生产力运行的外部环境，而且是现代生产力稳定运行和健康发展的内在因素和基本要素；环境变迁、生态发展将日益决定现代经济发展模式和发展趋势，使资源环境日益成为现代经济社会发展的内生力量，这就是"生态环境内因论"。那种认为市场力量、技术和资本利用的进步可以完全解决资源环境问题的"可替代观"思路，显然忽视了资源、环境与市场、资本、技术的不同之处在于资源、环境对于经济增长具有基础性的制约作用。

2. 资源性供给紧约束与经济发展困境

资源环境对人类社会发展的制约主要表现在工业革命以后。此时，人类改造利用自然的能力大力提高，尤其是煤炭、石油等化石能源代替了薪柴等传统能源以及能源利用技术的突破，彻底改变了人类生态系统的驱动状况，人类开始具备了从各个层次上、以各种可能的规模开发利用自然生态系统的能力。同时，能源的改善和农业生产技术的进步还提高了人工生态系统的生产能力和可靠性，使人类对自然生态系统的直接依赖性大力降低，人口增长也摆脱了自然

---

① 周海林. 可持续发展原理［M］. 北京：商务印书馆，2004：21.
② 转引自：［英］P. 伊金斯. 赵景柱等译. 生存经济学［M］. 北京：中国科学技术大学出版社，1991；5～7.

生态系统的控制，由缓慢增长转变为加速增长。①

人口的快速增长，一方面，说明人类已经摆脱了自然生态系统比较严格的制约；但另一方面，则意味着人类对自然生态系统所施加的压力也在成倍增长，能源、土地、淡水等资源性产品供给变得更加趋紧约束。20世纪后半期是世界人口开始爆发性增长的时期，同时也是人类面临的资源环境问题急剧恶化的时期。二者的同步发展反映了人类社会的发展模式与资源供给和环境承载之间存在着严重的矛盾。

最初引起人们对环境问题关注的是伴随工业化而来的严重的空气污染和水污染。1943年，美国洛杉矶发生了世界上最早的光化学烟雾事件。经过反复的调查研究，直到1958年才发现，这一事件是由于该市拥有的250万辆汽车排气污染造成的，这些汽车每天消耗约1600吨汽油，向大气排放1000多吨碳氢化合物和400多吨碳氧化物。② 1955年，日本西海岸富山县出现了一种奇怪的"痛痛病"。患者全身的骨骼逐渐变得十分脆弱，甚至遇到像咳嗽这样的震动也会引起患者的骨折。在此后20年的时间里，这种令人痛苦万分的怪病先后夺去了上百人的生命。后经调查证实，这种病是由于工厂排放的含镉废水污染了稻田所致的严重镉中毒。这方面的例子还有比利时马斯河谷（1930）、美国多诺拉镇（1948）、日本九州市（1951）、英国伦敦（1952）的烟雾事件以及1959年发生在墨西哥的波萨里卡事件，等等。

面对工业排放造成的严重后果，1962年，美国学者蕾切尔·卡逊出版了绿色经典论著《寂静的春天》，轰动了欧美各国。为解决这些环境公害问题，发达国家在实践中通过制定严格的法规和经济政策。通过使用各种行政的和技术的手段，在一定程度上控制了环境公害事件的发生与蔓延。例如，自20世纪70年代后，英国通过在伦敦市内改用煤气和电力，并把火电站迁出城外，使城市大气污染程度降低了80%，从而避免了再度发生伦敦烟雾事件。

如果仅仅从世界科技进步的角度出发，资本主义发达国家在治理环境问题上的成功似乎证明了由工业排放引起的环境污染公害事件完全是技术性的，是因为人们的认识不足、制定技术标准时的"疏忽大意"、尚未达到一定的技术

---

① 世界人口1575年为5亿，到1825年突破10亿，总共用了250年；到1925年突破20亿，人口数量翻番时间仅需100年；到1974年世界人口突破40亿，仅用时49年。从公元1500年以来的500年间，世界人口在最后的50年里，也就是第二次世界大战结束之后，出现了爆发性增长，至21世纪初，世界人口已经突破60亿，增加这10亿人口用了不到10年的时间。

② 孙启宏，王金南．可持续消费［M］．贵阳：贵州科技出版社，2001：111．

水平或经济实力不够等原因,完全可以通过市场推进、技术改造、制定新的标准和大力发展经济予以解决。然而,事实表明并非如此,因为这些问题并没有随着发达国家治理环境污染的成功而完全消失。工业排放引起的环境公害事件仅仅是人类面临的资源环境问题中的一部分,甚至说只是其中很小的一部分,真正要害的问题是环境退化与资源短缺。因此,追逐经济的粗放式增长就可能导致日趋严重的资源环境问题,而实施资源节约和环境保护战略则可能会使经济增长速度大为放缓,人类社会发展正面临着资源环境保护与经济快速增长的"两难困境"的选择。

面对这种"两难困境",巴里·康芒纳认为:"1970年,环境危机震惊了世界;4年之后,在人们仍然为清理环境而斗争的时候,我们发现自己又陷入未意料的能源危机中了。这样,就如同在早期环境危机的年代一样,人们又一次陷入了困惑。"① 因此,每当西方资本主义发达国家想方设法解决所遇到的能源等资源短缺问题时,但所采用的具有极端经济主义和贪婪功利主义性质的解决方法,却往往造成更大的资源短缺和更复杂的环境问题。

事实上,如果我们抛开社会、政治、文化等因素不谈,仅仅资源消费方面,发展中国家模仿发达国家的发展模式就难以持续下去。例如,西方七国(包括美、英、法、德、日、意大利和加拿大)人口虽然只占世界总人口的18%左右,但其石油消费量占到了世界石油消费总量的42%以上。按照发达国家的经验,发展中国家即使不能达到与之相当的经济发展水平,至少也要初步完成工业化的过程。当所有发展中国家都走上与发达国家同样的资源耗竭型的经济发展道路时,必然会带来全球范围内更大规模的资源环境问题。"美国人口不足世界总人口的5%,但却消耗着世界总能源的34%;美国平均每人每年消耗着相当于12英亩农田和林地提供的可再生资源。如果全世界的人都按这一标准消费,就会需要相当于4个地球的生产用地。如果世界各国都按美国的数量向大气排放污染物,那我们还缺少9个地球才能安全吸收由此产生的温室气体。"② 世界自然基金会总干事詹姆斯·利普也认为,当前人类对自然资源的消耗已经超出了自然本身的恢复能力。如果保持现有的生活方式不变,到21世纪30年代,需要有两个地球的资源才能支撑人类的需求。③ 可见,虽然资源性产品供给紧约束和环境污染构成了经济可持续发展的困境,但真正的发

---

① [美] 巴里·康芒纳. 侯文蕙译. 封闭的循环——自然、人和技术 [M]. 长春:吉林人民出版社,1997:3.
② 陈百明等. 谁在养活美国 [M]. 北京:商务印书馆,1998:249.
③ 牟宗琮. 金融危机的生态启示 [N]. 人民日报,2008-11-11.

展困境则是当人类寄希望于通过不可持续的经济增长方式来解决资源环境问题时,却带来了更严重的资源环境问题。

3. 经济增长所面临的发展困境的发生机制

面对资源性供给条件下的经济发展困境,深入分析这种困境的发生或产生机制显然能为我们探寻和解决这种两难困境问题提供对策思考和实施路径,最终达到实现人类社会经济的持续、稳定和协调发展这一长远目标。

如前所述,人类对自然资源和生态环境的开发和利用源于其自身的"需要"。"人的需要就是人的本性。"[①] 需要是产生一切消费行为的原动力。在市场经济条件下,消费需要表现为消费者有支付能力的需求,也就是消费者对消费品和劳务的购买需求。因此,社会经济的发展主要取决于市场的需求;而市场需求,首先是居民的消费需求。

美国社会心理学家亚伯拉罕·马斯洛认为,人类的消费需要可以自下而上划分为五个层次,即生理需要、安全需要、社交需要、尊重需要和自我实现需要。他认为,上述需要的五个层次是逐级上升的,当低层次的需要获得相对满足之后,追求高层次的需要就成了驱动力。我们可以将人的"需要"划分为两部分,一部分是低层需要,即马斯洛所定义的生理需要,如必须吃饱、穿暖等生存意义上的基本需要。另一部分则是高层需要,相对应于马斯洛所定义的其余四种需要,即前文所论及的社会、主观和文化等属性内容。这两部分需要合在一起就形成总需要。在社会发展的不同历史时期,这种总需要会表现出各自独具的特点。

在漫长的农业社会中,由于自给自足的自然经济受生产力发展水平的限制,因此,人的物质欲望满足是以生存需要为基础和前提。人们的劳动时间主要用于获取满足生活需要的资料,维持和再生产自己的生命。自给自足的经济性质决定了资源的开发者(或生产者)就是消费者,直接从事资源的开发和利用的目的只是为了满足生存和劳动力再生产,并根据其需要数量的多寡直接决定资源的开发强度和规模。因此,此时的总需要就是资源开发强度的界限,并且可以直接反馈到自然资源的开发过程中去。由于生产力水平极其低下,人们的消费需要基本停留在低层次的生理需要层面上,故其总需求的数量或规模非常有限,且对自然资源的开发、利用的强度和数量仅与人口数量的多少高度相

---

① 马克思恩格斯全集·第1卷[M].北京:人民出版社,1979:651.

关。如图 5-1 所示，即为自然经济社会的资源开发机制，它只涉及自然资源和消费者（生产者）。

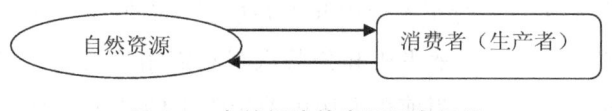

图 5-1　自然经济的资源开发机制

但是在市场经济社会中，商品生产的社会化分工使生产者和消费者的身份发生了根本性的改变与分离，而这对资源开发产生了极为深刻的影响。引导企业对自然资源开发利用的正是广大居民的消费需求变化，亦即直接参与自然资源开发的不再是消费者，而是企业。① 显然，企业开发资源的目的已不再是满足其自身的生存需要，而是为了满足市场需求，尤其是通过市场反映出的居民消费需求。消费需求的实现才是资源开发的基础和诱因。经济系统的供求机制成为影响资源开发强度和规模的决定性因素。如图 5-2 所示，就是市场经济社会的资源开发机制，其核心是需求的性质和实现。

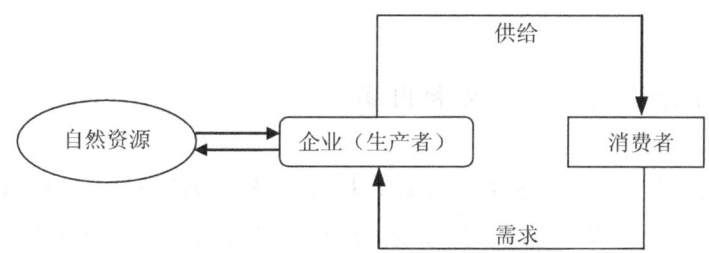

图 5-2　市场经济的资源开发机制

因此，在市场经济条件下，随着经济发展水平和居民收入水平的不断提升，消费者的消费决策不仅仅局限于生理需要的满足，而是更多地受制于社会、文化、伦理、个人心理等因素，表现为人的高层次的需要满足。例如，基于出行快捷、时尚前卫、心理满足、消费分层、社会等级等诸多因素的考虑，

---

① 一般而言，对资源的开发利用起决定意义和基础性作用的是"居民消费需求"，而不是消费需要。这是因为，首先，需要只是发生在交易行为之前的消费者的欲望、愿望和动机，属于"意识"范畴。这种"意识"只有在消费者具备了客观的货币支付能力后才有可能变成实践，即发生交易行为。而在此之前，这种"意识"并不会对资源开发、交易乃至市场发生作用。其次，消费是消费需求的实现，它是发生在"市场之外"的消费领域的行为，是消费使用价值自然属性的过程，因而不再对市场各因素和信号发生作用，更谈不上对资源开发起作用。第三，居民消费需求是指具有了一定货币支付能力的消费需要，因而比消费需要更实际，更有可能对市场和资源开发发生作用。然而，在这种"能力"变成行动（交易行为）之前，它是不可能对市场各因素和信号发生作用的，更不可能激发企业的资源开发行为。由此可见，企业对自然资源的开发和利用，以及对生产进行调节是以消费需求为导向的；市场并不能对资源开发起基础性作用，它只不过是消费需求实现的空间而已，能对资源开发利用起基础性作用的非"需求"莫属。

"消费者阶层"选择私人轿车、飞机等出行工具,其所耗能量是自行车等交通工具的几倍甚至几十倍,这种消费决策的改变也使得资源环境所面临的压力发生了变化。资料显示,自行车不会引起生态损害,而城市公交车每人每公里所用能量是私人轿车的1/8,乘飞机和公共汽车只需用喷气式飞机能量的1/10,私人飞机能量的1/27。[①] 在当前扩大居民消费需求的呼声日益高涨的今天,对更高层次消费水平和消费结构的追求必然会强烈激发企业最大限度地开发和利用自然资源的非理性冲动,这也说明了具有消费决策权的消费者,选择何种形式的消费模式对于引导企业的生产行为和技术创新模式具有重要的促进作用。因此,如果没有社会经济可持续发展观和居民"科学消费观"的正确引导,仅仅通过市场反映出的居民的不合理消费需求,进而推动企业粗放式开发资源的实现机制,必然会带来越来越严峻的资源环境问题。

5.3 可持续发展的提出

5.3.1 可持续发展的定义和内涵

依据上一节的内容分析我们发现,粗放式经济增长的根本缺陷就是忽视了现代经济社会的健康、稳定、持续发展的前提条件是要维持自然生态财富(即生态资本存量)的非减性,否定了自然资源和生态环境的承载力的有限性,违背了经济不断增加和物质财富迅速膨胀要以生态环境良性循环为基础这一铁的法则。理论和实践证明,这种传统经济发展理论把环境资源、生态质量这种重要的生产要素排斥于现代经济运行与社会生产价值运动之外,使传统经济观不能全面反映现代经济运行的实际状况和再生产价值运动的全貌;它在一定程度上就是片面地追求一个国家或地区物质财富增长的理论;在经济社会和生态环境相互关系领域里,它使人类所面临的五大危机,即人口、粮食、能源、资源和环境,归根到底都是生态危机的表现形式[②]。过去,"一些发达国家靠'高投入、高消耗、高污染'的方式实现了工业化和经济快速增长,尔后,这些国家才在'公害的鞭策'、'公众的参与'、'舆论的压力'和'法律的威慑'下转到

---

① [美]艾伦·杜宁.毕聿译.多少算够——消费社会与地球的未来[M].长春:吉林人民出版社,1997:53.
② 刘思华.可持续发展经济学[M].武汉:湖北人民出版社,1997:5.

治理环境，并积极倡导可持续发展。当然，它们走过先污染后治理道路留下的'遗产'在许多方面至今仍是世界生态环境要解决的问题。"① 因此，伴随着经济发展的不断深入和全球性生态危机的日趋严重，为突破经济发展和资源性供给紧约束的两难困境，有关资源节约和环境保护等问题逐渐被提及世界各国的议事日程上来，可持续发展理论应运而生。

　　顺应全球社会经济的发展需要，可持续发展理论的产生和发展历经四件具有历史意义的事件。一是在1972年6月，联合国在瑞典首都斯德哥尔摩召开的"人类环境大会"，世界各国政府第一次聚集在一起共同讨论环境问题。会议通过的《联合国人类环境宣言》首次提出把保护环境和发展统一起来以处理人与自然之间的关系，呼吁世界各国为维护和改善人类环境，造福全体人民，造福后代而共同努力；二是1980年由世界自然及自然保护联盟（IUCN）等国际组织共同起草的《世界自然保护战略》，并首先提出了"可持续发展"概念及其实现前景和途径。这一环境资源保护大纲，改变了过去把保护与发展对立起来和就保护论保护的做法，提出要把保护与发展很好地结合起来；三是在1987年，世界环境与发展委员会发布了《我们共同的未来》（又称为"布伦特兰报告"）的报告。该报告明确指出："人类发展的主题是环境与发展相协调的可持续发展"。因此，我们需要有一条新的发展道路，是一条一直到遥远的未来都能支持全人类进步的道路，是一条资源环境保护与经济社会发展兼顾的道路，亦即可持续发展道路。该报告还对可持续发展的内涵作了界定和详尽的理论阐述，折射了人类社会有关环境与发展思想从一般的考虑环境保护到强调把环境保护与人类发展结合起来认识的一个重要飞跃和广泛共识；四是1992年，在巴西里约热内卢召开的联合国环境与发展大会。这次会议关注的重点和热点已由单纯重视环境保护问题转移到了环境与发展的大课题。大会通过了《里约宣言》和《21世纪议程》等一系列文件②，第一次把可持续发展理论和概念推向实践和行动的层面③。这次会议以可持续发展为指导思想，深刻反思了工业革命以来所倡导的"高投入、高消耗、高污染、低效益"的发展道路和"先污

---

　　① 陈昌曙.哲学视野中的可持续发展[M].北京：中国社会科学出版社，2000：6.
　　② 这次由183个国家和国际组织以及非政府组织参加的环境与发展大会还通过了《联合国气候变化框架公约》《联合国生物多样性公约》以及关于各种类型森林的管理、保护和可持续发展的无法律约束力的全球协议和权威性原则声明等一系列文件。
　　③ 《21世纪议程》除了使可持续发展由理论推向行动得到国际社会的广泛接受和认可外，还使得它与生物多样性的保护、全球变化问题一起被列为当代生态和环境科学的三大前沿领域。从这个意义上说，联合国环境与发展大会是人类社会发展与环境问题上的一次具有历史意义的大会，是人类文明进化的历史性的重大转折，是人类诀别传统发展模式和开拓现代文明发展的一个重要的里程碑。

染、后治理"的传统发展模式，普遍认同和接受可持续发展思想，并开始在全球范围内予以展开和实践，一场全新的发展"革命"拉开了序幕，可持续发展越来越受到国际法律的保护和强制实现。而2002年在南非约翰内斯堡召开的可持续发展世界首脑会议并通过的《21世纪地方行动计划》，进一步促进了可持续发展从议程向行动尤其是地方行动的转变。

目前，关于可持续发展的定义和内涵有近百种之多。由于学术视角或专业背景的差异，人们对可持续发展的理解也不尽相同。[①] 其中国际社会普遍接受和认可的可持续发展概念是《我们共同的未来》中的布伦特兰可持续发展定义，即"既满足当代人的需要，又不损害后代人满足需要能力的发展"。这一定义强调公平性（代内公平和代际公平）、共同性和可持续性三大原则，且其核心思想直指可持续的经济发展应该建立在生态可持续能力、社会公平以及人类积极参与自身发展决策的基础上；它所追求的目标是既要使人类的各种需要得到满足，个人得到充分发展，又要保护自然资源和生态环境，且不对后代人的生存和发展构成威胁。可持续发展主要包括以下三层含义，或称为三个特征：

第一，经济可持续发展。可持续发展的最终目标是要不断满足人类的需求和愿望，实现社会福利最大化。因此，保持经济的持续发展是可持续发展的核心内容。大力发展经济和不断改善人们的生活质量，是全人类的共同目标，也是可持续发展需要达到的目标。尤其是对于发展中国家来说，经济发展是第一位的，只有经济发展才能解决贫富悬殊、人口剧增和生态环境危机所需要的技术和资金，才能逐步实现现代化，并最终摆脱贫穷和愚昧。

第二，社会可持续发展。可持续发展实质上是人类如何与大自然和谐共处的问题。这就要求，一方面，要提高全民族可持续发展意义，认识人类的生产活动对环境造成的影响，提高人们对当今社会及后代的责任感；另一方面，必须把人口控制在可持续的发展水平之内，强调"以人为本位"的社会发展，严格控制人口数量，不断提高人口质量，合理调整人口结构，真正把现代发展转

---

① 由于可持续发展涉及人口、资源、生态和环境以及与其密切相关的人类社会、经济和科技活动等问题，人们从不同学科视角对其进行了阐述。如生态学家将可持续发展定义为"保护和加强环境系统的生产和更新能力"，"寻求一种最佳的生态系统（ecosystem）"；社会学家将可持续发展定义为"在生存于不超出维持生态系统承载能力之情况下，提高人类的生活质量"，并提出了可持续生存的一些基本原则；而经济学家把可持续发展定义为"在保持自然资源的质量和所提供服务的前提下，使经济发展的净利益增加到最大限度"。参阅：贾华强. 可持续发展经济学导论 [M]. 北京：知识出版社，1996：10～12；联合国环境规划署. 《保护地球——可持续生存战略》（Caring for the Earth: Strategy for Sustainable Living）.

移到提高全民族的素质的轨道上来。其本质特征就是人力资本存量增加的表征，是社会发展对生态和经济可持续发展所具有的社会适应性。①

第三，资源环境可持续利用。资源环境的永续利用是可持续发展的基础。为此，人类在开发利用的同时必须要对资源环境加以保护，如对可更新资源利用时，要限制在其承载力的限度内。同时采用人工措施促进可更新资源的再生产，维持基本的生态过程和生命支持系统，保护生态系统的多样性以利于可持续利用；对不可更新资源的利用要提高其利用率，积极开辟新的资源途径，并尽可能地用可更新资源和其他相对丰富的资源来代替，特别要加强对太阳能、风能等清洁性能源的开发利用，以减少代替燃料的消耗。

从以上分析可见，可持续发展包括经济、社会和资源环境三个方面的可持续发展，且三者之间相互关联，不可分割。孤立追求经济增长必然导致经济崩溃，而孤立追求资源环境的可持续性则难以遏制全球变暖的衰退。显然，资源环境的可持续利用是基础，经济的可持续发展是条件，社会的可持续发展是目的。人类共同追求的应该是在"人类—自然—经济—社会"这一复合系统中的持续、稳定和健康发展。

5.3.2 可持续发展和经济增长、经济发展的内在联系机理分析

如前所述，可持续发展战略就是使经济增长、资源开发、人口控制、环境保护朝着生态和谐的发展方向前进，在不破坏生态环境的基础上追求社会经济的持续增长和社会进步。可以说，可持续发展强调节约资源、保护资源和最优化利用资源，减少对人类赖以生存的地球资源的浪费，是以经济增长与环境保护和谐互动为中心的全面发展观。它呼唤经济增长方式的改变，而集约型增长方式正是通过技术进步，提高生产要素的使用效率，降低成本，节约资源消耗来推动经济持续发展。因此，在这一点上，可持续发展战略和集约型经济增长方式，是具有一致性的。

对于可持续发展和经济增长具有内在的一致性以及相互促进，我们可以从以下两方面予以理解。一方面，只有经济增长了，才能支撑人们去开发研究新技术，用科学的方法去利用资源、节约能源，改善人类生存环境，最终实现可持续发展战略；另一方面，可持续发展战略的实现，经济增长将在时间上得以

---

① 刘思华.可持续发展经济学 [M].武汉：湖北人民出版社，1997：189.

延续，在空间上得以扩大，在质量上得以提高，这对经济增长、社会发展和生态环境的改善具有更大的促进作用。当然，经济增长和可持续发展的关系不仅相互一致、相互促进，且相互制约。作为社会经济发展战略重要内容的可持续发展如果不能实现，将意味着资源的过度开发和破坏性利用，生态环境的日益污染和恶化，人类发展和地球承载能力的矛盾将越来越尖锐。如果经济不能持续增长，人类就会陷入贫穷，贫穷就会更加加剧对环境资源过度开发和破坏利用，直至掉进"贫穷的恶性循环"之中，这样的结果必须使经济增长与可持续发展无从谈起。因此，我们必须辩证地看待经济增长和可持续发展战略之间的关系，理解其间的相互机理。

"没有经济增长，就不可能有经济发展。"但经济发展的目标和要求不能仅停留在经济增长这一层面上。集约式经济增长方式部分地实现了经济发展的要求，而可持续发展思想的提出更进一步拓宽了经济发展的内涵和外延。对于经济发展和可持续发展，虽然两者之间具有较大的差别，但其内在联系也不容忽视。对于像中国这样的发展中国家，可持续发展的前提是发展[①]，即只有当经济增长率达到和保持一定的水平，才有可能不断地消除贫困，人民的生活水平才会逐步提高，并且提供必要的能力和条件支持可持续发展。因此，从两者发展的根源来看，可持续发展是在经济增长和发展的基础上而来的。正如我们在前面指出的，经济发展的初级阶段在追求一个国家的财富的增长的同时，也随之出现了环境污染、资源危机等一系列问题，这就促使我们必须回过头来重新审视和关注这种传统的经济发展模式，于是可持续发展就出现了，并逐步走向成熟。完全可以说，转变经济发展方式，在发展道路上要根本改变依靠高投入、高消耗、高污染来支持经济增长，坚持走科技含量高、经济效益好、资源消耗低、环境污染少、人力资源优势得到充分发挥的中国特色新型工业化道路，实现可持续发展。显然，可持续发展观强调和追求经济、社会和环境等三方面的协调发展，突出了资源环境问题和社会经济发展的可持续性，高度关注自然资源的有限性和生态环境的承载力；它不仅是在资源性供给紧约束下的经济发展问题，且也是人类社会 21 世纪发展的主旋律。

应当指出的是，有学者认为，可持续发展虽然体现了"公正、公平和共同参与"与保护生态环境和节约自然资源的基本要求，也强调了经济发展的长期性，但在一定程度上并未改变经济发展的本质，即除了强调危机以外并没有将

---

① 蔡昉. 科学发展观与增长可持续性[M]. 北京：社会科学文献出版社，2006：26.

其研究思路从经济发展上转开，其实质依然是经济发展，只是将影响经济发展的因素增加了，并强调了全球性和长期性的经济发展而已，两者的本质是基本一致的。[①] 但笔者认为，正是由于可持续发展深度扩展了经济增长的内容和规定，尤其是扭转了粗放式经济增长所追求的"拿资源换增长"的实现机制，强调了人类与大自然的全面、协调、可持续等基本原则，显然是人类社会发展史上的一次巨大进步。因此，相对于现今世界不少国家仍以经济增长为其社会经济发展战略的最重要的追求目标，可持续发展在进入21世纪的今天仍具有重大的理论和现实意义。

5.3.3 可持续发展是中国21世纪实现科学发展目标的必然抉择

改革开放30多年来，既是中国经济发展最快的时期，也是自然资源消耗最快、生态破坏和环境污染最严重的时期。庞大的人口规模、日益扩大的贫富差异和相对较低的经济发展水平与技术水平，都将使中国实施可持续发展战略不仅具有紧迫性，而且难度很大。显然，中国决定走可持续发展道路绝非权宜之计，而是从本国的国情出发，基于长期发展的考虑，审时度势，面向21世纪而作出的符合科学发展观要求的必然抉择。

中国是一个发展中国家，当务之急是"发展"，在发展中不断地提高人们的生活水平和生活质量，提高综合国力和国际竞争力。但是，面对巨大的人口压力、极低的人均资源拥有量以及脆弱的生态环境等基本国情，要求我国在发展中必须处理和协调好经济发展与人口、资源和环境之间的关系，推进可持续发展战略的顺利实施。

首先，从人口规模与增长的角度来看，目前我国人口已高达13亿，且正以每年1000多万人口的速度递增。人口规模增大与人均消费水平的不断上升，都意味着中国城乡居民消费规模将呈现不断扩大的趋势，由此导致的人口、资源、环境之间的冲突将日益严重。

其次，目前我国的经济规模已高达34万亿元人民币（2009年），且以每年约10%的速度递增。据预测，如果不发生世界性的战争，国内社会保持安定且经济继续保持稳定发展，预计到2030年，中国GDP将达62万亿元，人均GDP接近4万元；到2050年，国家的经济总规模将达到150万亿元，成为

---

① 方福前. 可持续发展理论在西方经济学中的演进 [J]. 当代经济研究, 2000 (10): 14~24.

仅次于美国的世界第二经济大国。① 经济规模的迅速扩大，必将对国内资源环境生态形成越来越严峻的压力。

再次，我国区域经济发展极不平衡，东部沿海发达地区的经济发展水平已经开始向中等发达国家接近，但在偏远的西部农村地区，有些人还生活贫困。这种社会利益格局的严重失衡导致我国居民，尤其是广大农村居民对人与自然关系的认识模糊以及对社会公平和正义的漠视。② 显然，这种情况使中国既要面对人口增长带来的问题，也要面对经济高速发展带来的问题；既要解决贫困落后农村地区为维持温饱而进行的滥垦滥伐造成的生态破坏，也要解决中上层消费群体因过度消费而导致的资源环境问题。

此外，虽然作为发展中国家的中国，"发展是硬道理"还占据经济发展战略的重要方面，但传统发展方式已经给中国带来严重的环境后果，如果继续沿用传统的发展方式，势必危及中国未来的生存与发展基础。有效协调和正确处理经济高速增长与自然生态系统承载力有限性之间的矛盾关系，实现生态效益、经济效益和社会效益的协调统一，要求我国必须走出一条内涵型、质量式的增长道路，提高经济增长质量，在经济发展的过程中充分地考虑环境保护的因素，强调经济发展与人口、资源、环境的协调关系。

有些国外学者把中国的资源环境问题和可持续发展问题看得更为严重，如美国学者莱斯特·R.布朗甚至提出了"谁来养活中国"的疑问。虽然这种疑问被技术进步潜力无限的理论所批判，但中国仍须高度重视和认真对待有关粮食等方面的可持续发展问题。基于我国自然资源禀赋约束日益趋紧的发展态势，有学者在可持续发展上提出了三个零增长的观点：即人口数量和规模的零增长，物质和能量消耗的零增长，以及生态环境恶化速率的零增长③，以此作为衡量可持续发展的标准。如何达到这一标准我们姑且不论，单就这一标准的严厉程度，即说明中国面临的可持续发展形势的严峻程度。

事实上，可持续发展理念作为国际化共识，已得到了中国政府的积极响应。1994年，中国政府颁布《中国21世纪议程》，是世界上第一个制定和实

---

① 李京文等.21世纪的中国经济发展战略［M］.北京：中国城市出版社，2002：154.
② 王裕国.调整失衡的社会利益格局，推进我国社会现代化进程［J］.消费经济，2007（6）：8～12.
③ 刘燕华，周宏春.中国资源环境形势与可持续发展［M］.北京：经济科学出版社，2001：329.

施《21世纪议程》的国家。① 1995年,将可持续发展纳入国民经济和社会发展"九五"计划及2010年远景规划。1996年,把可持续发展正式确定为中国今后经济和社会发展的基本战略,并把推进地方(区域)实施可持续发展战略作为重要内容,可持续发展从国家层次推进到地方层次。1997年,将1986年就着手实施的"社会发展综合实验区"更名为"可持续发展实验区",并决定在国内16个省、市、地区开展地方性试点工作。至此,可持续发展不仅进入到地方政府,更深入到可持续发展的实验区建设层面。目前,我国共有国家可持续发展示范区13个、国家可持续发展实验区50个,省(市、区)级可持续发展实验区100余个,遍及全国87%以上的省、自治区和直辖市。② 时至今日,我国已走过了从"发展是硬道理"到"发展是第一要务",再到党的十六届三中全会提出的"全面、协调和可持续的科学发展"的发展历程,这标志着我国对发展观的内涵有了更加深刻、更加全面的认识。当然,要贯彻落实科学发展观,全面实现中国经济与社会的可持续发展目标任重而道远。它要求所有企业和国民的积极参与,从生态文明的高度来实现资源节约和环境友好,改变传统的粗放型生产模式和不可持续的消费模式,达到实现全面、协调和可持续的科学发展的宏伟目标。

5.4 改善居民消费模式是实现经济社会可持续发展的重要保证

根据上面的分析我们可以看出,从居民消费增长对国民经济增长的直接或间接拉动作用,到经济增长的可持续性所面临的资源环境的趋紧约束;从单纯追求"数量"增长的粗放型经济增长模式到"数量"和"质量"增长兼顾考虑的有利于经济增长可持续性的经济发展,再到强调环境危机,强调长期性和全球性的经济发展;最终实现社会、经济和环境协调并进的可持续发展。人类社会实现了在资源性供给紧约束下的消费、增长与可持续发展的历史性和战略性的重大转变。在充分肯定这种转变的重要现实意义的同时,我们应该更深层次地认识到,人类从事社会生产活动的终极目标是为了具有全球性、代际性等可

---

① 1994年,为了履行在1992年联合国环境与发展大会上所作出的正式承诺,根据中国的具体国情,中国政府编制并发表了《中国21世纪议程——中国21世纪人口、环境与发展白皮书》。该议程共分20章、78个方案领域,内容涵盖了中国人口、社会、经济、资源、环境的可持续发展战略、政策和行动方案,突出了可持续发展的总体战略思想,具有很强的综合性、指导性和可操作性。

② 金振蓉. 我国确定13个国家可持续发展先进示范区 [N]. 光明日报,2008-12-8.

持续性意义上的居民生活水平和生活质量的提高,是为了提高整个人类的福利水平。正如著名经济学家马歇尔所指出的,"全体人民的福利还应当是一切私人努力和公共政策的最终目的","……人类的福利才是生产的最终目的。"① 党的十六大报告也明确地指出:"发展经济的根本目的是提高全国人民的生活水平和质量。"而居民生活水平的提高和消费质量的改善是通过居民消费需要、消费水平、消费结构、消费方式等消费模式来体现和实现的。这就要求居民消费模式的选择必须是资源节约和环境友好型的,符合社会经济可持续发展和生态文明建设的现实要求,在消费领域倡导适度、合理、健康和文明的消费模式,最终达到提高居民幸福指数或民生指数,实现人的全面发展和社会进步这一终极目标。

5.4.1 消费模式制约消费增长,推动经济增长方式的转变

依据本书第 2 章分析可知,居民消费模式是消费的外在形式,是通过消费表现出来的居民生活消费的标准形式。它包括消费运行机制(或消费体制)、消费水平、消费结构、消费方式、消费增长态势以及消费者行为等内容。人们的消费行为受一定的模式支配,消费模式又制约消费增长。从理论上说,一定的消费关系,一定的消费体制,一定的消费水平、消费结构以及一定的消费方式等,体现一定的居民消费模式。而不同的模式表现不同的消费倾向和消费需求,因而它又制约着实际消费状况和消费增长态势。新中国成立 60 多年来的消费体制变迁过程,充分佐证了消费模式转换和消费增长乃至经济增长方式之间的关系。

从 1949 年至 1957 年,为国民经济恢复和社会主义改造时期,伴随社会主义经济制度的建立和国民经济的迅速发展,一种渐趋温饱的消费模式开始形成。同时,政府致力于改善居民生活的政策已见成效,居民的消费决策日趋自主。尽管当时的消费水平还很低,消费规模也不大,但其速度提升较快。

从 1958 年到 1978 的 21 年间,居于支配地位的是集权式的半供给和半自给性的消费模式。② 1957 年后的计划经济和 1958 年实施的人民公社制度,使

---

① [英]马歇尔.朱志泰译.经济学原理[M].北京:商务印书馆,1964:67,279.
② 半供给是革命战争年代遗留下来的,不仅军界和政界施行,而且扩大到一般事业单位和公有制经济的工商企业。供给的范围不像战争年代那样包罗万象,相伴的还有工资,所以只是半供给。半自给是农村居民生活中的自然经济色彩。

农村原本极不发达的商品经济人为地受到限制。半供给、半自给性消费与全面的计划经济结合，形成了高度集权式的半供给、半自给型的消费模式。其显著特点是城镇居民的各种补贴、津贴和保险等福利性消费高达居民消费总额的50％左右，货币性消费基本受票证控制；农村居民则靠低标准的实物分配和少量的票证供应商品维持生活。在国家"先治坡，后治窝"，"先生产，后生活"的战略思想指导下，居民消费增长极其缓慢，生活单调划一。

1978年，随着我国改革开放政策的实施，自立型的商品化和市场化的消费模式取代了旧的消费模式，突出表现为实物配给和福利性消费的比重大幅度下降，商品化消费增多；消费数量日趋增加，消费领域不断扩大，消费质量逐渐提高，消费模式也发生了较大的转变。政府还把改善居民消费提高到经济社会发展战略的高度，并制定了相应的政策措施予以指导。这样的消费模式激发居民的消费增长。其间的1979年至1991年则是多数居民满足温饱需求，消费也比较旺盛的时期。到20世纪80年代末、90年代初，城乡居民先后完成了第一次消费革命。[①] 从1992年开始，居民消费陆续进入一个新的周期，即聚集资金，为第二次消费革命[②]做准备。很显然，这样自立型的商品化和市场化的消费模式对消费增长的作用是非常显著的。

依据上述分析可知，消费模式对经济增长方式的制约或约束是通过消费增长这个中间环节发挥的。消费增长既有它的态势，又有它的内容、结构和方式，它们受到消费模式的支配和影响，又强有力地推动经济增长方式的转变。我国居民的消费需求经历了由粗放型到集约型的过程。从新中国成立一直到20世纪90年代初中期，才基本上解决了温饱问题，这就决定了经济增长方式占主导的必然是粗放型的，必然会在一定程度上导致自然资源的过度开发，且利用效率极低。从解决温饱到全面奔小康，消费重心逐渐转向质的提高，即要求扩大消费领域，提高消费水平，优化消费结构，改善消费环境，这就要求经济增长方式由粗放转向集约，强调资源的集约使用。消费需求由数量到质量转化，既是生产发展的结果，也是消费模式对消费增长和经济增长方式约束作用的基本要求和生动表现。

---

① 这次消费革命是指城镇居民在满足温饱后着力普及了冰箱、彩电、洗衣机所谓"新三件"；农村居民解决温饱问题后着力改善住房条件，持续了多年的建房热。
② 城镇居民将消费重点转向住房和代步工具（家用汽车），农村居民将消费重点转向家用电器。

5.4.2 美国能源消费模式转变及其对我国的借鉴意义

改善居民的消费模式对于实现从消费增长到可持续发展极为重要。在这里我们先以美国为例，看看该国是如何通过转变能源消费模式来实现社会经济的可持续发展的。

我们知道，美国居民消费模式是建立在资源高占有量基础之上的，且这种追求高度舒适、奢侈型的消费模式一直延续到20世纪80年代初，它直接导致了美国能源和资源的巨大浪费。美国仅占世界人口的6%，却消费了世界能源的30%，且存在着能源资源的巨大浪费现象。美国采暖的能源消费量是日本的3.5倍，用于制冷的能源消费量是日本的8.7倍，人均私人汽车燃料消费量是日本的1.69倍。据美国能源部预测，未来20年，美国家庭供暖的能源消耗量将增长14%；到2020年，交通能源消耗量将上升40%。

20世纪90年代以来，美国政府开始意识到节约能耗的重要性，在过去近20年间，美国政府共出台了十几个政策或计划来推动节能。2005年9月，布什总统签署的一份新的能源法案，首次以立法提出了促进消费者节约能源，使用清洁能源的可行措施：

一是加大公共财政投入。美国联邦政府用于节能和新能源的投资预算逐年增加，2001年为11.8亿美元，2003年增加到13.1亿美元。新能源法推出了一个13亿美元的个人节能消费优惠预算方案，鼓励人们使用零污染的太阳能等清洁能源。

二是出台激励政策。通过实施减免税等方式，引导消费者购买节能建筑、汽车及家电。美国政府在2001年财政预算中，对新建的节能住宅、高效建筑设备等都实行减免税收政策，以激励房地产商在商务楼、住宅楼等高耗能建筑物的开发、设计和建造过程中充分考虑绿色、环保、节能、减排等因素，引导住宅建筑行业向绿色建筑的方向发展。对于超出最低能效标准的商业建筑，每平方英尺减免75美分，约占建筑成本的2%。此外，因为能效的高低会不同程度地影响到房地产开发商和买房用户的成本支出，所以在激励措施中还实施了"分级"机制。例如，在2001年至2003年的三年间，凡在规定标准基础上节能30%以上的新建住宅建筑，可以减免税收1000美元；节能50%以上的新建住宅，可减免税收2000美元。一个普通消费者如果购买较节能的混合动力汽车或柴油汽车，将减少3500美元的支出费用。此外，美国各州政府还根据当地的实际情况，分别制订了地方节能产品税收减免政策，如加州节能型洗碗机、洗衣机、水加热设备，减税额度在 50 美元和 200 美元之间；又如安装地热采暖系统和太阳能水加热系统，减税最多可达 1500 美元，等等。

三是实施设备能效标准、标识和论证。美国于 1980 年开始实施强制性能效标识制度，以此引导消费者购买节能型产品。显然，能效标准的强制性执行，一方面，作为新产品准入市场的最低门槛，鼓励生产商生产高效的产品；另一方面，引导消费者购买节能产品。

美国倡导的消费者节能和使用清洁能源战略显然对我国具有借鉴意义和价值。改革开放以来，我国城乡居民消费结构变化较快，由基本生活消费向方便生活消费发展，近些年来又向享受生活消费发展。显然，提高居民生活水平和消费质量是我国改革开放和经济发展的终极目标，但不合理的经济增长使能源和资源的消耗量与日俱增，影响社会经济的可持续发展。因此，转变能源和资源发展战略，对于改变我国居民生活领域存在的一些不可持续的消费模式，实现经济增长方式由粗放型向集约型的发展，推进经济社会的可持续发展具有重大的实践意义。美国在节约能源资源方面的实践经验表明，在市场经济条件下，能效标准和标识制度是政府通过经济、法律等措施，引导居民改变消费模式，形成能源节约型市场消费的重要手段。它不仅表明最低能效标准是进入市场的"门槛"，且通过能效标识，以利于消费对产品能效进行比较。

1989 年 12 月以来，我国虽然先后颁布了一批家用电器能效的国家标准；2005 年年初，又颁布了空调和电冰箱的能效信息标识制度，指导消费者选择高效节能产品，但与美国等发达国家相比，我国仍处于较低的水平。因此，包括中国在内的发展中国家，在批驳美国等当今西方发达国家"消费主义"生活方式的同时，也应该积极借鉴和汲取其在资源节约和环境保护等方面的成功经验。对我国而言，当前应该着力加快扩大强制标准和标识用能设备的范围，逐渐改变居民对高能耗产品，如大功率空调、高耗油大排量汽车等的过度"追求"习惯，以及一些不健康的、炫耀性、挥霍性的消费方式。正如我国"十一五"规划所提出的，"要形成节约意识，鼓励生产和使用节能节水产品，节能经济型汽车，建造节能省地型建筑，形成健康文明节约资源的消费模式。"2010 年 10 月，中共十七届五中全会通过的《中共中央关于制定国民经济和社会发展第十二个五年规划的建议》更是明确提出"要合理引导消费行为，发展节能环保型消费品，倡导与我国国情相适应的文明、节约、绿色、低碳消费模式"。很明显，这既是贯彻落实科学发展观，指导居民转变不可持续消费模式的根本要求，又是我国建设资源节约型和环境友好型社会，实现人与自然和谐发展，促进经济社会可持续发展的战略选择。

5.4.3 改善居民消费模式是实现我国可持续发展战略的重要保证

从世界范围来看，20世纪"二战"后的最初20年，各国忙于战后的恢复、重建和发展，把片面追求国民生产总值的快速增长作为首要目标，认为经济增长就等于经济发展。但事实证明并非如此。其中一个突出的全球性问题就是粗放型经济增长方式所带来的自然资源的耗竭和生态环境的破坏。由此引发了众多学者和有识之士的思考，逐渐认识到增长不等于发展。20世纪70年代以来，全球资源环境问题的日趋严重使世界各国政府和许多学者提出了由单纯的经济增长战略转变为经济社会发展战略的必要性和紧迫性。这种对传统的经济发展战略或模式反思的结果，孕育出可持续发展思想及其相关战略。战略名称的转变反映了战略指导思想的转变。

由可持续发展战略的内涵和特征我们可以看出，可持续发展能够反映消费的地位、消费的各种属性、消费与生产的关系，反映了消费品生产的位置以及消费的规模和消费的增长态势，从而在经济发展水平既定的条件下，从消费量及其增长态势上体现消费的标准形式。对于我国来说，诸如居民消费升级所带来的生活垃圾的随意倾倒、生活污水的任意排放、一次性消费品的大量使用、能源和食品等资源的巨大消耗等，以及大量存在的居民不合理的消费方式……这些不可持续的消费模式导致了诸多资源与环境问题的不断出现。因此，在人与自然能否协调发展关系到生存发展的重大问题的背景下，笔者认为，切实转变居民的不可持续消费模式，实现经济社会的可持续发展，更是满足居民日益上升的消费需要，尤其是生态文明消费需要，进一步提高整个社会消费质量的必然要求。由于"一切需要的最终调节者是消费者的需要"[①]，而需求是需要的实现。市场经济是消费需求导向型经济，如果居民的消费需求偏向于"高消费"、过度消费等不可持续的消费模式，它必然会导致不可持续生产行为和粗放式的经济增长。转变居民的不可持续消费模式，实现消费的可持续性增长，不仅是改善生态环境，满足居民消费需求，提高消费质量的根本要求，更是我国贯彻落实科学发展观，实现经济社会全面协调可持续的科学发展目标的重要保证。

虽然造成资源短缺和破坏以及环境污染和危机外在地表现为粗放型经济增

---

① [英] 马歇尔著. 朱志泰译. 经济学原理（上）[M]. 北京：商务印书馆，1981:111.

长方式或不可持续生产行为，但是，受人们消费需要过度满足驱使下的不可持续消费模式，在全球性资源环境问题产生过程中的影响也同样不可低估和忽视。鉴于消费行为与资源环境的紧密关系，有学者甚至认为，"消费问题是环境危机问题的核心，人类对生物圈的影响正在产生着对于环境的压力，并威胁着地球支持的生命的能力。从本质上说，这种影响是通过人们使用或耗费能源和原材料所产生的。"① 1993 年，国际消费者联盟组织（IOCU，1995 年以后改为 CI）在《关于向可持续型消费的转换——环境问题的政策公文》中也指出："在环境恶化的过程中，消费者是使其恶化的主要原因。"② 日本消费者联盟甚至认为，作为最终消费者的人类掌握着地球存亡的决定权……对于每天的生活是什么、消费是什么、所有生物的生存是什么这一根本问题进行反思。③居民生活消费的日益增长给资源环境带来直接的负面影响……消费日益成为生态环节压力的终极原因。④ 诚然，为探寻资源环境问题的根源而提出"消费问题是环境危机问题的核心"，消费者是环境问题的"主要原因""终极原因"，甚至"掌握着地球存亡的决定权"等观点我们可以存而不论，但消费者在环境危机等问题上的"过度消费"、高消费等不可持续消费模式，以及应该承担的生态责任与义务显然是一个不可"疏忽"的重要因素。

《中国 21 世纪议程》中明确指出，全球环境不断恶化的主要原因是存在不可持续消费和生产模式。不可持续消费模式的最大危害，不仅仅是对自然资源的耗竭，更重要的是损失了环境容量，危害着子孙后代生存的环境空间，最终威胁着人类的生存乃至可持续发展。目前，包括我国在内的世界各国都一直致力于把提高居民的生活水平作为重要的发展目标，然而，生活水平的提高和消费规模的扩大，同时也意味着在一定程度上对资源占用的增加和环境污染的加剧。因此，为解决环境问题，突破资源性产品供给日益趋紧约束的现实困难，通过改善居民的消费模式，是贯彻落实社会经济全面、协调和可持续的科学发展观，实现我国经济社会可持续发展战略的重要保证和条件。可持续发展问题的解决，在很大程度上仰仗于居民现实生活中存在的一些不可持续消费模式的转变。

应当指出的是，我国改革开放 30 多年来，特别是进入 21 世纪以后，居民

---

① [美] 施里达斯·拉夫尔. 夏堃堡等译. 我们的家园——地球 [M]. 北京：中国环境科学出版社，1993：13.
② [日] 铃木深雪. 张倩，高重迎译. 消费生活论——消费者政策 [M]. 北京：中国社会科学出版社，2004：253.
③ 李通屏. 中国消费制度变迁研究 [M]. 北京：经济科学出版社，2005：216.
④ Liu J. R, Wang R. S, Yang J. X. Importance of sustainable household consumption research in China. China Population, Recourses and Environment, 2003, 13 (1)：6~8.

消费需求制约或导向经济增长的基础条件已经逐步形成。一是城乡居民消费需求总量空前增大，结构层次升级且变动速度加快，奠定了消费需求主导经济增长的力量；二是长期的市场短缺状态基本消失，已大体形成了供给适应和追逐需求变动的市场环境；三是消费需求通过市场化、货币化予以实现和满足的程度已达到较高的水准；四是消费者自身行为趋向理性和成熟，自主权益的保护意识逐渐增强等。[①] 显然，这种消费需求制约或导向经济增长的基础逐步形成，必然导致社会经济发展战略发生历史性的根本转变，消费需求对经济增长的贡献率已经提升到首位，成为拉动经济增长的最终和最关键的动力源。然而，如前所述，居民生活消费领域中存在的不合理的消费行为和方式，特别是高耗能、过度消费、炫耀性消费等方面的消费需求增长，却在很大程度上成为国民经济全面协调可持续增长越来越突出的障碍和制约因素。因此，在资源性供给紧约束条件下，为了建设生态文明，基本形成有利于能源资源节约和环境保护的消费模式，实现资源节约型和环境友好型社会，客观上要求我国必须转变居民现实生活领域中存在的不可持续的消费模式，实现消费需求的适度、合理、可持续增长，引致我国消费增长方式和经济增长方式等经济发展方式的历史性转折，最终推动社会经济发展战略的根本性转变和调整。

与此同时，社会经济发展战略的转变对推动消费发展战略的改革和实施，改变居民的消费模式也起到极其重要的促进作用。以我国为例。在20世纪80年代以前，所实施的纯经济发展战略，即优先发展重工业和生产资料优先增长，使消费品生产长期受到压抑；20世纪80年代以后，居民消费被提升到经济社会发展战略前所未有的高度，满足居民日益增长的物质文化需要成为社会主义生产的根本目的，解决温饱，实现小康直至全面小康，已成为20世纪后期到21世纪中叶前的战略目标。在可持续发展战略的指导下，通过大力调整优化产业结构，提升高技术产业，限制高耗能、高污染工业的发展，坚持走中国特色新型工业化道路，同时，通过正确引导居民消费结构升级，转变不可持续的生产模式和消费模式，实现人口、资源、环境与社会经济的协调发展，成为中国21世纪社会经济发展的主流思想和发展战略；而绿色消费体系标准、产品环境标志制度、政府绿色采购制度、全面小康指标体系构建等量化研究及其应用，更是对改善我国居民消费模式，贯彻落实科学发展观，实现经济社会可持续发展战略目标的实践起到重要的促进作用。

---

① 王裕国. 消费需求制约经济增长的机理及影响 [J]. 经济学家, 1999 (5): 4～11.

第6章 资源性供给紧约束条件下的现代消费模式选择：生态文明消费模式

6.1 现代消费发展模式

如前所述，工业文明以来，西方国家在尽情享受技术创新和社会进步所带来的种种物质财富、满足日益增长的消费需求的同时，却付出了沉重的资源环境代价。粗放式的经济增长和消费模式的不可持续，使社会文明和进步在一种片面的、畸形的价值选择过程中，导致自然生态环境的持续破坏，严重影响到人们生存的根基和经济社会的可持续发展。面对传统西方经济学的价值观和发展观及其指导下的极端经济主义和腐朽享乐主义盛行，我们的唯一出路在于通过我们的理性反思，在扭转原有的高消耗生产方式、实施社会经济集约式发展的同时，还必须改变传统的不合理的高消费生活方式，倡导生态化、可持续性的消费模式。20世纪60年代，越来越多的学者开始认识到转变不合理消费模式的重要性和紧迫性。为优化人与自然的关系，实现人类社会的可持续发展，他们重构了建立在人、自然和社会和谐统一基础上的、适合人类自身发展需要的消费模式，如绿色消费、可持续消费、适度消费等。其中最具代表性，且为诸多学者所推崇的是绿色消费和可持续消费模式。

6.1.1 绿色消费模式

如前所述，面对工业社会在发展过程中造成的资源浪费、环境污染、生态失衡等资源环境问题，世界各国政府以及学术界对这种传统的发展模式的反思从未停止过。为了节约资源和保护环境，人们不仅在生产环节通过实施清洁生产、技术改进等措施防治污染，摒弃"高消耗、高污染、高排放、低效率"的粗放型生产模式，而且在消费环节通过改变消费观念、转变消费模式等方式保护环境，抛弃传统落后的"用过则扔"等资源浪费型消费模式。人类生存环境的不断恶化更激发了人们对青山绿水、蓝天白云的渴望。正是由于人们的理性反思和渴望往昔曾经非常美好的生活环境等方面的情感需要，促使了绿色消费观念的形成，并转化为直接的消费需求。

20世纪60—70年代，西方国家兴起了一场广泛的绿色浪潮和环境保护运动。这场运动主要的推动力是海洋生物学家蕾切尔·卡逊于1962年出版了《寂静的春天》一书。在本书中，作者指出了滥用农药给环境带来的危害，引起了相关企业的猛烈地反击，同时也强烈地震撼了广大民众。现代环境保护就此发端。1970年，纳尔逊（Gaylord A. Nelson）和海斯（Dennis A. Hayes）建议设立"地球日"，以表达公众对环境问题的关注，由此掀起了民间绿色运动浪潮。1988年9月，英国的居里亚·赫尔兹和约翰·艾利奇敦联合出版了著名的《绿色消费者指南》一书，鼓励消费者购买"对环境有益的商品"，并在该书中第一次运用了"绿色消费"这一概念，用以指导广大消费者鉴别商品是否重视或符合环保标准。该书还提请消费者如何用自己的购买行动去鼓励厂商和零售商的环保努力，认为消费者购买了绿色产品就等于帮助制造商和零售商创造了新的机会，并提出了消费者在选择和购买产品时的绿色准则。[①]

1992年，联合国里约环境与发展大会通过了《21世纪议程》。该议程在其第4章《消费模式》中指出："若想达到适当的发展，需要提高生产效率，以及改变消费，以最高限度地利用资源和最低限度地生产废弃物。"并呼吁"各国执行新的政策向适当的消费模式转变，即更少地依赖地球上有限的资源，更多地与地球的承载能力达到协调。"显然，这里虽未使用绿色消费的概念，但其核心思想与本质内容已基本体现了绿色消费的精神实质。根据1994年联合国环境规划署报告《可持续消费的政策因素》，绿色消费是指"提供服务以及相关产品以满足人类的基本需求，提高生活质量，同时使自然资源和有毒材料的使用量减少，使服务或产品的生命周期中所产生的废物和污染物最少，从而不危及后代的需求"。而1997年国际消费者联合会提出的"可持续发展和绿色

---

① 该书将绿色消费准则定义为避免使用下述商品的一种消费：①可能危害消费者自身或他人健康的产品；②在制造、使用或处理上会对环境造成损害的产品；③在制造、使用或处理上会消耗过多能源的产品；④因其过度包装或过短的生命周期而造成不必要浪费的产品；⑤使用来自濒临绝种动植物或濒临毁灭环境物质的产品；⑥因毒性测试或其他目的而残酷及不必要使用动物的产品；⑦对其他国家，尤其是第三世界国家，造成不利影响的产品。参阅：孙启宏，王金南. 可持续消费［M］. 贵阳：贵州科技出版社，2001：5.

消费"倡议，进一步推动了人们对绿色消费的理解。

国际上对绿色消费的理解通常包括生命、节能和环保等三个方面，即绿色消费不仅包括绿色产品，还包括物资的回收利用，能源的有效使用，对生存环境、物种的保护等，可以说涵盖了生产和消费的方方面面。从狭义的角度来看，绿色消费是一种综合考虑环境影响、资源效率、消费者权益等因素，要求消费者在消费过程中选择环保产品，以有利于消费者身心健康的一种现代消费模式；它不仅指购买具有省材、节能、易回收、易分解、安全无毒等特征的绿色产品和服务，同时也是一种超越自我的消费理念，是带着环境保护意识的消费活动。这种理念所带来的对消费模式、消费结构等方面的变革，体现出了高品质、高层次、绿色文明的生活方式和消费模式，与以往非绿色文明的消费模式相比具有重大的进步。

而从广义的角度分析，绿色消费所表现的内容与提出的要求是一个完整的消费系统，参照了国际上绿色消费的"5R原则"，即节约资源，减少污染（Reduce）；绿色生活，环保选购（Reevaluate）；重复使用，多次利用（Reuse）；分类回收，循环再生（Recycle）；保护自然，万物共存（Rescue）[①]。由此可见，绿色消费是一种节约消费、健康消费、安全消费和无污染消费。中国消费者协会认为，绿色消费可概括出三层含义：一是在消费观念上，引导人们在追求生活方便、舒适的同时，注重环保，节约资源和能源，实现可持续消费；二是在消费内容上，倡导消费者在消费时选择未被污染或有助于公众健康的绿色产品；三是在消费过程和消费后要注重对垃圾的处置，尽量减少环境的污染。[②]

因此，绿色消费是指消费者从有助于健康和生态环境保护等角度出发，对绿色产品进行选购、使用以及对残余物进行良化处理的各种消费行为和消费方式的统称。显然，绿色消费不仅仅考虑消费者自身的短期利益，而更注重人类社会的长远发展，促进居民生态需要更好地满足和经济社会可持续发展战略目标的实现。

6.1.2 可持续消费模式

可持续消费模式是基于可持续发展理论的提出而产生的。1980年，世界

[①] 冯良. 树立科学发展观，倡导绿色消费[J]. 中国人口·资源与环境，2004，(6)：133~134.
[②] 这是中国消费者协会2001年在全国范围内开展"绿色消费"年主题活动中提出的三层含义。

自然及自然保护联盟（IUCN）等国际组织首次提出"可持续发展"概念。1987年，世界环境与发展大会提出"人类发展的主题是环境与发展相协调的可持续发展"。1992年，巴西里约热内卢联合国环境与发展大会通过了《里约宣言》和《21世纪议程》等一系列文件，第一次把可持续发展理论和概念推向实践和行动的层面，并发出了扭转不可持续消费方式的呼吁。

《里约宣言》指出，为了实现可持续发展，使所有人都享有较高的生活质量，各国应当减少和消除不能持续的生产和消费方式。《21世纪议程》明确指出，全球环境退化的主要原因是不可持续的生产和消费方式，并号召所有国家"促进减少环境压力和符合人类基本需要的生产和消费方式，加强了解消费的作用和如何形成更可持续的消费方式"。对于人类不可持续的消费方式，该议程更是从人类消费模式的高度来阐述，认为改变不可持续的消费模式主要是出于以下三个方面的考虑：

（1）不可持续的消费模式，尤其是工业化国家的这类模式，是环境恶化的主要原因。

（2）为保护环境所采取的国际措施，必须考虑目前消费模式的失调。

（3）考虑到不可持续消费所产生的资源消费，我们要有效地利用资源。[①]

可见，要实现人类社会的可持续发展，消费领域的可持续性不容忽视，人类必须建立可持续的消费模式。

1994年在联合国环境规划署的报告《可持续消费的政策因素》中，正式提出了可持续消费的定义："提供服务以及相关产品以满足人类的基本需求，提高生活质量，同时使自然资源和有毒材料的使用量减少，使服务或产品的生命周期中所产生的废物和污染物最少，从而不危及后代的需求。"根据这份报告，可持续消费不是在由贫困引起的消费不足和由富裕导致的过度消费之间取得的一种折中，而是一种新的能够普遍适用的消费方式。[②]

同年，联合国在挪威奥斯陆召开了"可持续消费专题研讨会"。会上指出，我们不能孤立地理解和对待可持续消费，因为它连接着从原料提取、预处理、制造、产品生命周期到影响产品购买、使用、最终处置诸因素等整个连续环节中的所有组成部分，而其中每一个环节的环境影响又都是多方面的。[③] 1998年，联合国《人类发展报告》以"为了明天人类的发展，改变人类消费的模

---

① 国家环境保护局译.21世纪议程［M］.北京：中国环境科学出版社，1993：22～23.
② 张坤民.可持续发展论［M］.北京：中国环境科学出版社，1997：106.
③ 张坤民.可持续发展论［M］.北京：中国环境科学出版社，1997：107.

式"为主题,对全球消费的问题、公平性、今后的措施等问题进行了全面的论述,体现了可持续发展思想在全球范围内的广泛认同和共同研究。

事实上,20世纪90年代初期所提出的"可持续消费"主要包括两个重要的概念,即"需要"和"限制"。"需要"是指世界上贫困人民的基本需要,应将其放在特别优先的地位来考虑;而"限制"是指技术状况和社会组织对环境满足眼前和将来需要的能力施加的限制。① 在对可持续发展的进一步解释中,世界环境与发展委员会认为,"人类需要和欲望的满足是发展的主要目标",而"发展就是经济和社会循序前进的变革"②,其核心问题是人们的经济生活与经济发展不能超过资源与环境的承载能力。显然,在联合国提出的可持续消费定义中,包含了满足人类生活需要、提高生活质量、提高资源利用率、减少废弃物排放和生命周期观点等关键性问题。因此,其实质就是如何在为满足基本生活需要和提高生活质量而提供更好的产品或服务的同时,持续减少这些产品或服务对环境的影响和对人体的危害。

目前,可持续消费已成为世界各国(尤其是欧洲等国家)政府工作的优先领域,微观消费主体消费方式的转变也逐渐融入各个相关项目和政策的重要目标当中,且不断注重可持续消费目标与其他宏观政策目标的协调。政府对微观政策配套与落实的重视,使得欧洲等国家和地区的可持续消费战略取得了很多实质性的进展。③

6.1.3 对绿色消费和可持续消费的简单评介

依据上述对绿色消费的分析我们发现,虽然与传统的不可持续的高消费模式相比,绿色消费是人类消费文明的巨大进步;然而,由于绿色消费主要关注消费者在消费活动中选择未被污染、有助于环保,并符合健康要求和安全标准的绿色产品,故没有从根本上改变人们对消费数量的追求欲望。只要是绿色产品,人们同样可以最大限度地购买和消费,亦即难以意会出其对绿色产品的过度消费或大量消费追求的摒弃,难以体现出人的理性节俭、消费适度和消费自律。在发达国家和发展中国家,甚至在一个国家内的发达与不发达地区,绿色

---

① 世界环境与发展委员会.我们共同的未来[M].长春:吉林人民出版社,1997:52.
② 世界环境与发展委员会.我们共同的未来[M].长春:吉林人民出版社,1997:53.
③ UNEP. Introduction to Sustainable Consumption in Europe and Asia, Background paper for SC. asia cross-learning seminar[EB/OL].2005.3.15

消费的实施与推行也存在着很大的悬殊。例如，作为只占地球上少数人的发达国家的消费者，高收入水平伴随着他们的高生活标准，故其消费质量与绿色消费要求往往是一致的。他们可以凭借雄厚的经济实力和丰厚的财力，尽情地消费来自世界各个角落的未被污染、有助于环保、有助于他们健康要求的绿色产品；而占据全球大多数人口的发展中国家的消费者，却因陷入经济贫困与生态危机的恶性循环中，低收入水平使其难以消费在他们眼里认为也是合理却又近乎奢华的绿色消费对象。

因此，在生态系统中，人类作为一种物种与其他物种在消费过程中的国际、代内和代际间的消费公平、公正关系被忽略了。这种消费行为的事实上的不平等，反映了人类深层次的生态伦理和环境道德的缺失。还有的就是，绿色消费主要是指目前市场上流通的经济性产品，而对于各种非市场性的公共性消费品，如空气、淡水等，显然没有纳入绿色消费的客体或对象之中。

而对于可持续消费，从联合国关于可持续消费的定义可以看到，可持续消费强调的消费主体仍然是人类，其目的也是为了通过人类各层面的需要满足，以实现自身消费效用最大化，其核心依然只是关注各种物质经济资源在人类代际的平衡，只考虑到环境资源保护与满足人类需求间的关系。另外，可持续消费没有明确指出人类在自然生态系统中应该承担的生态责任，没有考虑自然环境的生态价值，其目的依旧是人的物质利益的片面发展。

著名的生态经济学家赫尔曼·戴利（Herman Daly, 2001）用服务、存量、通量等三个概念，将消费带来的效用满足与消费过程中环境资源的消耗用服务与通量的概念加以分离，并用公式表示为：

$$服务/通量 = (服务/存量) \times (存量/通量)①$$

根据该公式，如果能够以最小的物质、能量通量实现最优的效用传递，就能够在减少生态环境压力的同时，持续满足人类的各层面的需求，并不断地由低层次向高层次演进。它所追求的是依靠消费效率的提高，依赖激励更多的消费者去购买更多的高生态效率的产品和服务。显然，虽然消费效率的提高能使单位消费的资源消耗量降低，达到一定程度上的资源节约和环境友好，但它所要求的环境资源保护也仅仅是着眼于人类利益的保护，没有将自然作为一个系

---

① 参见 [美] 赫尔曼.E.戴利，肯尼斯·汤森、马杰等译：珍惜地球：经济学，伦理学，生态学 [M]．北京：商务印书馆，2001：44～45．

统整体来对待，更没有将人类作为自然生态系统的一个组成部分来考虑。因此，可持续消费所关注的依然是人类社会内部消费机会的均等与公平，没有关注和解决人类在实现消费目的的过程中如何来协调人与自然之间的和谐关系。无论是代内还是代际，均把环境资源作为客体来加以考虑，它在侧重人类需求满足的同时，没有克服人类对生态环境的控制，它的理论基础依然是"人类中心主义"伦理思想和物我两在的二元论哲学。

事实上，西方不少学者（Ashok Khosla，2002；Jeffrey Barber 和 Jacquie Burgess，2003；Doris A. Fuchs 和 Sylvia Lorek，2005）对全球可持续消费战略实施情况进行评估，结果显示，虽然各国政府已经意识到需要转变不可持续的消费模式，但是可持续消费战略的实施效果却远远低于预期。① 地球峰会之后的近20年来，全球消费量不仅没有减少，反而持续上升，能源和自然资源的消费更是首当其冲。目前，政府间组织与非政府组织仍然是可持续消费治理的主体，只有少数国家的政府积极采取措施，主动推进消费模式的转变，大多数国家都对可持续消费的推进持冷漠态度，消费者并不愿意改变自身的消费行为，从而使得可持续消费成为一个很难达到的概念。② 更为重要的是，与生产方式的绿色化或生态化进程相比，决策部门并不是从战略层次上综合考虑消费模式转变的整体战略方案，而是偏好选择局部、单一的调节手段③，过多依赖于以提高生态效率来促进经济效率的提高，从而导致可持续消费目标的实现具有明显的经济主义和功利主义色彩。

应当指出，笔者在此指出绿色消费和可持续消费的欠缺之处，并非是为了排斥和诋毁绿色消费和可持续消费。事实上，绿色消费和可持续消费为解决与缓和人与自然关系的矛盾关系，实现人类传统的不可持续消费模式的转变，促进社会经济的可持续发展仍然具有重要的历史和现实意义。例如，目前我国居民消费模式在可持续发展战略目标的感召下，主要是以绿色消费为核心内容。很明显，绿色消费实际上是人们为了满足生态需要而消费符合环境保护标准的

---

① 这方面内容的分析请参阅①Fuchs, D. A. Lorek S. Sustainable Consumption Governance: A History Of Promises And Failures [J]. Journal of Consumer Policy, 2005, 28: 261~288; ②Aarts H, Dijksterhuis A. The Automatic Activation of Goal-directed Behavior: the case of travel habit [J]. Journal of Environmental Psychology, 2000, (20): 75~82; ③Barber J. Production, Consumption and the World Summit on Sustainable Development [J]. Environmental, Development and Sustainability, 2003, 5 (1~2): 63~84.

② Princen, Thomas. Consumption and environment: some conceptual issues [J]. Ecological Economics, 1999 (31): 347~63.

③ 由于居民消费行为具有社会学、伦理学、生态学等多学科性质和属性，而不仅仅局限于经济学学科领域，故调节手段应该具有多样化形式。

消费资料和劳务的方式。[①] 与传统的不可持续的消费模式相比，强调绿色消费是非常必要的，它对于改变人们的消费观念，保护环境和节约资源有着非常重要的历史进步意义。然而，以可持续发展理念为指导的联合国决议，以及全球自然资源还在持续耗竭，生态环境还在继续恶化的发展态势，在一定程度上说明以实现人类经济利益最大化为目标的绿色消费和可持续消费模式，很难为资源损耗、环境破坏和生态危机的解决提供一个正当的价值基础和消费指导。基于这些问题的考虑，在人类已经进入生态文明时代的21世纪，笔者展开对人类消费价值理念和生态伦理向度的反思和追问，寻求一种更加科学合理的学术范式和概念表述，这就是生态文明消费模式。

6.2 生态文明消费模式的内涵及其规定性

工业文明在整个20世纪的100年间，既是人类物质财富增长最快的时期，同时也是地球生态遭受最严重破坏的时期。伴随工业文明时代的经济高速增长和大规模的物质财富积累，以及西方发达国家所秉承的极端经济主义和贪婪功利主义在世界各国的蔓延和泛滥，使得受消费需要过度"欲求"满足驱使下的不可持续的腐朽享乐主义消费观，不仅在很大程度上破坏了我们的自然生态环境，而且也严重地影响了社会风气，造成了居民消费道德和环境伦理的沦丧，全球性生态危机和社会危机日趋严重。进入21世纪生态文明时代，伴随着全球生态环境的持续恶化，能源、土地、矿石等自然资源性供给的日益趋紧约束，以及经济增长方式粗放、经济结构和产业结构不合理、人类社会伦理道德的堕落和环境消费意识的缺失等，客观上要求人们必须抛弃工业文明时代存在的资源高消耗、环境重污染型的不合理消费模式，建立有利于资源节约、环境保护的生态文明消费模式。

生态文明以尊重和维护自然为基本前提，以建立可持续的经济发展模式、健康合理的消费模式，以及和睦和谐的人际关系为主要内涵，倡导人与自然环境相互依存、相互促进、共处共融。要提高生态文明水平，在加快调整不合理的产业结构，切实转变传统的粗放型增长方式的同时，还必须不断地转变居民生活领域存在的不可持续的消费模式，使经济、社会系统建立在资源环境承载

[①] 尹世杰.中国消费结构合理化研究［M］.长沙：湖南大学出版社，2001：26.

能力范围之内。建立符合生态文明发展要求的消费模式,是适应人类进入 21 世纪生态文明时代的发展要求而产生的一种可持续消费模式,是对工业文明时代存在的高消费、过度消费、炫耀性消费等资源耗竭型、环境污染型生活方式和消费模式的彻底摒弃。所谓生态文明消费模式,是一种适合生态文明建设要求的生态化消费模式,是既符合社会生产力的发展水平,又符合人与自然的和谐、协调;既能满足人的物质、精神和生态文明消费需求,又不对自然资源和生态环境造成危害的消费行为或过程。

在我国,党的十七大报告明确提出:"建设生态文明,基本形成节约能源资源和保护生态环境的产业结构、增长方式、消费模式。"首次将生态文明确定为我国全面建设小康社会的重要战略目标,并把它提到了和物质文明、精神文明和政治文明同样的高度。① 生态文明是人类在发展物质文明过程中保护和改善生态环境的成果,它表现为人与自然和谐程度的进步和人们生态文明观念的增强。显然,生态文明社会对居民消费模式提出了新的要求,亦即不仅把产业结构和经济增长打造成生态文明的产业结构和经济增长方式,而且把消费模式置于生态文明之中,构建生态文明消费模式。

生态文明消费模式不仅受社会生产力水平和生产方式的决定和制约,而且受消费价值观念、生活行为方式、资源环境状况、地理地域条件、生活风俗习惯、政府消费政策、经济法律制度等因素的影响和作用。从生态文明建设和可持续发展的角度来看,人口数量和质量、自然资源数量和质量、生产力发展水平和生产关系状况、科技发展水平、经济和法律制度等因素,对生态文明消费模式均有着十分重要的影响。这些影响因素相互交织、相互作用,共同推进生态文明消费模式从理论走上实践。

生态文明消费不是一般意义上的消费模式,尤其是它所具有的内在规定性和重要作用,充分反映了其健康文明的消费价值理念和生态伦理向度,是 21 世纪资源性供给紧约束条件下的消费发展模式的新形态和新定位。

6.2.1 适度消费

古希腊伟大的思想家亚里士多德认为,"过度与不及是过恶的特征,适度

---

① 中共十二大至中共十五大报告强调"建设社会主义物质文明、精神文明",中共十六大报告提出"建设社会主义政治文明"之后,中共十七大报告提出"建设生态文明"这一重要的战略目标,这是中国特色社会主义道路的又一鲜明特色和重大创新。

是德行的特征。"① 消费不足与消费过度都是非理性的。前者由于无法提供正常生活必需消费品，而使人们所应有的健康的体魄与健全的智力达不到应有的水平，使消费不能够发挥应有的生产动力的功能，导致生产停滞、市场疲软，最终危及人类社会的持续、健康发展；而后者则将消费作为人的生活的唯一目的，认为"消费越多越幸福"，这种挥霍性浪费使人被"物化"和"异化"，导致人的主体地位丧失殆尽。

"所谓适度消费是指适应于国情国力，生产发展水平和自然资源的一种消费状况。"② 适度消费作为生态文明消费模式的基本特征和规定性，主要体现在以下三个方面：

其一，消费品的生产过程、消费过程以及消费结果是适度合理的，即要符合生态消费品的内在要求。①包括从消费品设计、生产到营销的整个生产过程必须是生态型的，要求与自然生态环境的协调和可持续，尽量少消费甚至拒绝消费不可再生资源；②消费过程是生态型的，尽量延长消费链条，提倡循环消费和利用；③消费结果是生态型的，完成对消费品的使用后，不会产生过量的垃圾、噪声、污水、污气等短时期内难以处理，对环境造成压力、破坏的消费残存物。

其二，生态文明消费模式所体现出的"适度"，主要是指消费数量或规模要适应生产力发展水平的要求。生产决定消费，在生产量既定的前提下，消费必然受当时生产力的发展水平制约，消费量不能明显超出消费品的生产水平以及当时的经济技术发展水平。因为在资源性供给紧约束条件下，现行的生产规模是既定的，它不可能随着当时消费规模的任意膨胀而扩大，否则，必然导致超前消费；与此同时，居民消费量也不能明显低于消费品的生产量。这是因为生产不仅受资源或供给的约束，而且还受需求的约束。假如消费规模过小，或者出现生产过剩，都会造成资源的浪费。

其三，个人消费水平应该限制在资源和生态的边界之内，必须自觉地把自身置于整个生物圈的相互依存的网络中，在自身的发展活动中积极而主动地促进生态系统的良性循环，使生态系统的机构和功能保持良好状态。一个生态系统都有一定的物质流、能量流和信息流。如果一定社会正常消费标准的下限既满足消费者的基本生活需要，其上限又没有超过这个边界，那这个标准就是适度合理的，亦即"鼓励在生态可能的范围内的消费标准和所有的人可以合理地

---

① 北京大学哲学系. 古希腊罗马哲学 [M]. 北京：商务印书馆，1961：7.
② 杨圣明. 中国式消费模式选择 [M]. 北京：中国社会科学出版社，1989：102.

向往的标准①";相反,尽管一定社会在较高水平上满足了消费者需要,但是如果这个较高水平的消费标准超越了这个边界,损害了资源环境的承载能力,那么即使个人的消费水平属于这个社会的正常标准,其仍然是不适度的,也是不合理的。②

总之,作为生态文明消费的内在规定性,适度消费倡导的既不是对人类消费的刻意抑制和过度节俭,也不是对人类消费的过度放任和对大自然的恣意索取,而是建立在人们生活质量稳步提高,实际生活水平没有经常性下降的基础之上。

基于上述问题的考虑和分析,有的学者提出了适度消费的"度"的衡量标准,并且认为这种"标准"和"度"是"质"与"量"的有机统一。③《中国21世纪议程》中也明确指出:"中国只能根据自己的国情,逐步形成一套低消耗的生产体系和适度消费的生活体系,使人们的生活以一种积极、合理的消费模式步入小康社会。"④可见,"适度消费"的"度"不仅限制人们对资源物品消费量的过度追求,而且也规范了人们对消费水平和生活质量的更高追求。此外,"适度"是历史的、具体的和相对的概念。从社会经济发展的历史看,人类的消费水平是在不断提高的。与此同时,在社会经济发展水平、科技水平的不同发展阶段,人们消费的具体水平和内容也相应地存在很大差异,且随着社会经济的发展而逐步调整。

这里需要着重指出的是,自 20 世纪 90 年代末以来存在的内需不足,为了保持经济平稳较快发展,我国开始实施扩大内需的经济战略方针,并提出重点是扩大消费需求,增强消费对经济发展的拉动作用。这就会使许多人存在这样

---

① 世界环境与发展委员会. 王之佳等译. 我们共同的未来 [M]. 长春:吉林人民出版社,1997:53.
② 倪瑞华. 可持续发展的伦理精神 [M]. 北京:中国社会科学出版社,2004:199.
③ 有学者把适度消费概括为三大标准:生理标准、经济标准和社会标准。"生理标准"要求人们的消费必须满足其基本的生理需要;"经济标准"要有利于综合开发、合理使用经济资源,尽可能消费优势资源产品,回避或减少短缺资源产品的消费;而"社会标准"的一项重要内容便是"消费质量标准",强调"人们对环境、空气、水的质量以及阳光的辐射和其他条件的要求都存在一个客观标准"。有学者甚至将合理消费水平的"微观标准"从"生活质量"上概括为"生活上的乐趣","环境卫生"与"居住条件的质量",并强调"一个消费者即使消费资料再多,如果生活环境条件恶化,享受也会变成'难受'"。而对于适度消费中的"度",则可从三个角度予以分析:首先,从经济学角度看,消费既不能超前(否则就会导致经济过热、通货膨胀),也不能滞后(否则就会导致市场疲软、经济萧条);其次,从环境学角度看,过度消费对环境造成负面影响,如增加对资源的压力、产生过多废弃物等。而消费不足(即贫困)也会导致人们对环境的掠夺不择手段,造成环境破坏;再次,从心理学角度看,也并非消费越多越幸福。参见:尹世杰. 消费经济学 [M]. 北京:中央广播电视大学出版社,1987:123;刘方棫. 消费经济学概论 [M]. 贵阳:贵州人民出版社,1984:81;梁琦. 构建生态消费经济观——兼评我国适度消费理论 [J]. 经济学家,1997(3):30~34;洪大用. 关于适度消费的若干思考 [J]. 社会科学研究,1999(6):51~56.
④ 国家环境保护局. 中国 21 世纪议程——中国 21 世纪人口、环境与发展白皮书 [M]. 北京:中国环境科学出版社,1994:43.

一种认识困惑：即倡导适度消费与我国扩大消费以发展经济之间存在矛盾。本书认为，在崇尚高消费、奢侈消费已成为媒体主流呼声，扩大消费已成为保持一国经济快速增长的最大源动力的当今社会，扩大消费与适度消费确实在一些方面存在矛盾。例如，为扩大消费需求而大力扩大汽车、空调等高耗能消费品消费需求；为图方便快捷经常外出就餐；经常自驾车上下班；等等，这些与适度消费、节约消费存在着矛盾。然而，我们更应清醒地认识到，在目前能源等资源性产品供给趋紧和生态环境持续恶化的条件下，资源环境禀赋的现实约束，客观上要求我们必须把适度消费和经济可持续发展作为一个长期发展过程来看，要在扩大消费、提高生活质量的前提和基础上，努力减少过度消费，逐步实现居民消费从过度到节约、适度的动态增长，最终实现人与自然的和谐发展。因此，为实现经济社会的可持续发展，资源性供给紧约束条件下的适度消费与扩大消费并不矛盾。相反，适度消费不仅不是抑制居民的基本消费需求和消费水平提高，反而更是立足节约资源保护环境，促使经济增长由主要依靠增加资源投入带动，向主要依靠提高资源利用效率带动转变，不断提高经济增长质量和人们生活质量，推进需求结构的优化调整和经济发展方式的加快转变，最终实现我国经济的良性循环和人的全面自由发展，以及整个社会的全面进步。

第一，从适度消费与扩大消费的本质来看，二者的作用对象都是消费，且其消费过程也就是消耗资源的过程。无论是生产消费还是生活消费，适度消费或扩大消费的最终对象都是自然生态环境，消费的规模和方式必须考虑资源环境的承载能力。对有限资源进行最大效益的适度消费和利用，其实也同时实现了最大的节约，最终有助于居民消费效用满足和资源利用效率提高。①适度消费能够使有限的物质资料更好地满足消费的经济需求、社会需求、生态需求和文化需求，有助于提高人们生活质量和促进社会和谐。②适度消费直接影响到扩大消费进程。对生产消费来说，在企业生产、销售、流通和售后服务领域提倡适度消费、节约和回收利用，就会最大限度地减少资源浪费和环境污染，一定量的原材料和生产资料能够发挥更大的经济效用和环境效益；对生活消费来说，适度合理消费和使用资源消费物品，可以减少物质财富的生产时间，将更多的时间用于精神文化消费和生态文明消费，从而更有利于消费水平和生活质量的提高。③在社会主义市场经济条件下，生产和消费具有"直接同一性"，特别是企业生产始终是围绕着消费需求进行的。倡导适度消费是需求结构调整，不断扩大消费的重要途径。适度消费通过现实消费需求引导着企业节约生产的方向，同时又通过消费市场上消费需求的有效实现，进一步推动企业生产的可持续发展。

第二，从消费行为和方式来看，消费适度不是一般意义上的非理性的过度节约，更不是被动的、封闭式的消费节约，而是主动的、循环式消费的适度节约①，是有着较高生活水平和消费质量而又不浪费资源的理性消费方式。这种适度消费能够解决粗放式消费方式对资源的耗损和浪费，有利于生态文明社会消费模式的构建和发展，有利于把适度消费理念运用到居民日常生活和企业生产经营过程中，使企业制造出的消费品更加实用、环保和便利。由于资源消费得到了适度节约，生产或消费成本就会随之减少，物价也会降低。因此，作为理性经济人的消费者会更乐于去消费，从而进一步扩大了消费需求，促进了国民经济更好更快发展。更何况，在适度消费理念指导下，消费者在进行有效的消费后，必定将富余资源投向更多新的、陌生的消费领域，从而不断延伸、创造和形成新型的消费种类和消费热点，不仅使适度节约消费发挥更大的消费综合效益（包括经济、社会、生态和文化效益等），而且在不增加自然资源消耗量的情况下，还能大大推动经济社会扩大消费进程。从这个角度来看，人们的生活质量真正提高了，人类社会的可持续发展与消费需求这驾拉动经济的"马车"才会有根本保障。不仅如此，诸如高消费、奢侈消费等粗放式消费增长造成的资源浪费和环境污染，在一定程度上必然会抵消粗放型消费需求对经济的不当拉动作用，引导国民经济向资源节约、消费环境质量需求增长的又好又快的方向发展。

因此，在资源环境问题日益严峻的21世纪，为保持国民经济平稳较快发展，客观上要求我国必须走资源节约和环境保护的适度消费发展道路，对稀缺资源进行优化配置，不断提高消费环境质量，以最小的代价最大化地创造和消费资源财富。从国家发展战略的高度来看，适度消费更是建设资源节约型和环境友好型社会的重要组成部分，是实现全面建设小康社会建设目标和经济社会可持续发展的可靠资源保证，也是制定国民经济和社会发展的"十二五"规划及各类专项规划的重要基础。

总之，在资源性供给紧约束条件下，适度消费与扩大消费以发展经济之间

---

① 循环式消费是目前世界上先进的经济资源消费模式，它的特点是运用生态经济学的规律，将人类经济活动组成为"资源—生产—消费—再生资源"的相互联系的反馈式流程，实现"低开采、高利用、低排放"，所有的物质和能源要在一个不断循环中得到合理和持久的有效利用，把经济活动对自然环境的影响降低到尽可能小的程度。在循环经济发展过程中，实现循环消费是形成节约型消费模式的关键环节。循环消费所倡导的是一种废物再利用的消费模式，也是以最少的资源投入获取更大效益和合理利用资源、高效利用资源的消费模式。

并不存在实质性的矛盾,相反,它们具有内在的统一性,实质内容是一致的,即是为了提高广大居民的生活质量和经济增长质量。实际上,真正的矛盾却是当前存在的诸如高消费、奢侈消费等过度消费活动所导致的资源环境问题,越来越降低了人们对绿色、生态、社会文化需求的满足程度,制约着消费需求结构的真正优化升级,限制了人的全面自由发展。通过适度消费与扩大消费之间的相互促进作用,将有力地促进消费对经济增长的持久拉动作用,实现人口消费与经济、社会、资源和环境的全面、协调、可持续的科学发展。

6.2.2 公平消费

从认识论和价值论角度理解,"公平并不是纯经济学概念,它从来都会有伦理学的意义"[①],内含着对人类生存本质的意义和价值关怀。作为人类社会的主题,公平既是社会的理想存在形式,也在相当程度上关注现实的正当秩序安排与社会利益关系等问题的正确方向和解决途径。消费领域中的公平问题,其实就是每个人在行使消费自由权时,应当以不影响他人消费和整个社会消费等方面权益的实现为前提和基础。

从理论上讲,公平消费要求每个人都享有获得和使用资源的平等权利。传统的消费公平的立足点是主体的机会平等,包括消费者与生产者以及不同消费者之间的平等,显然忽视了因环境因素介入而形成的各种深层次的复杂关系。事实上,由于资源存量和环境容量的有限性,使得任何人在资源浪费和环境污染等问题上,在一定程度上均存在着损害他人利益的现象,而这实质上是一种自私、自利的不道德行为。

在国际上,发达国家与发展中国家的消费状况不仅过于悬殊,且在很大程度上造成全球性的资源消耗和环境污染,这是极为不公平和不合理的。"一个不可回避的事实是,发达国家人均资源的消费是发展中国家的 30 倍。"[②] 美国人口仅占世界人口的 4.7%,消耗石油占 40%,天然气占 36%……排放废气占 30%,生产固体废物占 70%,是当之无愧的"头号能源消耗大国"和"头号污染大国"。[③] "如果所有人都这样生活,那么我们为了得到原料和排泄有毒

---

① 厉以宁. 经济学的伦理问题 [M]. 北京:生活·读书·新知三联书店,1995:4.
② Ken Conca, Michael Alberty, Geoffrey D. Dabelko. Green Planet Blued: Environmental Politics from Stockholm to Rio, Westview Press [M]. 1995:223.
③ 卫建林. 历史没有句号 [M]. 北京:北京师范大学出版社,1997:361.

物质还需要 20 个地球。"① 这就造成发达国家与发展中国家、富人与穷人在全球资源的占有，及其所承担的环境责任上呈现出极大的不对称性，发达国家在全球环境恶化，以及世界贫富差距日益扩大等这些既成事实上欠了不少发展中国家的账。"贫困是最大的污染者。许多发达国家之所以达到今天的富裕程度，主要依靠对其他种族和国家的统治，以及对本国人民和其自然资源的剥削。"② 当发展中国家为了脱离贫困而滥用或破坏自然资源时，发达国家不但应该通过技术转让等方式帮助其预防环境恶化，甚至帮助其治理环境，还应该扶助贫困国家的经济发展（如免除债务）。生态的一体化决定了环境破坏已不再是一国自己的事情。发达国家的利益必须服从全球利益，并通过更大份额的环境治理技术转让或扶贫资金支出，群策群力，同舟共济，共同为全球环境质量改善，以及消除全球范围内的贫富两极分化而努力。

而在我国国内，由于消费者收入、（自然）资源禀赋等方面的差异，这就决定了他们不可能存在完全平等的消费机会和消费要求。收入分配的不公和贫富差距的过大必然带来了财富和资源上少数人过度消费，多数人消费不足等不公平问题。比如，我国当前城乡居民消费水平的巨大差距，导致一部分人过度消费，甚至奢侈浪费，而在广大农村，仍然有相当比例的尚未解决温饱问题的贫困人口。很明显，这种消费状况是不公平的，不仅造成事实上的消费不平等，且也不利于进一步扩大消费需求。这就要求政府必须采取经济、法律、行政等手段调节城乡居民收入分配差距，优化配置地区资源，秉承地区利益必须服从国家利益的原则，使不同社会阶层的消费者对自然生态环境尽可能享有平等的消费权利，在全社会范围内实现居民消费的公平性。

还有就是代际消费公平问题。"代际公平"概念最早是由塔尔博特.R.佩奇在社会选择和分配公平两个基础上提出来的，它主要涉及的是当代人和后代之间的福利和资源分配问题。我们知道，每一代人总是接受其前辈遗留下来的既成生态环境和资源存量开始起步并得以发展的。如果当代人在利用、消费资源时只考虑到自己的物质享受，而对后代人造成遗患，或者由于过量消费，而剥夺了后代人消费资源的权利，不仅直接影响了自身的消费水平和质量，而且影响和破坏了后代人继续发展的应有条件。在一定意义上来说，当代人这种贪图享受的消费文明实质上是"代际自私"的，是"断子绝孙"的。因此，生态

---

① 余谋昌. 创造美好的生态环境 [M]. 北京：中国社会科学出版社，1997：150.
② Paul F. Diehl. The Politics of Global Governance：International Organizations in an Interdependent Word, Boulder [M]. Lynne Rienner Publishers, 1997：59.

文明消费所规定的代际公平消费，要求当代人必须自觉担当起在不同代际合理分配与消费资源的责任，亦即给下一代以一定的回补①，通过倡导适度消费创造公平消费的良好氛围，给全人类及后代创造一个安全、健康的生态环境，以及更优越的发展条件，不致使下一代人因可供消费的资源严重匮乏而失去经济发展的潜力。

总之，公平消费作为生态文明消费模式的内在规定性，要求在享受自然资源优势的同时尽可能少用、甚至不用短缺资源，合理而谨慎地利用不可再生资源，多渠道开辟短缺资源和不可再生资源的替代消费品，以保证居民消费的可持续性，实现社会经济与生态环境的可持续发展。由于公平消费必须保证国际公平、国内公平和代际公平三个层面的和谐并进，这就要求无论是从经济伦理角度还是从人的全面发展的角度分析，人们在"消费"自然资源，"尽情"享受生态环境的同时，必须保持国内城乡之间和地区之间的消费平等，必须保证发达国家与发展中国家之间生态环境的和谐发展，以及我们当代人与子孙后代消费与发展的可持续性。公平消费不仅是全人类共同面临的道德问题，且也是生态文明消费的本质规定性所体现的生态伦理问题和现实问题，明显有利于消费的科学、合理以及社会的文明与进步。

6.2.3 责任消费

对于资源节约和环境保护，企业和政府具有不容置疑的责任和义务，这是广大公众以及学术界、理论界公认的事情。就连我国每年的"3·15"主题，均特别强调企业和政府在提供良好消费环境等方面保护消费者权益的极端重要性。② 其实，依据前文的分析我们知道，消费者在消费活动中也必须负有社会责任和义务。中国消费者协会将2008年主题确定为"消费与责任"，我们就可

---

① 经济学对这种代际补偿问题，是通过运用"帕累托改进"理论进行解释的。所谓"帕累托改进"是指，在没有使任何其他人的情况变得更坏的前提下，至少有一个人变得更好（福利得到提高）。所以，当代人在可持续性发展政策执行中获得的收益（消费效用）应该能够补偿后代人因此获得的损失，并且只有在当代人的利益扣除支付的补偿后还有剩余的情况下，可持续的代际公平关系才可能得到保持。

② 我国《消费者权益保护法》第6条明确规定，保护消费者的合法权益是全社会的共同责任，这里面的共同责任就包括了经营者、政府和消费者都要履行他们的责任。但由于消费者在面对企业产品选择性购买和消费等众多环节往往更处于一种产品或服务信息不对称的弱势地位，这就导致政府在保护消费者权益过程中偏向于要求企业所提供的产品和服务必须达到符合环境友好的社会责任和环保义务，即企业经营者承担着保护消费者权益的主要责任，而政府则通过法律法规等手段或措施管理和监督经营者的生产经营活动，为消费者提供一个良好的消费环境。显然，在这种"全社会的共同责任"履行的过程中，淡化了消费者以及社会各界必须树立和承担的社会责任和义务。

以将其理解为"消费者要树立消费责任"。虽然西方不少消费大国极力宣扬和推崇"消费者主权"的重要性，也特别强调消费者的消费权利和自由，甚至 20 世纪 80 年代以来苹果计算机公司、麦道公司、康柏公司等大公司的兴衰也多次验证了"消费者主权理论"的正确性，但我们必须明确的是，权利与义务是对等统一的关系，作为一个公民，在享受一定的权利和自由的同时也必须承担相应的义务和责任，消费活动也不例外。全球资源性供给趋紧约束要求我们除了要强调生产经营者的责任外，消费者也要有社会责任感和公德意识，即消费者的消费行为应当从生态文明的高度出发，使自己的消费行为既要控制在地球环境的可纳容量和地球资源确能承受的范围之内，又要不对他人带来损害和造成负面的社会影响。

生态文明消费模式所规定的责任消费，主要是在生产经营和消费活动中保护自然生态环境，维护人与自然的和谐。"对自然和社会环境负责，它不仅包含了对自己的负责，而且甚至是对自己负责的前提。"[①] 人类社会在追求发展的同时，并不是单纯地实现消费增长、经济增长和社会经济发展，而是要从消费理性和生态文明的高度建立一种人、自然、社会相互和谐的关系，以保持社会经济健康文明、良好向上的发展态势。传统粗放型经济所形成的"用过即扔"的消费习惯显然是一种资源耗竭、环境污染型的消费，是一种不负责任的消费道德缺失和环境伦理堕落，它严重威胁着地球的资源承载能力和环境的涵容能力。因此，责任消费要求在资源耗用和环境消费过程中均不能以损害他人、危害社会利益为代价，不仅要严格地规范自己的消费行为，实现消费文明，还要在全社会倡导社会责任，确立消费者的消费义务。

当然，我们可以根据中国的现实情况，仿效一些西方国家通过制定诸如《消费者社会义务制度》等法律法规来明确消费者应该履行的环境消费责任和义务（如消费濒临绝种的野生动植物就是违法的），通过不断完善税收制度，对消费者日常不合理的消费行为征收消费税和环境税，以及通过实施"消费者支付"等经济手段严格约束和规范消费者行为（如对大排量汽车征收高额消费税、2008 年 6 月 1 日全国范围内实行的一次性购物袋消费者付费等），但在法规禁止和经济手段之外还有很大的空间需要用消费道德和环境伦理来加以引

---

① ［美］乔治·恩德勒等．王淼洋等译．经济伦理学大辞典［M］．上海：上海人民出版社，2001：252．

导。① 生态伦理道德对于广大居民树立"责任消费观",实现消费增长、经济发展与资源环境的良好互动具有明显的推动作用。

在现实生活中,消费增长、经济发展与环境伦理和消费道德的不平衡性在一定时期总是伴随着人们的消费生活。如何用生态文明所要求的消费伦理道德,来约束因消费和经济增长而激发出来的人的灵魂深处的私欲,用道德的活力来涵化人性、约束人的非理性消费行为是文明进步和社会发展的现实需要。因此,克制不合理的消费欲望,消费主体就应当秉承责任消费原则,自觉地承担应有的社会义务,尊重和保护环境,将人类与自然融为一体,使人类的消费活动服从生态系统的自然发展规律,最终实现消费增长与资源环境的和谐统一和协调发展。

6.2.4 文明消费

如前所述,"消费"是人们通过"使用、消耗、磨损或享有"消费资料和劳务来满足自己的生理和心理的需要,这充分反映和体现了消费的自然过程和属性。作为维持人类生存和发展的使用、消耗性活动,消费是人的存在方式,人通过消费生产着自己的存在方式,进而促进劳动力的再生产;消费行为和方式所体现的是人自身的存在样式、社会的整体状况和人与自然之间的关系状态。"文明"是一个内涵极其丰富的概念,泛指人类所创造的所有财富的总和(特指精神文化财富,如文学、艺术、教育、科学等),是人类社会发展到较高阶段表现出来的形态。在我国,党的十二大报告提出的物质文明和精神文明,党的十五大报告提出的政治文明就是一种"文化"意义上的文明,党的十七大报告提出的生态文明则是反映了社会进步含义的文明,是继农业文明和工业文明之后更进步的新文明。总而言之,"文明"概念涵盖了人与人、人与社会、人与自然之间的关系,反映了人类社会的历史发展阶段和整个社会进步的程度,其主要作用是追求个人道德完善,维护整个人类社会的公共利益和社会利益。

从人与自然关系的角度来看,无论是消费还是文明,均在很大程度上是与大自然交往的某种关系:任何消费都是以自然生态环境的使用、消耗为客体和

---

① 一般认为,经济、法律和行政等手段对居民个人消费行为的调节属于外部制裁,而道德手段属于内部制裁。道德手段的调节涉及人自身价值的思考,更体现了人作为"社会动物"的特点,更体现了主体的自觉能动性。道德手段所体现的人文力量是无形的,但却有广泛性和持久性。

对象的，任何文明都是人与自然相互作用而产生的成果，是人类社会在一定历史阶段对大自然的改造与适应的结果。因此，在自然这个维度上，消费与文明紧密结合在一起：文明必然体现在一定的消费行为和方式上，消费方式又必然承载着某种文明的形式；消费行为和方式的正当性决定着文明的合理性，文明的发展程度影响着消费行为和方式变革的可能性。

由于消费是人类生存与发展的基本条件，因此，通过消费满足人的生存需要（包括人的生命、人格和综合素质在内的自身再生产），达到实现身体健康的目标，必然是实现人类文明健康发展的基本前提和重要基础；而为了满足人类更高层次的发展需要，即实现人的自由、全面发展，仅追求物质消费的生存满足显然是不够的，这就要求健康的精神文化生活和良好的生存生活环境，以实现消费者的精神文明需要和生态文明需要。

文明消费的内涵和范畴极其丰富，包括上述论及的适度消费、公平消费和责任消费在内的消费规定性，均属于文明消费的范围和内容，但文明消费更注重于道德意义上的消费行为和方式，特别是针对那些不讲消费道德、为图一己之利和一时之快而损害社会和他人利益的野蛮消费而言的，意在强调消费也必须讲文明。在全球生态环境不断恶化，能源、淡水、土地等资源性供给紧约束的 21 世纪生态文明时代，文明消费是指一种既有利于消费者身心健康和个人全面发展，又有利于消费者生活质量和道德文明的提高，追求高尚和文明的消费道德，养成资源节约和环境保护的消费理念，即其消费行为不至于造成对自然资源浪费和生态环境破坏的消费方式。

生态文明消费模式所内在规定的文明消费，要求广大居民必须具备消费意识、文化素质、道德情操、伦理规范等方面精神文化素质和生态文明素养，是居民消费行为和方式的一次大变革。如在食品消费上从一味追求精细、高档珍稀食品，向追求营养平衡防止污染物质进入人体方面转化；在住宅消费上，从追求室内豪华装饰，向重视住房的通风采光、减少建筑材料的污染辐射作用、避免家庭消费活动对室外空气的污染方面转化；在服饰消费上，从追求高档、华贵、时髦的服饰，向更加重视服饰的美观、适用、自然、更多地选择生态服饰方面转化；在"行"上，更多地选择节能型和无公害的绿色交通工具，等等。①

文明消费建立在人、自然和社会和谐统一的基础上，是一种充分考虑资源

---

① 俞海山．开放条件下的循环经济与可持续消费［M］．北京：新华出版社，2006：101．

环境使用价值和效用价值的生态文明意义上的消费方式和行为模式。"消费方式的选择，是根据社会生产力发展状况，根据自然资源地理环境等情况，以充分利用并节约各种物资，使消费资料的使用价值得到充分利用，取得最大的消费效果。"① 文明消费所倡导的消费需要、消费观念、消费结构和消费方式，不仅有利于环境保护和资源合理利用，而且还体现了人们科学的道德观、幸福观和人生观，显示了较高层次的精神文化内涵和社会文明程度。

不仅如此，虽然人类的物质生活是幸福的精神生活的基础，但广义上的精神生活，尤其是具有资源节约和环境保护理念的生态文明生活，又表现出摆脱与超越物质生活需求的特征。心理学研究表明，物质产品消费与个人幸福之间的关系是极不明显的。生活在（20世纪，作者注）90年代的人们比生活在上一个世纪之交的他们的祖父们平均富裕四倍半，但是他们并没有比祖父们幸福四倍半。② 因此，只有摆脱了物质性需求的羁绊而获得精神性、生态型需求满足的幸福生活，才能成为一种创造性的文明生活。"人的需要无穷尽，而无穷尽只能在精神王国里实现，在物质王国里永远不能实现。"③ 只有在这种生态化的"无穷尽"精神需要或生态文明需要的追求中，个人才能激发出极大的工作激情、创造热情和生命活力，提升人的智慧和爱心，提高人的幸福指数，促使人们追求社会关系和生活消费中的真、善、美，最终达到实现文明消费的理想目的。而像工业文明社会那种片面追求物质享受的消费行为，不仅是一种病态的、反科学的、有害于身心健康的畸形消费模式，而且会造成对自然生态环境的极大破坏，不利于生态文明建设。

显然，人的消费活动不同于动物的消费，人的消费与人的本质相联系，它是一种创造性的社会活动；而动物的消费则只是一种本能，它只能停留在个体生存和种的繁衍之上，与自己的生命活动直接同一。如果人的消费活动陷入盲目性，一味沉溺于不顾及自然生态环境的承载力，片面追求"享受主义"的物质消费，就会倒退为动物的消费，为一时的感官刺激，可以任意糟蹋自然资源，破坏生态环境，损害社会的整体利益、公共利益和长远利益，最终损害自己的利益，这就是恶性消费。

因此，生态文明消费模式内在规定的文明消费，要求既能使居民的物质需要不断得到实现，又能使更高层次的精神文化需要和生态需要得到有效满足；

---

① 尹世杰.《社会主义消费经济学》[M]. 上海：上海人民出版社，1983：315.
② [美] 艾伦·杜宁. 毕聿译. 多少算够——消费社会与地球的未来 [M]. 长春：吉林人民出版社，1997：6.
③ [英] E.F. 舒马赫. 虞鸿钧等译. 小的是美好的 [M]. 北京：商务印书馆，1984：20.

它对良好的社会风气、生活方式和文化氛围的推崇和追逐,明显地有利于人口消费、经济、社会、资源和环境的全面协调可持续的科学发展。一言以蔽之,建立在人、自然和社会和谐统一基础上的文明消费,通过树立健康文明、科学合理的消费理念,减少和杜绝浪费资源和污染环境的消费行为,反对低级、庸俗、愚昧和浪费的消费方式,逐步地形成全社会和谐向上、健康文明、社会进步的良好氛围,使消费者在获得物质享受和精神愉悦的同时,也能够得到生态美好的享受和愉悦,从而使人们在物质文明、精神文明和生态文明方面都得到提升和发展。

应当指出的是,文明消费在居民消费层面上不仅包含消费需要不断得到满足,消费水平提高,消费结构升级,以及消费方式趋向科学化、合理化发展态势等内容,而且这种消费升级和消费方式转变所带来的居民消费模式变化在宏观层面上对于扩大内需,保持经济健康、稳定增长具有重要的推动作用。针对我国当前国民经济增长过度依赖投资和出口拉动,消费在 GDP 中的比重下降等较突出的经济发展结构性矛盾,稳步提高居民消费率,促进消费、投资、出口的协调发展,努力实现经济又好又快的发展,是我国必须长期坚持的经济发展战略。而文明消费对于提高居民消费率,实现消费需求持续稳定协调增长,保持国民经济健康发展具有极为重要的作用。在我国当前资源性供给日益趋紧约束的现实情况下,居民消费需求扩大与资源禀赋约束的矛盾会越来越尖锐,倡导文明消费明显有利于这种矛盾的缓解和协调。

通过上述分析不难发现,无论是适度消费、公平消费和责任消费规定性,还是文明消费规定性,生态文明消费模式充分考虑到把人类消费活动置放于"人—社会—经济—自然"这一宏大的坐标体系之中,将环境伦理、消费道德和文明价值标准扩展到非人的自然生态系统,认为人类永远是整个生态系统的一个组成部分。与绿色消费、可持续消费等现行消费模式相比,生态文明消费模式属于对人类消费行为进行综合性、多层面的思考,是在多线性交叉思考的过程中所提出的生态伦理责任和文明消费规范。我们完全可以将绿色消费、可持续消费等消费行为定义为狭义上的消费模式,而生态文明消费模式则是更加广义上的消费模式,亦即绿色消费、可持续消费与生态文明消费具有交叉性与重合性,生态文明消费中包含有绿色消费、可持续消费的全部内容,并在更宽泛的视野中对消费模式提出更高的要求。

应当指出,与绿色消费模式相比,我们认为绿色消费模式应寓入生态文明消费模式之中,是生态文明消费模式外延的一部分或重要组成部分,并在更宽泛的视野中对消费模式提出了要求[①]。目前，我国居民消费模式在可持续发展战略目标的感召下主要以绿色消费为核心内容，强调绿色消费是非常必要的，它对于改变人们的消费观念，保护环境和节约资源有着非常重要的历史进步意义。我们甚至可以认为绿色消费是达到人类生态消费需要满足目标，实践生态文明消费模式，以及顺利实现可持续发展目标的一种重要手段。而对于可持续消费，如前所述，其侧重的主要是人类必须对自然生态环境承担消费责任，从而在一定程度上忽略了自然环境的生态价值；它强调的是人类通过对大自然的依赖以满足人类消费需要，实现消费效用最大化，其目的仍然是人类物质利益的片面发展。

总之，在人类应该尊重大自然和承认大自然的内在价值，把消费置放于"人—社会—经济—自然"坐标体系中予以考虑的前提和基础条件下，生态文明消费模式重新定位了人类的生活方式和消费方式，在消费过程中自觉地秉承消费适度合理原则，积极倡导消费公平公正，主动承担消费责任和履行消费义务，身体力行科学文明消费方式，显然是一种可持续消费模式。生态文明消费模式所体现的对人类消费进行综合性、多层面、多线性的交叉思考，以及其所蕴涵的生态主义道德责任观和环境伦理观，能为人类重新认识自己提供了一种健康文明、科学合理的消费观念视角和价值尺度。因此，在资源性供给紧约束条件下，倡导和践行生态文明消费模式，对于构建居民生态文明消费模式，贯彻落实科学发展观，实现人与自然的"统筹"发展，推进整个经济社会的全面协调可持续的科学发展，均具有极其重要的理论和现实意义。

6.3 生态文明消费模式的重要作用

通过上述分析可知，生态文明消费内含强烈的社会、经济和环境伦理倾向，充分地体现了生态文明建设和可持续发展的客观要求。它所包含的消费价值把握和环境关怀，以及自始至终所体现的对道德和义务的强有力包容，充分说明了它是一种更加科学、合理的可持续性的消费模式。这种科学性与合理性不仅在于这种消费模式的形成对于人类来说是一种客观的时代需要，更是改善居民消费模式，建设生态文明的必然选择和现实要求。

[①] 生态文明消费包括的范围更广阔。一般认为，绿色消费主要是指目前市场上流通的经济性产品，而对于各种非市场性的公共性消费品，如空气、淡水等，没有纳入绿色消费的客体或对象之中。

6.3.1 彻底摒弃了西方"消费主义"价值观

消费的本质在于满足人的基本需要，实现人类自身的再生产，最终达到提高生活质量，促进人的全面发展。所谓提高生活质量，不是以消耗更多的物质财富和自然资源为标志，而是以知识和智慧价值含量的高低为尺度。[①] 如果说社会发展的合理性应该是精神与物质的并行，那么人类的追求就不能集中在对财富的积聚和对物欲的贪求上。以西方"消费至上"为价值目标的"消费主义"价值观显然偏离了以提高生活质量，实现人的全面发展为终极目标的文化视野和环境关怀，不断诱发和催化人们对物欲无限度地放纵和追求，致使人们赖以生存和发展的资源环境付出了巨大而惨重的代价。

因此，西方"消费主义"价值观与生态文明思想是背道而驰的。甚至可以说，它所蕴含的"消费至上"理念冲垮了包括勤俭节俭、适度合理等传统价值约束和伦理制约。因此，我们不能不对西方市场经济价值观中具有"权威"导向的"消费主义"生活价值理念作出深刻反思和检讨，以生态文明为内核的生态消费理念来纠正和反省自己。

当然，反对西方"消费主义"，并不意味着我们反对伴随社会经济发展提高居民的消费水平和转变居民消费方式。事实上，我们真正反对的是一味追求消费欲望满足而导致的生活挥霍、资源浪费和环境污染。生态文明消费的价值观就是要求人类从节制自己的消费欲望入手，摒弃腐朽的享乐主义消费观。这是一种不受物役、精神自在、朴素简静、杜绝奢侈和浪费的消费模式，是一种崇尚俭朴、科学合理，符合生态文明建设要求的消费模式。

诚然，从当今崇尚"享受主义"的消费潮流来看，黜奢崇俭、适度消费也许并不令人欢欣鼓舞，但是当我们为解决今天人类所遭遇的资源环境问题而努力付出的时候，我们也发现消费需求在拉动经济快速增长的同时也衍生出了沉重的资源环境代价。因此，我们必须用生态文明消费的理念去引导消费行为，理性地实现自身的消费需求。这不仅是对西方"消费主义"生活价值理念的坚决反对和彻底摒弃，也是生态文明昭示于人类的必然选择。

[①] 曹明德. 论消费方式的变革 [J]. 哲学研究，2002 (5)：40～45.

6.3.2 体现了"人与自然和谐共处"的生态文明理念

从根本上来讲,人与自然应当是一种互相依存、协调发展的关系。自然界是人类产生、生存和发展的前提,而人类在生存和发展的过程中能够主动调节人与自然的关系,生态文明消费正是这种认识的产物和归属。实现人与自然和谐共处的生态文明消费,其所包含的"生态"首先是生态学中的一个概念,它是指地球生命系统和环境系统的相互关系或地球生命系统中的生物部分和非生物部分之间的关系。然而,由于人类这一特殊物种已经成为地球生命系统的主宰,所以当今的观点往往用"生态"这个概念专门指人类与由大气圈、水圈、岩石圈和存在于这三圈界面的生物圈组成的地球生态系统的关系,并把人类对自然环境的影响视为生态学研究的基本内容。[1]

其次,"生态"作为生态经济学中的一个重要概念,生态经济意义上的消费要求将人类的消费效用和生态效益协调起来,将人类消费活动纳入生态平衡的轨道,使人类单纯向自然的索取变为协调发展。在 21 世纪生态文明社会,文明消费所要求的人与自然的和谐共生,还必须充分考虑了生态经济发展的客观要求,即生态文明需要满足应该成为人们极重要的需要满足,生态质量追求应该成为人们在文明消费活动中时刻关注的重要内容,生态效益应成为判断人们文明消费活动的基本尺度,生态利益应该作为人类社会利益和生态文明发展中不可缺少的有机组成部分,即生态因素应该作为人们生态文明消费过程中必须考虑的一个重要方面。

更为重要的是,在倡导生态文明消费模式,崇尚资源节约和环境保护已成为社会发展极重要的价值基础的条件下,把人类消费活动和协调人与自然的和谐发展结合起来必然成为人的责任和崇高的使命,这就是人类的新的价值理念——生态文明价值理念。这不仅是对传统的生态学原理和生态经济规律的超越,更是反映了马克思主义的自然辩证法。自然辩证法是马克思主义的自然哲学、科学哲学和技术哲学,是关于自然界和科学技术发展的一般规律以及人类认识和改造自然的一般方法的科学,是系统化的科学的自然观、科学技术观和科学技术方法论。根据前文对马克思人与自然关系的生态思想的分析可知,反映人与自然和谐思想的自然辩证法,显然是随着科学技术发展和人类进步而不

---

[1] 向玉乔. 生态经济伦理研究 [M]. 长沙:湖南师范大学出版社,2004:57.

断丰富和发展着的开放的先进理论。马克思主义自然辩证法不仅是中国特色社会主义生态文明理论体系的理论基础,也是体现人与自然和谐共处的生态文明消费的理论基础和生态文明价值理念的指导思想。

如前所述,由于传统的不可持续的高消费模式已经使地球生态环境付出了巨大的代价。因此,将保护自然生态环境列为新的消费道德规范和经济运行规律,对破坏和污染环境的消费行为加以调节,这不仅是建立生态文明,促进经济发展的必然要求,且也体现了生态伦理的重要内容。生态伦理把道德对象和道德共同体的范围从人与人关系的领域扩大到人与自然关系的领域,并且以人与自然协调发展和共同进化作为道德目标,从而赋予自然界以生存的道德价值,道德权利概念扩大到自然界的实体和过。[1] 显然,生态文明消费价值观将生态伦理高度统一在人类消费活动中,重新恢复人与自然的本真关系,从而更为科学、合理地规范了人与自然的关系,充分反映了生态文明的客观需要和发展要求。

应当指出,综观人类的文明史,文明是人类活动的产物,是人类不断进步的体现。其实,文明就是人的物质生活逐渐丰裕、精神世界趋于高级的过程,同时也是合理地利用自然界,并与自然界和谐共生的过程。正如生态学家汤姆·戴尔和弗农·吉尔·科特在1955年所著的《表土与文明》一书中所指出的,"人类不管是文明的还是野蛮的,都是自然的孩子……当他试图违背自然规律时,他总是破坏维持他生存的自然环境,而当他的环境迅速恶化时,他的文明也就衰落。"[2] 在人类文明发展史上,像印度文明、玛雅文明等灭亡的一个重要的原因,就是因为过度砍伐树木,致使其超出了自然本身的自我修复能力。因此,人类文明的兴衰总是与大自然休戚与共的。然而,长期以来为人类欢欣鼓舞的工业文明,虽然极大地推动了各国经济的高速增长,但其致命的缺陷就是割裂了与自然界的紧密联系,成为孤立的系统,从而使得许多人困惑于工业文明为何难以可持续发展。这种困惑连同近代日益严峻的全球资源环境问题,导致了一种全新的后工业文明的出现,这就是生态文明。完全可以说,工业文明衰败之日,正是新的文明形态萌芽、生长之时。取代工业文明而引导人类社会继续向前发展的文明就是生态文明。作为人类文明的一种高级形态,生态文明反映了人与大自然、人与人之间的和谐协调,是人类文明新的发展阶段[3],是人类文明在全球化和信息化条件下的转型和升华。生态文明要求把人

---

[1] 余谋昌.生态伦理学与林业道德哲学[J].北京林业大学学报,1992(4):119~127.
[2] 转引自:[英] E.F.舒马赫.虞鸿钧等译.小的是美好的[M].北京:商务印书馆,1984:67.
[3] 尹世杰.建设生态文明,创造良好的生存发展环境[J].湖南师范大学社会科学学报,2004(5):5.

类的价值和终极关怀扩展到非人的自然界,并赋予生态环境应有的道德价值地位和生态经济要求,是对工业文明享乐性消费理念的摒弃和转向。显然,生态文明观是从更宏观、更富有历史感的角度提出的;它的出现是人类文明进化的必然结果,是人类在认识、利用自然过程中的一次质的飞跃。在这个社会形态里,生产力是先进的可持续发展的生产力,文化是先进的可持续发展的文化,生活方式是先进的可持续发展的生活方式,社会是先进的可持续发展的社会。我国自2007年党的十七大提出"建设生态文明"这一重要战略目标,2010年党的十七届五中全会进一步提出要提高生态文明水平,积极应对全球气候变化,加大环境保护力度,加强生态保护,增强可持续发展能力。显然,提高生态文明水平,是党和政府在深刻总结我国发展过程中的经验教训,全面把握经济社会发展规律及环境与经济深层次矛盾,清醒地认识生态环境保护在经济结构战略性调整、加快转变发展方式、推进可持续发展中的重要保障和支撑作用的基础上,站在历史性的高度,作出的重大战略部署;它对于实现我国经济社会可持续发展,促进全面小康社会与和谐社会建设等方面,均具有深远的影响和重要的指导作用。因此,包括我国在内的世界各国,必须坚持以生态文明价值理念为指导,自觉地肩负起保护自然生态环境的责任,反对不可持续的消费模式和粗放式生产方式,正确认识和运用生态发展规律,通过相互依赖、互惠互补,不断提高生态文明水平,最终实现人类与自然界的和谐相处,协调发展。

6.3.3 体现了以人为本的科学发展观要求

党的十七大报告明确指出,科学发展观,第一要义是发展,核心是以人为本,基本要求是全面协调可持续。显然,"发展"的本意应当是以人为本,促进人的全面发展,实现社会经济的全面、协调、可持续的科学发展,绝不仅仅是经济增长和发展。传统发展观的缺陷不仅表现在经济增长方式上的简单粗放,而且体现在消耗资源和浪费资源的消费特征,从根本上体现了传统发展观的局限和狭隘,其结果不仅使居民消费需求不能得到有效地满足,而且也限制了人的全面发展。显然,科学发展观突出了以人为本的理念,是一种全新的完整而系统的发展观,它不仅要求速度和结构、质量和效益的协调统一,而且更要强调人口消费与社会、经济、资源和环境的协调统一,是物质文明、精神文明和生态文明的共同发展。

我们知道,人的全面发展是人的理想目标和方向,是人们一切行为的终极目的。所谓人的全面发展是指"社会的每一个成员都能完全自由地发展和发挥他的全部才能和力量。"① 要实现人的全面发展，就必须满足人自身的生存、发展、创造及享受的需要，而由这种需要产生的消费，是人的生命存在和发展的首要条件，是确保劳动力再生产的必备条件，最终是为了促进人的全面发展。正如马克思所言，消费能"生产出生产者的素质"②，它是人的本质的表征和确认，是人的本质不断升华、不断发展的重要条件。

如前所述，受社会生产力水平的限制以及对消费在人类社会中的历史意义的误解，人类社会在消费中往往会陷入禁欲主义和享乐主义两种极端。前者由于无法满足人类正常的消费需要，使人的身心发展处于极度抑制的状态，根本谈不上人的全面发展；而后者却把人变成了消费的"动物"，在物质富裕面前，人不但没有得到解放，却陷入另外一种束缚中，人的本质进一步异化。正如法国学者波德里亚所指出的那样，"今天，在我们的周围，存在着一种由不断增长的物、服务和物质财富所构成的惊人的消费和丰盛现象，它构成了人类自然环境中的一种根本变化。恰当地说，富裕的人们不再像过去那样受到人的包围，而是受到物的包围。"③ 因此，西方社会"消费者阶层"在物的"围城"中"尽情"享受着丰饶的消费资料的同时，体验到的并不是幸福，而是人的异化。"人丧失了自己的主体地位，丧失了批判精神和革命斗志，退化为一种符号，只能被动地按照广告来放松、娱乐、行动和消费，爱和恨别人所爱和所恨的东西。"④ 消费的本质已经被扭曲，消费不再是为了满足人的生存和自由的全面发展，而是为了满足"虚假的需求"⑤。

所以，消费是人类生活的手段，而非人类生活的目的。消费的最终目的应当是实现人的生存而全面自由的发展，它以满足人们日益增长的物质文化需要为出发点，以不断推进消费升级、提高消费质量为支撑点，以先进文化的引导为升华点，以人的全面发展为落脚点。⑥ 生态文明消费所内在规定的适度消费、公平消费、责任消费和文明消费，符合以人为本的科学发展观要求，通过对人类物质、精神和生态需求的充分满足，不断促进人类消费与资源环境的良好互

---

① 马克思恩格斯全集·第42卷 [M]．北京：人民出版社，1979：373.
② 马克思恩格斯全集·第46卷 [M]．北京：人民出版社，1979：30.
③ [法] 让·波德里亚．刘成富等译．消费社会 [M]．南京：南京大学出版社，2001：1.
④ 赵玲．消费的人本理念 [J]．学海，2002（3）：6～10.
⑤ 马尔库塞认为，所谓虚假的需求，是为了特定的社会利益而从外部强加给个人身上的那些需要，它使艰辛、侵略、痛苦和非正义长期存在下去。参见：赫伯特·马尔库塞．刘继译．单向度的人——发达工业社会意识形态研究 [M]．上海：上海译文出版社，1989：6.
⑥ 尹世杰．人的本质和如何体现与实现以人为本 [J]．求索，2004（6）：137～139.

动,最终达到实现人的全面发展这一终极目标。

总之,"作为目的本身的经济上的进步导致了世界范围内的非人道的后果,带来人类自然环境的毁坏以及随之而来的大规模的社会的不稳定性。"① 因此,我们要变革这种传统的不可持续消费理念,从完善人的本质的角度审视消费模式,要意识到"只有人的全面而自由的发展才是社会进步的尺度和一切科学的尺度"②,"个人的发展、自由,是所有发展形式的动力之一。"③ 生态文明消费体现了以人为本的科学发展观要求,是科学发展题中应有之义,它是以人所具有的精神存在为归宿,旨在通过健康文明、科学合理的消费模式,保护人类赖以生存和发展的自然环境,人类的自由也会因此得到更为全面的发展。由传统的不合理消费模式转变为生态文明消费模式,从根本上来说是体现以人为中心,是以实现人的全面发展为目的的科学消费观,是对以人为本为核心的科学发展观的一种响应和落实。

6.3.4 有利于经济社会可持续发展模式的建立

改革开放 30 多年来,尤其是进入 21 世纪以后,我国经济一直保持着持续快速增长的发展态势,国内生产总值从 2000 年的 99215 亿元增长到 2009 年的 340507 亿元,年均增长超过 10%。继续保持国民经济的良性、健康发展,是我们所要努力追求的目标;特别是在 2003 年我国人均 GDP 已超过 1000 美元,建设小康社会进程迈出坚实步伐的背景条件下,我们必须抓住消费结构和产业结构升级的有利时机,正确处理好社会、经济与生态环境的协调,推动经济的进一步发展,加速现代化的进程。生态文明消费以生态文明为导向,内含以人为本、全面、协调和可持续的发展思路,体现了科学发展观的内在要求,是为了实现人与自然的协同共进。适应经济社会发展重要战略的新要求的必然选择,生态文明消费有利于从根本上建立起可持续发展模式。

当前,我国的生产力水平和经济发展程度表现出典型的发展中国家水平的特征。然而,在居民日常消费领域中,还存在着攀比和模仿西方"高消费"国家的生活方式和消费模式。这就不可避免产生了低水平生产和高水平消费之间的矛盾,这是阻碍中国走可持续发展道路的巨大障碍。应该看到,发达国家的

---

① [瑞士]汉斯·昆.周艺译.世界伦理构想[M].北京:生活·读书·新知三联书店,2002:16.
② [俄]H.弗罗洛夫.王思斌等译.人的前景[M].北京:中国社会科学出版社,1987:144.
③ [美]弗朗索瓦·佩鲁.张宁等译.新发展观[M].北京:华夏出版社,1997:175.

生活方式是建立在以占有全球资源为前提条件的高消费基础之上的,需要以巨大的资源投入为保证。这些国家在满足生活消费的同时,也引发了资源的过度消耗和环境的严重破坏。这种过度消费模式显然是同我国现实的国情和追求可持续发展目标相违背的。从世界经济发展的历程来看,包括我国在内的众多发展中国家在经济快速发展的过程中,追求发达国家的生活消费模式,必然进一步加剧了经济发展与资源环境之间的剧烈冲突。事实上,世界上不少发达国家已经或正在对传统落后的消费模式进行调整和改变,逐步实现了可持续的经济发展与生态化的消费模式的协同共处。

因此,面对经济发展所面临的生态环境还在继续恶化,能源等资源性产品日益趋紧约束的现实状况,要求我国必须坚持走全面、协调、可持续发展之道。正如党的十七大报告中所指出的,坚持生产发展、生活富裕、生态良好的文明发展道路,建设资源节约型、环境友好型社会,实现速度和结构质量效益相统一、经济发展与人口资源环境相协调,使人民在良好的生态环境中生产生活,实现经济社会永续发展。

总之,现代意义上的生态文明消费模式正是基于经济社会的持续稳定协调发展与资源性供给紧约束之间的两难困境而提出的一种全新的生活理念和消费模式;它所规定的适度消费、公平消费、责任消费和文明消费,既符合物质生产的发展水平,有效满足了居民日益增长的消费需求,又符合资源节约和环境友好型的生态生产的发展水平;它把人类的消费纳入生态系统之中,接受生态系统对人类消费的约束,使之与生态系统协调统一,是一种高层次的理性消费;它所倡导的消费观念、消费结构或消费模式不仅有利于生态环境的有效保护和自然资源的合理利用,而且有利于经济社会的可持续发展,体现了人们科学、文明的道德观、价值观和消费观,显示出高层次的精神文化和生态文明内涵。因此,面对当前日益严峻的环境、资源与社会发展的矛盾和挑战,我国必须把转变居民不可持续的消费观念,把生态文明消费模式的转变提到日程上来,把科学发展观贯彻到消费领域,落实到居民生活中去,"保民生,促发展",通过居民的日常生活行为,践行生态化的生活方式和消费模式。换言之,生态文明消费模式对于落实科学发展观,对于从根本上建立可持续发展模式具有十分重大的理论和现实意义。

第 7 章　中国生态文明消费模式的构建

中国是世界上人口最多的发展中国家。人口基数巨大、人均资源短缺、生态环境还在继续遭受破坏、能源资源性产品供给日益趋紧约束的现实国情，决定了我国经济迅速增长和消费水平提高带来的资源环境问题比西方国家面临的形势更严峻。进入 21 世纪，在全面建设惠及十几亿人口的更高水平的小康社会的过程中，大幅度提高人口消费水平和改善居民生活质量仍将是我国经济社会的长期发展目标和根本方向；然而，居民消费水平提高与资源环境利用不仅将成为中国经济可持续发展面临的突出问题[①]，且在保护环境和实现可持续发展目标等方面也面临越来越严峻的压力。

为此，《中国 21 世纪议程》（1994）便已指出，"中国只能根据自己的国情，逐步形成一套低消耗的生产体系和适度消费的生活体系，使人们的生活以一种积极、合理的消费模式步入小康社会。"2002 年，党的十六届五中全会倡导建设资源节约型、环境友好型社会的发展模式，并将其具体贯彻落实到我国"十一五"发展规划（2005）之中，提出要强化节约意识，形成健康文明、节约资源的消费模式；同年，《国务院关于加快发展循环经济的若干意见》（2005）强调"消费环节要大力倡导有利于节约资源和保护环境的消费方式"；党的十七大（2007）更是明确地指出："建设生态文明，基本形成节约能源资源和保护生态环境的产业结构、增长方式、消费模式。"这不仅是我们党首次把"生态文明"这一理念写进党的行动纲领，也是对我国长期以来经济增长方式粗放、产业结构和消费模式不合理的深刻反思。党的十七届五中全会（2010）审议通过的《中共中央关于制定国民经济和社会发展第十二个五年规划的建议》更进一步强调指出，我国发展中不平衡、不协调、不可持续问题依然突出，经济增长的资源环境约束强化，因此，必须通过深入贯彻节约资源和保护环境基本国策，提高我国生态文明水平，加大环境保护力度，加强生态保

---

① 吴文恒，牛叔文. 人口数量与消费水平对资源环境的影响研究［J］. 中国人口科学，2009（2）：66~74.

护，加快经济发展方式的转变，加快构建资源节约、环境友好的生产方式和消费模式，增强可持续发展能力。

依据前文分析可知，生态文明消费模式具有的适度消费、公平消费、责任消费和文明消费等内在的规定性和重要作用，反映了生态文明社会的人生观、消费观和价值观，明显有利于能源和资源的节约和生态环境保护，有利于人们赖以生存和发展的环境得到保护和改善，有利于经济社会的可持续发展和人的全面发展，是一种符合经济社会发展要求和生态文明水平提高的可持续消费模式。构建生态文明消费模式，不仅对于我国消费模式转型和趋于健康文明和科学合理，而且对于在引导我国产业结构优化和增长方式的转变，保持社会效益、经济效益和生态环境效益的集约式增长，最终实现我国经济社会的良性循环和健康发展具有极其重要的战略意义。

构建生态文明消费模式，必须充分考虑社会、经济、人口、资源与环境等综合因素的"统筹"发展，遵循的原则或准则主要包括：

(1) 生态文明消费模式必须有利于人的身心健康成长和自由全面发展，促使人们形成正确的人生观、世界观、消费观和价值观，充分满足人们科学、合理的消费需要，尤其是绿色、环保、节约等方面的生态文明和精神文明消费需要。

(2) 由于生态文明消费模式是经济和社会生活适度、合理发展的重要表现，因此，它应该适应人口消费与社会、经济、资源和环境的全面协调可持续的科学发展要求。过度追求消费不足或消费过度都是很不理性的，它既不利于居民消费模式的健康文明发展，也不利于人的全面发展和社会主义和谐社会的建立。

(3) 生态文明消费模式应该体现整个社会全面进步的客观要求，不仅要反映人们合理的社会生活规范和公共生活准则，以及健康文明的消费风气，而且体现人们的生存需要、享受需要和发展需要不断地得到满足，体现整个社会的消费文明和社会进步。

(4) 生态文明消费模式必须充分体现能源和资源的合理利用和节约，以及生态环境的保护和改善。

构建居民生态文明消费模式主要涉及三大主体，即政府、生产者和消费者的"三位一体"化的协调互动与有效监管。西安交通大学文启湘教授在论述绿色消费问题时提到，绿色消费的实践"取决于政府、生产者、消费者共同行为所产生的推动力"[①]。北京大学叶文虎教授也认为，推动社会前进或主导社会前

---

① 文启湘，彭金荣. 绿色消费动力及其构建 [J]. 消费经济，2001 (6)：8～11.

进的观念和行为有三种行为构成，这三种行为有三个主体：一个主体是政府，一个主体是企业，一个主体是公众。① 一些关于可持续发展的研究也指出，在社会经济体系中有三种基本的力量在可持续发展中实现各自的作用，即社会公众的最终决定作用、企业的主体作用、政府的直接推动作用。实现可持续发展，改变不可持续生产和消费模式"需要政府、消费者和生产者的共同努力"②，关键是如何将可持续发展政策"落实到居民、企业和政府的实际行动，变成人们的生活方式的一部分"。③

因此，构建和实施居民生态文明消费模式是一项庞大的系统工程，需要政府、生产者（企业）和消费者（公众）这三大主体的有力支撑和共同努力，它们相互依存、相互制约，共同形成了协调互动的关系。首先，政府作为国家意志的代表者，在生态文明消费实践中处于核心和主导的地位。政府通过制定相关的政策、法律和法规，对企业生产行为和公众的消费行为进行约束和规范，在构建居民生态文明消费模式过程中发挥管理和培育的作用。其次，企业要遵循生态文明消费的发展规律和客观要求，通过技术创新转变传统生产模式，采用先进工艺实施清洁生产，为消费者提供生态消费品，最终达到经济效益、经济效益和生态效益的共赢。最后，作为产品消费链上的最终需求者，消费者的积极参与至关重要。消费者必须在政府政策的严格约束和生态文明消费伦理的规范下，转变其不合理的消费模式，并通过产品消费选择这一"最终决定作用"，对企业的生产行为进行引导和监督，促使企业提供符合生态文明要求的生态、环保、节能的绿色、生态消费品。因此，作为需求方的消费者，通过消费生态消费品，为自身的自由而全面发展和社会的全面进步创造了良好的条件。

7.1 政府在生态文明消费模式构建中发挥引导和规范作用

当今社会，居民环境保护和绿色消费意识正呈现出逐渐高涨的发展趋势，这是构建居民生态文明消费模式的良好开端。生态文明消费需要生态政府作保障。联合国可持续发展委员会经济指导小组主席 Tim Jackson 通过大量的文献研究表明，消费者个体的消费决策和消费行为受到政府各项经济和法律制度安

---

① 叶文虎．人与自然系统中的三种生产理论［J］．安徽科技，2004（6）：6～8．
② 国家环境保护局．21世纪议程［M］．北京：中国环境科学出版社，1993：19．
③ 王宁．消费社会学：一个分析的视角［M］．北京：社会科学文献出版社，2001：309．

排的影响和制约，很容易被社会制度和社会规范锁定。因此，政府有责任，也有必要综合运用法律规制、教育引导、财政税收等手段，营造有利于消费者积极转变消费行为的市场环境和社会氛围。①

例如，针对消费者个人消费为主体的自由放任所导致的人均资源消耗量高、消费效率偏低等不合理消费方式，政府在尊重和保护消费者个人主权的前提下，为公共消费和集中消费提供条件（如公共消费场所土地优先审批、税收减免、制度规范等），提倡和鼓励消费者尽可能多选择公共消费和集中消费模式，如优先发展公共服务行业（如公共交通、公共娱乐设施等），对公共消费品（如水、电、气、热等公共产品）尽可能实行集中生产和供给。

在我国，《中国21世纪议程》指出："政府……拟制定必要的措施，采取积极的行动，改变传统的不合理的消费模式，鼓励并引导合理的、可持续的消费模式的形成和推广。"② 党的十七大报告也明确指出，政府要完善有利于节约能源资源和保护生态环境的法律和政策，加快形成可持续发展体制机制。因此，政府在资源环境保护方面的生态责任已日益成为政府部门必须肩负的重要职责，也只有这样，政府才能将生态文明消费模式的构建和实施纳入其议事日程，从制度设计和经济杠杆等层面推动生态文明消费模式的协调引导和监督管理，在全社会范围内营造生态文明消费实施的制度背景和环境氛围，通过政府的示范作用来引导和规范广大消费者在日常生活领域践行适度消费、公平消费、责任消费和文明消费，同时，这也为把经济增长方式转到具有可持续性的集约式增长的经济发展轨道上，把经济增长源泉逐渐转到依靠提高全要素生产率提供了经济手段和政策保证。③

7.1.1　利用经济手段，实现经济建设与资源利用、环境保护的协调发展

政府利用经济手段实施生态文明消费模式主要是运用价格、税收、信贷和收费等经济杠杆，通过调节或影响企业的生产行为或公众的消费行为，以达到

---

① Jackson T. Motivating Sustainable Consumption-a review of evidence on consumer behavior and behavioral change [M]. London: Policy Studies Institute, 2005: 2~11.
② 国家环境保护局. 中国21世纪议程——中国21世纪人口、环境与发展白皮书 [M]. 北京: 中国环境科学出版社, 1994: 39.
③ 在一个描述经济增长的生产函数中，在常规生产要素即资本、土地、简单劳动力和人力资本带来的产出增长之外，如果还有一个看不见的因素可以提高产出，或者说产出的增长被常规要素解释之后，还有一个残差值没有被解释，这个额外的产出增长就是技术进步或者效率改进所带来的，通常被称为全要素生产率。

实现经济建设与资源利用和环境保护的协调发展目标。经济手段的显著特点就是经济有效性，即可将企业和消费者的资源利用、环境保护行为同企业的经济效益和公众的消费效益直接挂钩，从而最大限度地调动社会各方面保护环境的积极性，最终达到改善环境质量和持续利用自然资源的目标；其作用机制在于通过环境和资源的合理价格影响决策者的决策和经济当事人的行为方式，使得人们最终作出的决策和生产、消费方式选择服务于可持续发展的客观需要。

1. 建立资源价值体系，尽快调整不合理的价格体系

政府利用经济手段实现资源节约和环境保护，最重要的是如何运用市场经济的价格机制，使其充分发挥优化配置自然资源的功能，即产品价格能反映其环境成本，最终实现经济效益与生态效益的共赢。美国学者艾伦·杜宁认为，为了使经济发展向环境可持续的方向转化，打破"不消费就衰退"的神话，政府必须制定相应的政策，使各产业的发展向低消费的方向转化，特别是产品的价格能反映它们的环境成本。[①] 中国社会科学院牛文元教授的研究结果表明，2000年中国经济增长扣除"生态赤字"后的GDP增长只有常规GDP增长的78%。因此必须进行价格改革，使市场价格包括生态成本。[②]《中国21世纪议程》也明确指出，"研究和运行把自然资源和环境因素纳入国民经济核算体系，使有关统计指标和市场价格较准确地反映经济活动所造成的资源和环境的变化"，"改革资源价格体系，促进资源的节约利用和保护增值。"[③]

虽然近些年来我国在资源价格改革和生态补偿建设方面已取得一定进展，但资源价值体系建设步伐仍然极其缓慢。加快调整不合理的资源价格体系，合理确定资源开发利用过程中破坏资源和废弃物污染环境的全部社会成本，并使其在商品的价格中体现出来，显然是充分运用经济手段解决环境问题的治本之策。

长期以来，我国资源产品价格严重偏低。改革开放后，国家采取了"放"与"调"相结合的办法，即有的放开，有的提高，但价格偏低问题仍然没有得到根本解决。这种现象必然导致稀缺资源的过度使用，导致"公地悲剧"现象的不断发生。我们知道，"资源有价，环境有价"，因此，解决企业或消费者对公共资源的滥用问题，关键是使环境外部不经济或环境成本内部化。

---

① [美]艾伦·杜宁. 毕聿译. 多少算够——消费社会与地球的未来[M]. 长春：吉林人民出版社，1997：78~79.
② 转引自：李南. 构建全球生态经济的初步探索[J]. 调研世界，2003 (5)：31~37.
③ 国家环境保护局. 中国21世纪议程——中国21世纪人口、环境和发展白皮书[M]. 北京：中国环境科学出版社，1994：8.

环境成本内部化的具体目标是把环境代价纳入生产者和消费者的决策当中，以扭转将资源环境视为"免费品"的倾向，以及将环境代价转移给社会中其他人、其他国家或转移给后代的趋势。环境成本内部化所依据的基本原则是"污染者付费"原则（Polluter Pays Principle，简称 PPP 原则）和"使用者付费"原则（User Pays Principle，简称 UPP 原则）。1972 年，经济合作与发展组织（OECD）提出并采用了 PPP 原则，即要求污染者必须承担能够把环境改变到权威机构所认可的"可接受状态"所需要的污染削减措施的成本。可见，PPP 原则要求产品价格能反映污染危害环境的全部费用，其结果将会产生一种控制污染的强大动力。

近年来，人们还把 PPP 原则进行不断扩展。由于环境质量是一种稀缺的资源，污染者不仅要支付上述达到环境质量"可接受状态"的污染削减成本，同时，还应该支付由于其污染所造成的损害成本，即把资源利用也纳入到环境内部化中，提出 UPP 原则。UPP 原则要求产品价格反映出某一资源使用或消耗所产生的全部社会成本，包括生产中所需的各种直接和间接费用（生产成本）以及破坏、污染环境所形成的环境成本，从而促使资源的经济利用，减少无谓的消耗。① 在 UPP 原则具体实施方面，我国发布实施的《关于加大污水处理费的力度，建立城市污水排放和集中处理良性运行机制的通知》（1999）明确指出："污水处理费是水价的重要组成部分。根据用户用水数量，各城市要在用水价格上加收污水处理费，以补偿城市排污和污水处理成本，建立污水集中处理良性运行机制。"浙江省杭州市物价局自 2002 年 9 月 1 日起，对杭州市自来水价格进行结构性调整，但所有水价均包括每吨 0.4 元的污水处理费。PPP 原则和 UPP 原则探讨和寻求了自然资源的重新定价问题，这对于我国优化配置自然资源，建立科学、合理的资源价值体系，实现居民消费生态化，以及经济社会可持续发展均具有重要的现实指导意义。

2. 不断完善税收制度，实施"生态消费税"

税收是市场经济条件下国家进行经济调控的重要手段和工具。利用税收这一经济手段解决资源消耗和环境污染等问题，其经济学理论分析的基础是环境外部性。在自由处置和缺乏制度约束的情况下，外部性是由于生产者或消费者

---

① 这里的环境成本是由实际治理成本和环境退化成本两部分组成。污染治理成本是指在目前的治理水平下，处理生产和消费过程中所产生废弃物而实际发生的治理费用；而环境退化成本是指在目前的治理水平下，生产和消费过程中所排放的污染物已达到国家的要求，仍有可能对环境功能造成实际损害，包括直接和间接损失。

所承担的那部分成本与它实际上所造成的成本的差距为社会所承担了，难以通过市场、价格机制定价的情况。经济外部性在西方经济学界被认为是导致资源破坏和环境污染的根源。20世纪70年代，一些发达国家把生态税收（或环境税收）引入税收制度，或通过征收生态环境补偿费等手段①，所得税费收入不仅可用于保护环境，寻求治理污染的技术开发和研究等，而且可以对直接受害人给予经济补偿或用于生活环境质量的改善。

居民消费对自然生态环境的影响，表现为消费行为对资源环境产生直接或间接、积极或消极的影响，但消费者本人并未为这种影响支付货币代价或获取货币收益。② 由于环境具有公共物品的特征，因此在消费过程中存在着广泛的成本外部化，即消费者在消费活动中难以自发努力地去保护环境、节约资源。典型的例子就是生活垃圾。很显然，垃圾污染了环境，需要花费用去处理；而在倾倒垃圾不收费的情况下，该费用是由社会公众来承担的；倾倒垃圾的个人享有了清洁的空气却没有相应地承担环境费用，成本外部化给了社会。为了解决环境外部性问题，英国古典经济学家庇古主张通过政府干预，如课税、提供政府津贴等方法解决外部性问题，即政府可以通过对市场机制的介入，使经济主体将其活动的社会成本纳入到私人成本中，将外部成本内部化，这就是经济学中的"庇古税"。③ 现代西方税收理论在对生产中出现的污染行为课税已经成为现代课税依据的经典案例的同时，也为我们在消费领域通过税制设计调节居民消费行为提供了理论依据。

由于外部性理论是解释包括消费在内的经济行为对环境影响的重要理论，

---

① 通过征收环境费、环境税、排污权交易等手段或措施是实施可持续发展的制度安排。生态环境补偿费主要是向开发和利用生态环境资源的生产者直接征收的用于补偿和恢复在开发和利用过程中造成的生态环境损坏的费用支付，其中排污收费是目前世界各国在环保中较为通用的一种经济手段，是"污染者负担"原则的具体体现，也是使环境问题环境外部不经济内部化的一种方法；环境税主要用于开发、利用自然资源行为税（如森林资源税、水资源税等）和有污染的产品税（如含铅汽油税、含CFC3税等）两种，课税对象分别为开发、利用自然资源的行为和有污染的产品；而排污权交易制度是把环境纳污能力作为一种稀缺的特殊商品将其纳入价格机制之中，从而引导市场主体的行为，达到保护环境的目的。政府在实施总量控制的前提下，发送可交易的排污许可证，将一定的排污指标（即排污权）卖给污染者，通过污染权的交易，促使企业将污染权作为生产要素纳入企业的成本收益分析之中，从而使减少污染成为企业的内在要求。

② 这种由于消费者（个人或家庭）的消费行为直接影响资源环境，但消费者并未因此支付环境成本（补偿）或取得环境收益（报酬）的外部性被称为消费的环境外部性。参见：许进杰. 消费的环境外部性及其对经济福利的影响[J]. 消费经济, 2008（3）：89~92.

③ 经济理论界在处理外部性问题方面基本是沿袭庇古的传统，即引入政府的干预力量，对外部性产生者或课税或给予补贴；这一传统被美国著名经济学家科斯于1960年发表的一篇论文《社会成本问题》所打破，从而为解决外部性寻找到一条新的解决思路。科斯指出，当存在外部性时，只要交易成本为零，而且产权是明晰的，那么，无论谁拥有产权，通过市场都可以使资源得到同样的有效配置，从而避免"公地的悲剧"。这种通过产权明晰、使外部不经济性内在化，从而抑制"放牧人"的过度行为，最终避免聚沙成塔式的对自然资源和生态环境的破坏。

而税收在很大程度上就是为了解决外部性问题,因此,我们可以认为,生态消费税收调控制度是将现代税收理论与消费的环境外部性理论结合起来的一种最好的实践形式。重庆大学秦鹏教授在研究环境税和消费税的基础上,提出了生态消费税的观点。他认为,生态消费税是为了保护环境和引导理性消费,国家对特定的消费物品和消费行为所进行的税收征纳。它不仅具有导向特别明确、环境保护特别明显的特性,而且具有更加有效地平衡社会收入与财富的功能。①我国自1994年开征消费税以来,虽然在保证国家财政收入稳定增长,调节产业结构和消费结构,限制某些奢侈品和高能耗品的生产,正确引导居民消费模式转变等方面发挥了巨大的作用;甚至自2006年4月起实施了新的消费税制,但这种消费税在对生态文明消费模式的塑造方面仍显得不足,尤其在抑制超前消费、保护环境和节约资源等具体实践过程中存在着调节机制没有很好体现的倾向。例如,2006年虽然新的消费税制开始对高尔夫球及球具、游艇等奢侈消费品开始征税,但是此次消费税调整仍未将豪宅、高档家具、豪华电器等列入其中;这使得消费税难以有效发挥调整和优化居民消费结构的功能,无法体现其对奢侈消费课征的节约性原则。

因此,通过不断完善税收制度,建构和优化生态消费税制,实施"生态消费税"对于构建居民生态文明消费模式,实现经济建设与资源利用、环境保护的协调发展具有重大的现实意义。具体而言,一是扩大征税范围,加大对奢侈品的征税力度,例如,高档家具、豪华电器等消费品。二是开征环境有害型商品以及资源再生较慢商品的限制消费税。如对 CO_2 排放量及排氟、氯、氢等开征消费税,对含汞锡有毒元素的电池征收消费税等。2006年,为了引导居民消费和节约木材资源以增强人们的环保意识,我国对消费税制进行了调整,将木制一次性筷子和实木地板纳入了征税范围,但这还远远不够,还应该将实木家具、一次性餐具、宾馆一次性洗漱用品等一次性消费品,不可回收再利用物品以及不可降解的塑料袋和其他塑料制品纳入消费税征税范围,同时逐步提高这些物品的税率。三是通过开征燃油税②,不断深入推进和完善成品油税费

---

① 秦鹏.生态消费税收制度研究[J].法律科学,2006(6):152~162.
② 所谓燃油税,即将现今普遍征收的养路费和其他费用合并成燃油税,通过法律约定整合各部门间的利益关系,从而最大限度地节省能源和基础设施开支。有关燃油税开征问题早在1999年修正的《公路法》中,就已将交通车辆开征燃油税上升到法律层面。2000年的《交通和车辆税费改革实施方案》对我国燃油税的纳税人、纳税环节等都作了明确规定。2004年11月,国家发改委发布《节能中长期专项规划》,提出鼓励发展节能车型和加快淘汰高油耗车辆的财政税收政策,择机实行燃油税改革方案,并取消一切不合理的限制低油耗、小排量、低排放汽车使用和运营的规定。2009年1月1日起正式实施成品油价税费改革。

改革。开征燃油税可以加大车主的用车成本，引导消费者选择购买低油耗汽车来消费，不仅有利于促使汽车制造企业不断改进技术，降低油耗，提高燃油经济性，而且有利于节能减排，体现消费公正。我国在1994年正式提出开征燃油税，2009年1月1日实施成品油税费改革，同时取消原在成品油价外征收的公路养路费、航道养护费、公路运输管理费等费用，这对于引导居民逐渐树立适度合理的出行消费观念，养成节能减排习惯和实践生态文明消费模式意义重大。另外，针对我国居民生活垃圾肆意排放等问题，开征垃圾税明显有利于完善生态消费税制。开征垃圾税可以参照欧美国家的做法，即以每个家庭为征收单位，人口少的家庭可以得到一定的减免；或根据每个家庭产生的垃圾数量来征收，以小型垃圾箱为征收单位，税额根据每个家庭装满垃圾箱的数量及每个垃圾箱的单位税额来确定。

3. 通过核算绿色GDP，建立绿色消费核算体系

传统意义下的国内生产总值（GDP）指标核算制度在处理环境与经济的关系问题上至少存在两大缺陷。第一，围绕GDP这一中心指标的核算，没有将资源环境因素纳入到国民经济核算体系（即SNA核算体系）中。它既没有反映自然资源对经济发展的贡献，也没有反映人类经济活动造成的自然资源耗减、环境的破坏对经济的损失。第二，在该核算体系下，围绕资产核算的主要限于经济资产，甚至将现实生活中的环境污染治理活动也视作一般经济活动来对待，没有将自然环境完整地纳入核算范围，同时也没有直接反映经济过程对资源和环境变化的影响。上述两大缺陷必然导致"经济增长高估→居民收入/储蓄高估→企业投资冲动"连锁反应，助长了以短期经济增长为目标而牺牲长期可持续发展的行为，导致各级政府和其他经济主体以发展经济为名忽略和毁坏资源和环境，导致环境与经济之间关系的人为割断。

基于传统GDP核算体系的缺陷，1993年，联合国环境与发展大会提出综合环境与经济核算体系（即SEEA核算体系），2003年又对其进行了修正。①这种对传统国民经济核算范围的扩展、改进和完善是为了更好地反映经济与自然环境的交互影响，基本思路表现为：一是对当期流量的核算主要着眼于核算

---

① 2003年对SEEA进行修正涉及很多内容，其中一个重要的方面就是扩展了资本的概念，指出资本不仅包括人造资本，也包括了像海产资源、热带森林等可再生资源，以及像土地、泥土、矿产等非再生资源；另外，资本形成也相应地转入资本积累这样一个更宽广的概念。详细内容参见：王德发. 综合环境与经济核算体系研究［J］. 财经研究，2004（6）：104～113.

一定时期发生的经济活动与自然资源和生态投入、废弃物排放之间的关系，亦即自然资源和生态投入代表向经济过程提供的环境货物，接纳经济过程的废弃物排放可视为是向经济提供了生态服务或环境服务；二是对环境资产存量的核算要扩展 SNA 的传统经济资产概念，形成完整的自然资产（包括自然资源、土地和地表水、生态系统）概念，全面核算其存量及其变化，尤其要突出描述经济活动对自然资产的影响。很显然，SEEA 的核心指标其实就是绿色 GDP，它是指扣除经济活动中投入的环境成本（指自然资源耗减价值和环境污染损失价值）后的国内生产总值，用公式可表示为：

$$绿色 GDP = GDP - 资源耗减成本 - 环境损失成本$$

显然，绿色 GDP 是按照科学发展观要求对传统 GDP 指标的一种调整，在一定程度上反映了经济与环境之间的关系。

然而，由于人们把自然资源耗减和环境质量降级的根源归之于人类对自然生态环境的粗放式开发和利用，这就在一定程度上忽略了消费模式的科学、合理与否。通过上述对 SEEA 核心指标，即绿色 GDP 核算的分析可知，这种核算不能不考虑绿色消费核算问题。绿色消费核算是以引入生态环境计量成果、调整 GDP 核算为前提基础的。目前，我国对绿色 GDP 核算中的耗减资源主要涉及土地、森林、矿产和水资源，覆盖面显然偏窄，且对资源耗减的核算强调相对不足，不利于促进我国资源的可持续利用和管理创新；对绿色 GDP 中的环境污染损失主要包括环境污染对经济活动所造成的损失，表现为产品减产和产品质量下降；对人体健康造成的损失，如医疗费用增加、劳动力损失等；以及水污染损失，等等。[①] 当然，从绿色国民经济核算出发，基于居民消费视角对环境保护的核算还应该包括环境污染治理的核算和环境保护支出的核算等指标内容，在此不再扩展论述。

由于绿色消费核算体系的主要内容是从流量发生的角度把居民消费过程中对非生产自然资产的使用纳入原生产总量核算之中，因此，环境的破坏意味着环境这一特殊资产的流失，进而意味着实际 GDP 的流失，即"实际 GDP = 名义 GDP - 环境资产流失"，或"实际 GDP = 名义 GDP + 环境资产增值"；而实际 GDP 的流失最终导致的是居民福利的流失和消费质量受到损害。因此，建立居民绿色消费核算体系也是推进生态文明消费的有效手段。

---

① 例如，水污染损失的计算公式可表示为：水污染损失价值 =（生活污水排放量 + 工业污水未达标排放量）× 污水处理费。

4. 其他经济手段

构建居民生态文明消费模式除上述经济手段外，还应该包括收费、抵押—退款或环保押金以及环境责任等手段，以实现经济建设与资源利用、环境保护的协调发展。

基于可持续发展基础上的收费是通过对有害于资源和环境的经济活动或资源产品，以及对相应的"生态服务"征收一定数量的费用，从而使环境外部性的制造者承担相应的外部成本。[①] 目前，收费范围主要包括对空气、水、土壤、噪声、废物等领域的污染排放征收排污费，对生产或消费过程中产生污染的产品收费，如汽车交通收费、化石燃料费、农业活动中使用化肥和农药的收费以及电池、消耗臭氧层化学物质、产品包装，等等。通常情况下，收费主要是服务于聚敛收入或筹集资金的目标，因此往往被政府用于污染的集中治理、污染削减技术的研究开发或者对新的有利于环境的投资进行补贴等。当前，比较突出的废物处理战略是城镇居民的生活垃圾排放问题。笔者认为，解决这个问题的关键是真实告知、合理定价，即对居民生活垃圾等废物所需征收和费用必须真实地告知消费者，然后按照居民投放的垃圾量"按单位收费"。例如，美国西雅图市环保部门向居民出售专用的垃圾容器，其容量大小从19加仑到90加仑不等，相应每月收费约11美元到32美元。此计划促使该市各居民户不断减少他们的垃圾产生量和排放量，普通家庭1979年每周摆出约4只容量为30加仑的容器，而到1989年，87%的家庭订购了一只容量为32加仑或更小的容器，达到了政府的预期效果。政府利用收费手段明显有利于经济主体形成资源节约和环境友好的生产和消费方式，促进了可持续性生产模式和消费模式的转变。

与收费手段联系紧密的还有押金—退款制度和责任制度，即通过事先向生产者和消费者收费的方式（根据其可能造成的损害），一旦证明生产者和消费者已经履行了有关规定，企业或消费者就可以获得其押金的退款，从而把控制、监测和执行的责任转嫁到单个生产者和消费者身上。如果企业或消费者确实损害了环境和资源，政府就可以利用这些押金来治理环境或恢复环境、减轻损害。押金—退款制度可用于能被重复利用、再循环使用后必须回收以便分解的产品或物质。这一制度在处理有毒垃圾时，能鼓励企业或消费者适当地处理

---

① 事实上，收费与征税在实践中往往很难区分。如经济合作发展组织（OCED）认为，从理论上说，应该把收费和税区别开来，但在实践中，这种区分是很难进行的。

有毒垃圾并寻求较有益于健康的代用品。在回收瓶子、处理铅酸电池等方面，押金—退款制度显然是一种行之有效的办法。

而环境责任制度是政府通过规定污染者和使用者的责任，即对污染进行处理和对资源破坏进行赔偿来对有关违章和违法行为进行经济处罚，从而达到环境外部成本内部化的目标。与其他经济手段（如价格、税收等）相比，这种经济手段是对环境外部性进行的事后评价或内部化。如果企业或消费者能预期其对环境所造成的损害的支付超过他们可能因为不履行责任所获得的效益的时候，责任制度显然具有防止违法或违章行为发生的刺激作用。

值得指出的是，利用经济手段实现居民生态文明消费模式，固然能达到经济建设与资源利用、环境保护的协调发展的目标，但其不足之处也不容忽视。例如，从环境质量的表现状况看，由于市场的不确定性或市场预测误差等原因，经济手段往往比制定规章的控制手段可靠性差些。应用某些类型的经济手段（如征税等）具有使污染者"愿意按价格付钱"，从而存在着继续保持排污的道德风险。虽然通过让排污价格"充分高"可以消除这种反应，但问题是，没有人清楚知道这个价格必须多高为宜，同时，要找出将价格提高到较高水平所必要的政治意愿也被证明是相当困难的。解决此类问题的可行性途径主要是利用可交易许可证系统，即将起初的环境目标定下来，然后污染者对排放权进行买卖。这种方法使制定规章的管理方法所具有的环境质量的确定性与"最小费用削减"的经济目标结合起来。另外，在实践中，经济手段通常都是与命令控制手段以及基于自愿方式的各种手段结合起来应用的，这一点对处于经济转型时期的我国而言非常重要。许多国家的经验表明，把传统的命令控制手段同基于市场的经济手段结合起来，有助于更好地解决企业生产环节和居民消费生活领域中的环境管理、资源保护以及可持续发展问题，最终形成有利于节约能源资源和保护生态环境的产业结构、增长方式和消费模式，提高全社会的生态文明水平。

7.1.2　利用法律手段，为实施生态文明消费模式提供制度保障

德国著名法学家耶林认为，社会利益是法律的创造者，是法律的唯一根源，所有的法律都是为了社会利益的目的而产生。[①] "社会利益既是社会控制、

---

① 张宏生，谷春德. 西方法律思想史. [M]. 北京：北京大学出版社，1999：349.

社会工程的主要对象,又是法律保障的主要需求","社会利益包括并高于个人利益"。① 随着可持续发展理念在全球范围的盛行和确立,现代法律开始对个体利益加以限制,从而导致了以社会利益为宗旨的经济法和环境法在世界各国迅速兴起。市场主体破坏环境和侵害自然的行为,尤其是传统的不顾生态利益的生产行为和资源开采行为已经受到现代法律的约束。② 同样,我们还必须关注居民资源浪费型、环境污染型等不合理消费行为和模式,以维护和追求生态文明意义上的社会利益。

虽然我国现行法律法规对企业生产领域的资源开发利用和环境保护进行了详细的法律规范,但亦有诸多条款体现了对生态文明消费的调整和保障。我国《宪法》第十四条规定,"国家厉行节约,反对浪费。国家合理安排积累和消费,兼顾国家、集体和个人的利益,在发展生产的基础上,逐步改善人民的物质生活和文化生活。"现行的《环境保护法》第六条规定,"一切单位和个人都有保护环境的义务。"而在 2005 年颁发的《国务院关于加快发展循环经济的若干意见》中,关于发展循环经济的重点环节之五就是"消费环节要大力倡导有利于节约资源和保护环境的消费方式,鼓励使用能效标识产品、节能节水认证产品、环境标志产品、绿色标志食品和有机标志食品,减少过度包装和一次性用品的使用。政府机构要实行绿色采购。"此外,该意见还对我国在推进循环经济建设中有关促进生态文明消费模式的立法趋势提出了建议,如完善消费税制,全面开征城市生活垃圾处理费,研究建立消费者对废物回收、处理和再利用的法律义务等。不难看出,倡导生态文明消费观和可持续发展观、促进和保障生态文明消费的行为模式,已经在我国现有的法律体系中有所体现。其中环境标志制度、消费者社会义务制度和政府绿色采购制度有机联系、互为补充,基本构成了对居民消费领域的行为规范和道德约束,明显有利于我国居民生态文明消费模式的形成和发展。

1. 环境标志制度

所谓环境标志(Environmental Label),也称绿色标志、生态标志

---

① 张乃根. 西方法哲学史纲 [M]. 北京:中国政法大学出版社,1993:304~305.
② 我国已将环境保护确立为基本国策,并制定了一系列法律法规和政策。始于 1979 年,我国陆续制定了《环境保护法》等 6 部环境法律和《森林法》等 9 部资源法律;修改后的《刑法》增加了"破坏环境与资源保护罪"的规定;国务院颁布了《自然保护区条例》等 28 件行政文件;国家环保总局制定了 375 项环境标准;各省、区、市也颁布了 900 余件地方性环境法规,初步形成了中国环境法体系。

(Eco. Labeling),是指由政府管理部门,或由公共或民间团体依据一定的环境标准,向有关申请者颁发其产品符合环保要求的一种特定标志。标志获得者可把标志印在产品和包装上,向消费者表明该产品或服务从研制、开发、生产、使用、回收利用、处置的整个过程符合环境保护要求,这是调动公众参与环境保护、塑造生态文明消费行为的一种很好的方式,最终有利于资源节约和环境保护。由于环境标志对生态环境的保护有着独特的作用,故其被褒称为拯救地球的绿色天使。[1] 使用环境标准的目的是向消费者提供准确的信息,使消费者对环境友好型和资源节约型产品引起注意并引导其购买。同时,制定环境产品标准也有利于引导企业开发、生产、使用对环境友好的产品,鼓励企业积极发展具有环境保护特性的产品。

目前,世界上许多国家颁布了环境标志制度[2],我国也初步形成50多类的中国绿色产品标准体系和技术规范,发展了1000多家企业、19000多种产品和700亿元产值的环境标志产品群体。[3] 显然,通过消费者对环境标志产品的选择,实现了公众的环境参与权,同时也为公民环境知情权和环境参与权的实现开拓了新的渠道。

环境标志产品不仅要求产品质量达到合格,还要求产品的环境质量达到更高标准,即在产品的设计阶段,考虑到资源的再利用和环保问题,并将其与产品性能、质量和成本要求同等列为设计指标;在产品的生产阶段,考虑到节约能源并且尽量减少对环境的污染;在产品的使用和处置阶段,不仅对环境无害、少害且应易于拆解、回收与利用。虽然环境标志制度本身尚存在一定的缺点和不足[4],但其更为突出的优点就是,该制度建立的目的就是为了保护环境,产品的设计和生产都以是否有利于环境,其实质是将人类纳入了整个生态系统,以维护整个生态系统的安全来保护人类。同时,环境标志制度正常运行的

---

[1] 夏友富. 论环境标志制度与国际贸易发展[J]. 世界经济, 1995 (10): 24~29.
[2] 颁布环境标志制度的国家主要有:前联邦德国的"蓝色天使"计划(1978)、加拿大的"环境选择方案(1988)"、日本的"生态标志计划(1989)"、奥地利的"生态标志系统(1991)"、法国的"NF环境标志(1992)"、欧盟的"欧洲之花计划(1992)"等。中国环境标志(简称"十环标志")是由国家环保总局颁发的,它是由青山、绿水、太阳及周围的十个环组成,其中心结构表示人类赖以生存的环境,外围的十个环紧密结合,环环紧扣,表示公众参与,共同保护环境。同时,十个环的"环"字与环境的"环"同字,其寓意为"全民联合起来,共同保护人类赖以生存的环境"。
[3] 陆敏. "政府绿色采购"推行时机已成熟[N]. 经济参考报, 2005-6-29.
[4] 环境标志是一种自愿模式。在确定标志准则(标准)时,一般使某一个产品类别中仅有5%~30%的产品能够获得此类标志。但在实际操作中,环境标志产品的市场占有率常常超过30%。这就造成实际的"虚假效果",即标志产品不一定比其他产品更为友好。此外,如果产品贸易量大,环境标志又涉及生产或工艺相关的准则,而不仅仅是环境性能准则,这就可能对国外那些不满足这些准则的产品形成贸易壁垒,从而导致不公平的市场竞争。

动力来自公众对环境标志的选择，这不仅需要消费者关注环境状况、了解环境信息，而且需要消费者为了保护环境不惜牺牲自己的经济利益，甚至愿意多花钱去购买有带有环境标志的商品，而这正是生态主义环境伦理观的体现[①]。从这个意义上来说，环境产品标志制度完全有利于增强消费者的绿色消费伦理意识和生态文明水平。显然，环境标志使商店的货架变为进行环保教育的课堂，消费者在日常的购物活动中接受环境教育，从而激发其环保主体意识，促进消费模式向对环境无害的方向转变。通过广大消费者的环保消费活动和市场机制，指导产品的制造厂家将环境因素贯穿到整个产品的开发过程之中，使清洁产品的生产得到鼓励和支持，减少工业活动对环境的有害影响，并最终推动消费模式朝着对环境友好的方向转变，塑造和形成生态文明消费模式。

2. 消费者社会义务制度

如前所述，消费者在行使或享受自己权利的同时必须履行相应的责任和义务，即消费者的消费活动不应再是纯粹的个人私事，还应最大限度地将社会利益、其他利益相关者的权益纳入考虑之中。在以法律手段保护消费者权利的同时，确立消费者的社会义务已成为日益迫切的社会需求。生态文明消费的提出可以说是人类消费价值观、人类消费模式的一次深刻革命。在更大程度上，可以说是对消费者传统社会责任观和义务观的一种修正和完善。

从人与自然和谐共处的角度上来看，消费者的社会责任与义务的主要内容在于符合环境规律和生态文明意义下的理性消费。所谓消费者社会义务是指消费者在满足自身消费需要的同时，在消费活动中为保护和改善生态环境，达成生态文明消费模式，实现良好消费秩序所应履行的社会责任。节约用水、购买绿色产品、生活垃圾分类投放、不使用一次性消费品、不购买过度包装的商品、不吃野生动物、不使用野生动物制品等，都是消费者在消费活动中具有节约资源、保护环境、维护生态平衡的责任和义务。当然，消费者社会义务包含了法律层面的和道德层面的社会义务，前者如消费者对垃圾分类投放的义务、交纳废弃物处置费的义务、不食用野生动物的义务等方面，后者如消费者不购买过度包装物品、在消费中减少浪费、不使用一次性制品、通过容器包装废弃

[①] 生态主义，也称为生态中心主义，是在人与自然关系的问题上相对于人类中心主义的一种思想主张。它不仅认为天下万物都是有生态价值的，且认为人类不是自然界的统治者和主宰者，它与自然界的其他生命形式和自然存在都是相互平等的，没有特权对自然进行无限制的索取和掠夺。当然，生态主义所关注的人类共同利益还包括民主人权、社会公正和国际和平安全等方面的政治问题。

物的分类收集和回收利用来减少废弃物的数量、将废弃物进行分类排放、尽量自己处理产生的废弃物，等等。

事实表明，工业文明在推动社会经济高速发展，居民消费需要不断满足的同时，也带来了资源滥用和环境污染等严重的生态危机。此时，人们把批判的目光直接引向了隐藏在工业文明背后、作为其灵魂的消费价值理念。生态环境问题由此成为一个消费文明伦理和环境道德问题，要求以道德的态度规约人们对资源环境的态度和行为，其核心是有关人类尊重、爱护、保护自然和环境的道德。[①] 环境道德问题倡导消费者在消费活动中的社会义务，不仅是环境道德在消费活动中的体现，且意味着人类正从片面理性走向一种健全理性的回归。

然而，消费者社会义务虽然首先表现为环境道德规范和意志要求，但以消费文明伦理和环境道德完全代替作为社会义务的行为规范肯定还远远不够。"伦理的说教似乎有恐吓之嫌，它劝告人们放弃富足的生活，或为穷人而舍弃既得利益。"[②] 在消费浪费问题日益严重、生态环境问题没有根本扭转的今天，还必须将消费者社会义务上升到法律的高度，实现从纯粹伦理道德领域向制度领域，尤其是法律制度的推进，而这正是具备环境道德理想特性的生态文明消费模式所要求的一种制度期待。

事实上，我国的现行法律当中已经存在一些关乎公民社会义务的法律规定。如我国《环境保护法》第六条规定，"一切单位和个人都有保护环境的义务。"在人人都是消费者的当今社会，这也算是消费者社会义务在法律当中的某种体现。但是，这些规定显然比较抽象和笼统，还不能使消费者社会义务具体化、特定化，无法满足法律适用的要求。即便是已有的有关消费者社会责任和社会义务的法律规范，也基本上散见在一些单行的环境资源法规当中。因此，为建立生态文明，形成资源节约型和环境友好型社会所要求的居民生态文明消费模式，笔者认为，消费者社会义务在法律当中应表现为以下几个方面的内容：一是消费者在消费活动中应当坚持资源节约的原则，采取健康文明、适度合理消费的消费方式。这是消费者对于社会所赋予义务的客观体现，它不能仅仅是道德感召下的偶尔行为，而应当是法律所明确的一种义务。二是消费者在消费活动中应当优先选购环境标志产品。这是消费者应尽的社会义务，其法律化可以使消费者明确自己在环境保护上并非无能为力，而是能够扮演非常重

---

① 蔡守秋. 论环境道德与环境法的关系 [J]. 重庆环境科学，1999 (2)：3~6.
② Nick Robins. Sustainable Consumption: The Way Ahead, 1999. 转引自：孙启宏，王金南. 可持续消费[M]. 贵阳：贵州科技出版社，2001：21.

要的角色。三是消费者应当在消费活动中减少使用或拒绝使用一次性制品，采取减少垃圾产生量的消费行为和方式。在这方面，我国应该在《循环经济法》中对消费者拒绝使用或减少使用一次性消费用品作出法律规定，从而使消费者切实负起节约资源、保护环境的社会责任和义务。四是消费者应当将在消费活动中将所产生的垃圾进行分类收集。目前世界上许多国家都对社会公众垃圾定点排放和分类投放等问题进行了立法规定，很值得我国仿效和借鉴。

总之，倡导和构建适应人口消费、自然与环境协调发展观要求的健康文明、科学合理的生态文明消费模式，通过消费者社会义务的法律化促使消费者主动抛弃不良消费习惯，自觉选择与生态文明建设和可持续发展相适应的消费行为和模式，最终有利于实现人的全面发展和人类社会的全面进步。

3. 政府绿色采购制度

我国《政府采购法》则将政府采购定义为"各级国家机关、事业单位和社会团体，使用财政性资金采购依法制定的集中采购目录以内的或者采购限额标准以上的货物、工程和服务的行为"。政府采购作为特殊的消费行为，与私人采购相比具有资金来源的公共性、采购的公益性和公开性、采购数量的巨额性等特点。这种以政府为主体、为满足社会公共需要而进行的采购活动，决定了政府采购必须一切从社会公众的利益出发，当然也包括为社会公众拥有一个良好的生态环境提供服务。

而绿色采购，是指人们购买和使用环保产品、绿色产品的活动。它是人类面临着生存危机、针对传统采购观进行反思而提出来的有别于以前采购模式的崭新的采购观。① 与传统意义上的政府采购相比，绿色采购注重所购物品在生产和使用环节上对人类健康和生态环境产生的各种危害，其目的是将生态文明消费理念贯穿于整个采购过程中，实现资源节约和环境保护，最终达到对社会公共利益的维护。

维护和实现公共利益的政府绿色采购，一方面，表现为对微观经济主体的示范作用。政府的权威性决定了其购买往往是大量的和被认为是理性地掌握更多的信息。通过绿色采购活动，政府可以示范性地引导人们改变不合理的消费行为和习惯，减少因不合理消费对环境造成的压力，从而在全社会塑造生态文明消费模式。另一方面，政府的绿色采购活动能够帮助和促进环保型企业的发

---

① 张得让，陈金贤．试论基于环境保护理念的政府绿色采购［J］．财政研究，2003（4）：24～27．

展，促进清洁生产的推行。一般情况下，政府在作出采购决定前，必须考虑产品、服务或工程生命周期的各个阶段的环境影响，比较不同产品、服务或工程在环保性能上的不同，评估产品、服务或工程的环境成本等环境因素。而这必将引导企业调整生产和技术结构，大力推行清洁生产技术，减少生产中能源资源消耗和污染排放量，促进了绿色环保产业的发展。

目前，我国的政府绿色采购制度还不完善。2003年实施的《政府采购法》只是笼统地提到了"保护环境"四个字。[①] 而2004年的《节能环保政府采购实施意见》也只是一个指导政府绿色采购的政策性文件，不具有强制执行力，因而缺乏法律的应有效力和规范性。为塑造和构建居民的生态文明消费模式，笔者认为，对政府绿色采购制度的建构关键是抓好几个环节。一是发布政府绿色采购清单。其原则是优先考虑采购节能与环保清单的产品，特别是具有权威性标准和符合环境要求的环境标志认证产品。二是发布政府绿色采购标准，即规定政府必须遵循相关采购的技术标准，在采购中不得采购环保技术标准以下的产品或服务。技术标准的设计应该主要考虑产品本身和所组成的物质的可循环性、循环材料和有毒有害物质的含量、节能节材率、设备使用过程中的废物产生强度以及物品使用后可回收再利用的性质等。另外，在政府采购中，对于节能和环保有优势的产品和服务，可以考虑优先采购，或给予优惠价格。由于绿色采购优惠也是一种政策扶持手段，因此，它能在很大程度上鼓励供应商更新、改造生产设备和工艺手段，引导和鼓励更多的企业从事清洁生产，生产和提供更多的节能与环保产品，并最终形成一个有利于生态文明消费的良好氛围。

需要指出的是，从我国目前生态文明消费实施的情况来看，我国消费领域存在生态消费品数量不多、市场混乱以及假冒伪劣产品充斥市场等问题，一些所谓的"生态消费品"鱼目混珠，甚至出现"劣币驱逐良币"等不良现象，致使不少消费者对生态消费品的满意度不高。解决这些问题主要抓好生产和流通两个环节。一是加强对生态产业的监督和管理。这就要求国家通过完善环境经济政策和建立环境审计制度，严格按照国际通用标准制定生态消费品生产技术、生产环境标准和最终产品质量标准，促使和鼓励企业设计和开发生态消费

---

① 我国2003年实施的《政府采购法》第9条规定：政府采购应当有助于实现国家经济和社会政策目标，包括保护环境，扶持不发达地区和少数民族地区，促进中小企业发展等。从《政府采购法》全文所作的规定来看，只是笼统地提到了"保护环境"四个字，对于在政府采购中如何体现保护环境理念，没有相应条文的支持和法律规范的约束。

品。还要建立严格的排污收费、排污许可证核发、排污申报登记等制度,严格限制污染环境项目的审批和设立,禁止投资兴建高污染的产业。二是强化对生态消费品市场的监督和管理。这就要求各级政府的工商管理、技术监督、卫生防疫部门应协同作战,对生态消费品的流通渠道加强检查和监督工作,规范经营行为,对那些非法使用生态标志以及冒用生态标志、包装的假冒"生态消费品",除没收其非法物品外,还应该给予严厉惩罚,以切实保证生态消费品的质量和信誉,维护生态消费品市场的秩序。

综上所述,我国是一个人口众多、生态环境并不乐观、能源和资源性产品约束日益趋紧的发展中国家,在现代化的进程中人口增长和资源减少的矛盾会越来越突出。大量事实证明,我国不能继续走传统工业化道路,重复西方工业化国家的发展模式和消费模式,以资源的高消耗、环境的重污染为代价来推动经济的粗放式增长,换取不可持续的高消费的生活方式。适应资源环境现状和知识经济社会的客观需要,要求我国必须走出一条科技含量高、经济效益好、资源消耗低、环境污染少的新型工业化道路。正如党的十七大报告所指出的,必须把建设资源节约型和环境友好型社会放在工业化、现代化发展战略的突出位置,落实到每个单位、每个家庭。作为承担生态责任的政府,在可持续发展中的责任具有不可替代性[①],即以承担一个国家对于人的生存和发展应该承担的责任。因此,政府必须通过采取经济和法律等手段和措施,坚决遏制和扭转资源遭受破坏、生态环境恶化的趋势,实现经济建设与资源利用、环境保护的协调发展。通过大力发展循环经济,提高自然资源利用率,将企业的生产活动和公众的消费活动与生态环境和伦理关怀融为一体,不仅有利于突破我国能源等资源性供给紧约束和经济可持续增长之间的发展困境,而且对于构建生态文明消费模式,最终实现人与自然的和谐发展具有极其重要的现实意义。

7.2 企业为居民实施生态文明消费提供生态产品

构建生态文明消费模式不能不涉及企业。企业通过生产提供有利于资源节约和环境友好的生态产品是生态文明消费的客体。我国 2006 年在全国范围内

---

① 孙剑平.经济学:从浪漫到科学——可持续发展议题的经济学沉思[M].北京:经济科学出版社,2002:270.

开展的"3·15"年主题活动就特别强调企业在消费者权益保护中的社会责任①。企业不仅是人与自然之间发生物质流和能量流交换的实际发生地，而且是人类活动同自然资源之间的结合部。我们研究生态文明消费必须考察企业经济行为，其实就是分析传统意义上的生产与消费之间的关系。一方面，"生产决定消费"。企业是从事生产经营活动的主体，只有通过生态生产活动（如清洁生产），生产和经营生态产品②，消费者才能购买和消费到生态产品或绿色产品。另一方面，"没有消费也就没有生产"，因为如果没有消费，生产也就没有目的和动力。如果说生产在外部提供消费的对象是显而易见的，那么，"消费在观念上提出生产的对象，把它作为内心的图像、作为需要、作为动力和目的提出来。"③因此，生态文明消费能创造出生态意识形式上的生产对象，即生态产品。

居民生态文明消费能创造出生态产品是通过影响和改变企业经济行为实现的。一方面，企业通过减少排污量，提高资源利用率，避免环境污染导致的高额支出。另一方面，受市场对绿色环保产品的需求上升趋势的影响，企业为实现自身的可持续发展，认为消费者才是掌握企业及其产品命运的"货币选票"，企业产品定位逐渐趋向于科技创新，加强对生态产品的开发和设计，不断优化产品结构。因此，居民消费的生态化转型会引导企业的生产经营观念发生巨大的变化，引导和促使企业主动参与到生态文明消费实践中去。

严格意义上的生态文明消费不仅仅是指生活领域中的消费，还包括生产领域中的消费。企业的生产过程实际上就是消费各种原材料、人力等生产资料的过程，也就是马克思所说的一定意义上的"消费即生产"。大自然是生产消费和个人生活消费的根本，生产消费直接依赖并影响大自然。因此，企业的生态生产过程就是企业的生态文明意义上的消费过程。企业是居民生态文明消费的载体，是生态文明型消费实践中不可或缺的重要力量。

---

① 2006年中国消费者协会确定的主题是"消费与环境"，认为企业是这个主题的核心力量，只有企业提供安全的产品和服务，才能保证消费者有安全的消费环境；同时，企业从产品提供商的身份出发，倡导节能环保的绿色消费观，倡导建设节约型社会，注重人与自然的和谐，也是企业的另一种社会责任与义务。

② 有学者从产品供给来源将生态产品分为人工生产的生态产品和自然生产的生态产品。后者是指那些基本不需要投入人类劳动或投入劳动极少，而直接由自然界生产的生态产品，或称为自然品，如不断更新的空气、淡水和自然景观等；而前者顾名思义是指通过人类劳动生产的产品。另外，还有由人类劳动和自然界共同生产的生态品，如人类有意识建立的生态公园、人工林、旅游胜地的开发与维护等。参见：柳杨青.生态需要的经济学研究[M].北京：中国财政经济出版社，2004：47，156，165.

③ 马克思恩格斯全集·第46卷[M].北京：人民出版社，1979：29.

7.2.1 节能减排：企业生态设计和生产的前端控制

企业生产的产品是居民进行消费的前提和基础。生态产品是一种从原材料采掘到产品制造、运销、使用和最终报废处理整个生命周期中能源消耗和环境污染最低的产品，是一种关于产品与环境相互协调，符合环境标志或生态标志的全新产品模式；它要求能源资源利用必须保持在一个适度合理的限度内，维持人与自然的协调发展，持续地提高居民生态化的环保消费要求。只有形成生态产品的生产市场，才能塑造居民的生态文明消费模式。

生态产品强调产品体制及整体的合理性。在产品生产前的设计阶段要充分考虑能源资源的低耗使用与居民的生态文明消费需要相适应。因此，企业应该根据循环经济和企业可持续发展的要求，以追求人类生态环境的最终改善和自身的全面提高为根本目标，以企业全员和全社会共同参与、全过程控制为特征，从企业生产经营的设计阶段入手，把节能减排作为现代企业的生产经营的前端控制，将环保当作企业技术创新、开拓市场、降低能耗、实现效益的有效手段，最终达到企业经济效益、社会效益和环境效益的有机统一。

所谓生态设计，是指在产品及其生命周期全过程的设计中，充分考虑产品适应生态要求和经济要求之间的平衡，考虑其生命周期，使其在生命周期不产生或产生最小的环境影响，建立生态产品的生产与消费体系[①]。生态产品的设计思路主要包括：

（1）优先选择可再生、低能耗和少污染的环境友好型的原辅材料替代高污染、高能耗和不可再生的原辅材料，在满足产品环保要求的前提下，生态产品对产品生态设计和生产中的节能降耗，以及回收处理的生态化提出更高的要求。

（2）尽量使用来源充分自然生长、对人体无害且尽量节省能源的材料来满足产品功能的需要。

（3）在倡导适度消费的原则下，充分考虑产品的生命周期和耐久经用，提高产品的商业和物理生命周期，使产品在生命周期的各个阶段得到合理的能源节约和资源配置。

---

① 薛瑞丰.科学技术纵横谈[M].北京：北京理工大学出版社，2002：65.

生态工业企业从事生产的根本要求是实行"生态生产"[①]，或称为"清洁生产"[②]、"绿色生产"。联合国环境规划署（UNEP，1996）认为，清洁生产是指"将综合性预防的战略持续地应用于生产过程、产品和服务中，以增加生态效率和降低对人类安全和环境的风险。"[③] 对清洁生产的本质特征及其规定性，UNEP认为，对生产过程，要求节约原材料和能源，淘汰有毒原材料，削减所有废物的数量和毒性；对产品，要求减少从原材料提炼到产品最终处置的全生命周期的不利影响；对服务，要求将环境因素纳入设计和所提供的服务中。[④] 因此，生态生产所蕴含的清洁生产，强调的是既可满足人类的需要，又可合理使用能源和资源，并保护环境的生产方法和措施，其实质是物料和能耗最少的人类生产活动的规划和管理，将废物减量化、资源化和无害化于生产过程之中，是一种对人类和环境无害的可持续发展的生产活动；它充分考虑了企业的产品设计过程、生产过程、使用过程和最终报废处理过程中的低能耗、低污染等问题，贯穿生产、分配、流通和消费的整个再生产环节，是塑造居民生态文明消费模式，实现可持续发展的有效途径。

与此同时，在生态设计和生态生产发展过程中，通过不断开拓生态产品，大力发展生态产业和绿色产业，是建设生态文明，基本形成能源资源节约和环境保护的产业结构和消费模式的重要环节。发展生态产业，开拓生态产品是生态文明消费的物质基础。由于农业是国民经济的基础，农业的基本使命就是提供食品；因此，如何调整和优化农业产业结构，转变居民消费，尤其是食品领域中存在的不合理消费结构和消费方式，加强土地、淡水、能源等资源节约和农业环境保护，以实现人与自然界的和谐发展，将日益成为我国建设生态文明，实现健康文明的食品消费模式落到实处的重要内容。这就要求通过大力发展生态产业，调整农业生产结构，推进生态农业的发展，进而推动我国经济发展方式的根本性的转变。在当前，要求我国除了继续抓好粮食生产，稳步发展

---

① 学术界认为，生态生产与生态产品的生产既有联系又有区别。后者是指生态产品的生产与供给过程；而前者是指在生产过程中必须符合生态原则和生态经济的要求，即必须节约资源、不污染和破坏生态环境，最好能做到循环利用，同时还必须保证产品在流通、使用和消费过程中尽可能少地破坏生态环境，有利于资源的回收利用，不对使用者和消费者的人身健康构成威胁，而且还必须经济和有效率。它类似于目前十分流行的"清洁生产""绿色生产"。

② 清洁生产最早可追溯到1976年在欧共体"无废工艺和无废生产国际研究会"上提出的"消除造成污染的根源"的思想，其后在西方国家得到广泛响应。1979年4月，欧共体理事会宣布推行清洁生产政策。我国于1997年由国家环保局颁布了《关于推行清洁生产的若干意见》，1999年在部分地区进行了清洁生产试点，2002年正式通过了《中华人民共和国清洁生产促进法》，以法律的形式来推动清洁生产的进行。

③ 国家环境保护局污染管理司. 清洁生产——认识与实践 [M]. 北京：中国环境科学出版社，1993：1~5.

④ 段宁. 清洁生产、生态工业和循环经济 [J]. 环境科学研究，2001（6）：1~5.

畜牧业、渔业和园艺外，还应通过转变粗放型农业生产方式，大力发展生态农业，促进农业经济结构的调整，最终达到实现农业现代化，满足居民食品消费结构升级的需要的目的。此外，发展生态产业，还要大力加强土地、淡水、能源等资源的节约使用和有效利用，以保障粮食供给，促进居民（食品）消费模式的科学化。

值得指出的是，企业生态生产环节离不开大力加强产品供应链管理。现代企业生产从原材料采购到产品抵达消费者手中，在不同程度上都依靠供应链。生态生产所要求的供应链是指把关注资源和生态环境问题纳入其供应链管理与采购的整个过程中。生态工业企业必须要求供货商提供的原材料必须是无毒无害，提供的零部件必须经久耐用，易于循环。因此，政府可以利用厂家之间的技术关系、质量标准、再使用或再循环关系和供应商评估来监督和管理整个供应链，从而提高环境质量，促进整个供应链上的企业实行生态生产，使生态工业企业的供应链管理产生"多米诺骨牌"效应，为生态产品生产提供坚实的保障条件。而这也是保证居民生活消费顺利进入生态文明消费新阶段的前提基础和重要条件。

在我国，党的十六届五中全会首次把建设资源节约型和环境友好型社会确定为国民经济与社会发展中长期规划的一项战略任务。党的十七大报告明确提出要"建设科学合理的能源资源利用体系"，以促进"两型社会"的进一步建设和发展。中共十七届五中全会进一步提出要"以节能减排为重点，健全激励和约束机制"。事实上，我国虽然能源资源储存量丰富，但人均占有量明显低于世界平均水平，如人均石油占有量仅为世界平均水平的1/10左右，且存在严重的低效率使用现象。

目前，我国正处在工业化和城镇化加快发展阶段，未来20～30年是我国全面建设小康社会的关键时期。随着经济社会的不断发展，人口数量的不断增加和居民生活水平的持续提高，未来较长时期对能源资源的需求也将持续增加。为此，党的十七大报告强调把建设资源节约型、环境友好型社会的要求落实到每个单位、每个家庭。由于"两型社会"具有相辅相成的两层含义：一是指全社会都采取有利于环境保护的生产方式、生活方式和消费方式，建立人与环境良性互动的关系，二是指良好的环境也会促进生产、改善生活，实现人与自然和谐，因此，在全社会生产领域，要求企业积极开发应用有利于节约能源资源、保护生态环境和促进循环经济发展的技术和产品，加快节能降耗技术改造，严格执行环境法律法规和污染排放标准，在企业的规划设计、生产经营等环节做到节能、降耗、减排，建立能源资源利用的长效机制，推进传统粗放型生产方式的转变，加快节约型的经济增长方式和生产方式的形成和发展。同时，每个居民和家庭都积极行动起来，从一点一滴做起，充分发挥广大人民群众节约能源资源和保护环境的积极性、主动性和创造性，加快形成健康文明、节约能源资源和保护生态环境的生态文明消费模式，最终实现经济社会的可持续发展。

7.2.2 企业生态营销：生态文明消费需求的重要推动力

生态营销是生态文明消费不可缺少的条件，生态营销将逐渐成为生态产业和生态文明消费的主要纽带。生态营销对于更好地满足消费者的生态文明消费需要，提高企业形象和产品竞争力，以及我国产品的出口创汇能力，最终实现企业的经济效益、环境效益和社会效益具有极其重要的现实意义。

"发展生态产业，不只是发展生态企业，还应该包括营销企业，包括'绿色市场'在内。"[①] 我国学者陈国先认为，人类的生态消费是绿色营销的原动力，当生态消费成为社会消费的主流方向，人们的消费行为承认并鼓励企业的绿色营销，推动甚至强迫越来越多的企业走绿色营销之路，同时社会成员普遍形成较高的生态、环保意识，为社会的长期可持续发展提供坚实的保障基础[②]。在这里，生态消费与生态文明消费具有相同的本质和内涵，并与生态文明意义上的绿色营销相互影响、相互制约，共同促进企业的可持续发展。事实上，当代市场营销推崇 CS（Customer Satisfaction），即"顾客满意"理论，强调"顾客就是上帝"。因此，能体现企业与消费者互动关系的市场营销，作为企业对消费者需求能动反应的有力工具，是企业实施可持续发展战略的重要途径，同时它又与消费者环境意识的推广有着互动的促进作用。

企业与消费者的这种促进作用，首先表现为企业的营销活动能引导居民的消费需求、倾向及其行为模式，通过运用营销方法和手段（如沟通）把居民的消费需求引到资源节约、环境友好型的产品和服务上来，提高他们热爱大自然的环保意识；其次，实施市场营销战略的企业可以通过技术革新和对自身经济行为的约束或自律，培养生态文明建设所要求的企业文化，生产出有利于改善

---

① 尹世杰. 消费经济学 [M]. 长沙：湖南人民出版社，1999：55.
② 陈国先，于代松. 绿色营销与生态消费——可持续发展的终极支撑 [J]. 成都理工学院学报，2000（11）：191~193.

环境的生态产品或绿色产品,实现经济增长与环境保护的平衡发展;第三,市场营销企业可以通过战略关系网的运作,影响或约束供应链上的相关利益者的行为,促使他们一起走上发展战略趋同的生态营销之路。

因此,作为以追求盈利为目标的经济实体,企业的生态营销是伴随着可持续发展理念的提出而进入企业的战略发展规划框架并迅速传播开来的。所谓生态营销,也称绿色营销、环境营销,是指企业在充分满足居民消费需求、保持适度利润和发展水平的同时,注重自然生态平衡,减少环境污染,节约和有效利用自然资源,维护人类社会长远利益及其可持续发展,将环境保护视为企业生存和发展的条件和必须承担的社会责任。它与传统营销的区别在于,在企业产品、市场、技术、服务和管理等创新领域的整个营销过程中都注重保护生态,谋求经济效益、社会效益和生态效益的统一。作为一种全新的营销管理模式,生态营销产生于 20 世纪 70 年代,其前提是经营者和消费者都具有内在的采取环境友好行为的道德动机。[①] 我国生态营销(或称绿色营销)历程大致经历了启蒙、成长到成熟阶段[②]。随着生态营销理论研究的不断深入,其对企业的营销具有越来越大的指导作用。实施生态营销将是 21 世纪生态文明社会企业营销战略的必然选择。

虽然作为 21 世纪营销主流的生态营销引入我国已近 20 年的历史,但目前我国的生态营销市场还存在不少问题,如生态营销观念淡薄、生态消费品数量太少,且标准不统一、市场管理混乱、流通渠道尚未构建等,其中尤为突出的是生态产品的标准确认不明。其实,生态产品的衡量标准是有"标"可循的,即国际标准化组织(ISO)颁布的 ISO14000 系列标准,我国完全可以参照和运用。1993 年,国际标准化组织成立了环境管理标准技术委员会(SIO/TC207),将环境管理工作纳入国际标准化的轨道;该组织所制定的 ISO14000 是一个系列的环境管理标准,它包括了环境管理体系、环境审核、环境标志、

---

① 例如,费斯克等学者认为,因为营销者能充分理解生态环境恶化的严重性,所以他们具有愿意改变营销实践的可能性。后来,费斯克的观点被海里恩等人继承和发展,他们在 1976 年提出了"关心生态的消费者"概念,这些消费者受过良好的教育并受到政府和营销组织的激励,知道其行为的长期影响,主张承担消费中的环境或社会责任。通过分析这类消费者的行为模式,他们得出市场的供求力量将对环境施加影响的结论。参见:Fisk George. Criteria for a Theory of Responsible Consumption. Journal of Marketing. April,1973;王爱民. 绿色营销创新的理论研究——基于环境经济学与可持续发展理论 [D]. 武汉理工大学学位论文,2003(11):6.

② 1993 年到 1994 年是绿色营销的启蒙阶段,初步提出了绿色营销的含义和重要意义;1995 年到 1997 年是绿色营销的成长阶段,研究主要集中在理论基础分析、绿色壁垒对我国对外贸易的影响等几个方面;1998 年后,绿色营销的研究进入到成熟阶段,除了理论研究继续深入外,绿色营销还带动了其他相关理论的研究,如绿色消费、绿色流通,政府作用的加强等。

生命周期分析等国际环境管理领域内的许多焦点问题，旨在指导各类组织（企业、公司）取得和表现正确的环境行为。我国在这方面的工作重点应该是加速制定环境标志制度并与"国标"接轨的进程，认真贯彻执行 ISO14000 环境质量管理标准，实行生态工艺生产，为我国企业在国际市场上消除"绿色壁垒"赢得良好的海外形象创造条件。

具体到企业的生态营销策略规划和内容方面，一是生态产品和社会服务策略，主要包括生态产品设计、绿色包装、绿色标志等方面；二是绿色定价策略，提高不断研究新技术减少原材料和能源的消耗，把企业增加的资源代价和环境成本降到最低限度，以适应消费者对产品价格的合理需求；三是生态分销策略，这是企业营销技术组合的重要内容，主要反映在储存、运输和配送环节上；如提高改进储存方法，减少库存消耗，通过改进运输工具，减少燃料消耗和废气排放等；四是绿色传播策略，通过营销传播活动，启发和诱导消费者的购买行为和消费方式，引导消费者走上生态文明消费道路，提高消费者的消费质量和福祉水平。

总之，政府在营造生态产品发展的空间氛围的"引导"作用，企业在依靠技术进步提高产品"绿色含量"的"主角"作用，以及消费者在购买生态产品意愿的"推动"作用等方面应群策群力，共同创造生态营销的良好发展态势，为塑造居民生态文明消费模式，推动生态文明消费需求的不断扩大作出相应的贡献。

7.2.3 生态农业是现代农业"生产消费"行为的发展方向

农业是国民经济发展基础，构建生态文明消费模式显然离不开生态农业。"农业是衣食之源，生存之本，首先应该发展生态农业。"[①] 农业的可持续发展是人类社会经济可持续发展的基础和根本保证。传统农业由于生产力水平低下，致使其难以承载大量的人口，而现代农业由于化肥、农药等农业生产资料的大量使用和工农产品废弃物对环境及农产品的污染，也危害我们的生存和发展。适应全球资源性供给趋紧约束、生态环境不断恶化的现实状况，以及经济全球化的发展趋势，大力发展生态农业产品的生产，努力倡导生态农业产品的生态文明消费时尚，逐步提高生态农产品的产值，已成为 21 世纪包括我国在

---

① 尹世杰.建立生态文明，创造良好的生存发展环境［J］.湖南师范大学社会科学学报，2004（5）：5～9.

内的世界各国农业可持续发展的主要趋势。

"生态农业"(Ecological Agriculture)概念首先由美国土壤学家威廉姆·阿尔伯卫奇(W. Albrecht)于1971年提出的。1981年,英国农业学家沃星顿(M. Worthington)将"生态农业"定义为"生态上能自我维持,低输入,经济上有生命力,在环境、伦理和审美方面可接受的小型农业。"[①] 美国农业部认为,生态农业是一种完全不用或基本不用人工合成的化肥、农药、动植物生长调节剂和饲料添加剂的生产体系。[②] 生态农业遵循生态学和经济学的原理和规律,按照系统工程的方法,运用当代先进的农业科技和现代管理手段,建立的人类生存和自然环境间相互协调、相互增益的经济、生态、社会三效益协调发展的现代化农业体系。[③] 事实上,生态农业是全面规划、总体协调、良性循环的整体性农业,是无废弃物、无污染、集约、高产、优质、高效农业。[④] 目前,世界各国把生态农业生产的食品称为"生态食品""自然食品""有机食品"和"绿色食品"等[⑤],所以又称生态农业为"自然农业""有机农业"和"生物农业"等。从全球生态农业发展的总趋势看,重点是生态环境保护和资源高效利用以及技术开发无公害农产品、有机食品和其他生态类食品。

我国自20世纪80年代开始宣传生态经济学理论,并开始了生态农业试点工作。从生态农户和生态庭院开始,逐步发展到生态村、生态乡镇、生态农、林、牧、渔场,至80年代末发展到生态农业县的建设。经过20年的发展,我国已有不同类型、不同规模的生态农业试点达2000多个,有7个生态农业建设点被联合国环境规划署授予"全球环保500佳"称号。[⑥] 虽然如此,但我国在生态农业建设过程中还存在不少问题。尤其是诸如我国人地矛盾不断加剧、水土流失严重、淡水资源短缺以及资金投入不足、农村基础设施薄弱等基本国情致使食品污染和生态环境问题更加突出,不仅严重制约了生态农业的健康、可持续发展和农业发展方式的转变,而且不利于食品消费模式转换和生态文明

---

① 转引自:刘思华. 可持续发展经济学 [M]. 武汉:湖北人民出版社,1997:310.
② 刘远. 发展生态农业 [J]. 世界经济与政治论坛,2004(6):17~20.
③ 刘思华. 可持续发展经济学 [M]. 武汉:湖北人民出版社,1997:311~312.
④ 贺峰,雷海章. 论生态农业与中国农业现代化 [J]. 中国人口·资源与环境,2005(2):23~26.
⑤ 根据我国绿色食品认证的有关行业标准,绿色食品有两个级别:AA级和A级绿色食品。前者指在生产地的环境质量符合有关质量标准,在生产过程中不使用化学合成的肥料、农药、兽药、饲料添加剂、食品添加剂和其他有害于环境和健康的物质,按有机生产方式生产,产品质量符合绿色食品产品标准,经专门机构认定,许可使用AA级绿色食品标志的产品(相当于有机食品);而后者是指生产地的环境质量符合有关质量标准,生产过程中严格按照绿色食品生产资料使用准则和生产操作规程要求,限量使用限定的化学合成生产资料,产品质量符合绿色食品产品标准,经专门机构认定,许可使用A级绿色食品标志的产品。
⑥ 林祥金. 世界生态农业的发展趋势 [J]. 中国农村经济,2003(7):76~80.

水平的提高。

事实上，发展生态农业对于满足居民的生态文明消费需要，实现现代农业"生产消费"行为的合理发展，保持生产生活消费增长和生态环境保护的和谐并进具有重要的现实意义。发展生态农业，首先要开展多形式、多层面、多方位的保护生态环境和建设生态农业的宣传教育，形成全社会关心、支持和积极参与保护自然资源、建设生态环境的良好氛围；其次，为突破市场和资源性产品供给的双重约束，必须对农业和农村经济结构进行战略性调整，推进生态农业产业化建设，这是发展我国生态农业的重要保障；第三，加快制定并完善有关生态农业发展的政策、法规和法律建设，加强对生态农业的政策支持力度。同时，应该加大对生态农业的资金投入，通过采用财政补贴政策，加强对环境产业的倾斜力度，对经营生态农业的企业减税或免征增值税；第四，为促进我国生态农产品市场化和国际化，提高我国生态农业的国际竞争力，必须加快制定生态农业标准化体系（符合国际标准的生态农业标准化体系由管理标准、技术标准和产品标准等三部分组成），以推进我国生态农业的标准化和国际化建设，最终实现农业现代化。

7.3 消费者通过不断提升自身素质，提高生态文明消费力水平

前面提到，构建和实施居民生态文明消费模式需要政府、企业和消费者三方面力量的协调与互动。作为生态文明消费主体的消费者，转变不可持续的"资源浪费型"和"环境污染型"消费模式，从根本上树立能源资源节约和生态环境保护的生态文明消费观和可持续发展观，决定了生态文明消费模式的实现程度。始于20世纪80年代末在欧美国家盛行的环境运动，它所遵循的绿色消费者主义的宗旨认为，与其靠政治活动制定法律，倒不如提高消费者的意识，靠消费者的选择推动市场机制，即靠消费者的主导意识要比规制更能促进对环境有益的商品的流通，更能早日实现对环境的保护。[①] 显然，提高消费者的生态文明水平和消费责任意识，不仅能够使其消费行为和方式选择朝"生态化"方向转变，而且能使消费者逐渐成为生态文明的消费实践者，履行和承担消费者自己的环境保护责任和义务，实现消费者个人利益和整个社会利益的协

---

① ［日］铃木深雪. 张倩，高重迎译. 消费生活论——消费者政策［M］. 北京：中国社会科学出版社，2004：256.

调发展；不仅能通过自身的消费偏好或对生态消费品的"偏好购买"动机引导和刺激企业经济行为的变化，迫使企业提供有益于环境友好的生态消费品，而且还会积极监督政府的行为。

目前，居民消费水平提高和消费规模扩大已对我国资源、环境和生态构成越来越大的压力，能源、土地、矿石等资源性产品供给日益趋紧约束；而居民生活领域中存在的大量使用"一次性"消费品、过度包装产品等不可持续消费方式，更加剧了森林、能源等资源的低效或无效使用和巨大浪费。因此，消费者在改变不可持续的消费模式方面负有转变自己日常消费行为的社会责任和义务。构建居民生态文明消费模式，需要和离不开每个消费者对自身消费方式转型的审慎思考和消费选择的转变。

"在争取可持续的社会中，每个人都是参与者，不存在什么旁观者或运动对象。"[①]有学者甚至认为，"人类和自然王国相互联结的命运维系在我们——消费者身上。"[②]显然，生态文明消费模式需要每一个消费者的共同努力和参与。"从我做起，从现在做起"理应成为每一个地球公民每时每刻实践生态文明消费的实际行动。事实上，从20世纪80年代末开始，许多作家、出版商和电视工作者出版了不少个人消费行为指南，如《绿色消费者》（1987，英国）、《家庭生态学》（1990，美国）和《为拯救地球你能做的五十件易事》（2005，美国）等作为畅销书很受全球众多家庭和消费者欢迎；我国学者刘兵出版的《保护环境随手可做的100件小事》（2000），该书列举了为节约资源和保护环境，一个人可以轻易做到的百件小事，涉及日常饮食、家庭消费等诸多方面。[③]

居民在日常消费领域实践生态文明消费模式范围广泛，内容也相当复杂，涉及日常生活领域的各个方面，许多学者从不同的学科视角进行了颇具价值的深入分析和探讨，本书对此也进行了相应的阐述，如消费升级、消费方式和消费内容选择必须考虑资源的存量和环境的容量，力行文明消费，反对奢靡消费，即注意节水节电节气，尽可能购买生态产品或绿色产品等环保产品，生活垃圾分类投放，拒绝使用一次性消费品，不购买过度包装的商品，拒绝购买和使用资源高耗产品等。尤其在节约消费和安全消费方面，广大消费者应该积极

---

① 世界自然保护同盟等.保护地球——可持续生存战略[M].北京：中国环境出版社，1992：41.
② [美]艾伦·杜宁.毕聿译.多少算够——消费社会与地球的未来[M].长春：吉林人民出版社，1997：45.
③ 考虑到经济发展水平和居民水平的不断提高，我国家庭汽车拥有量迅速提升，该书作者刘兵于2010年4月重新出版了《保护环境随时可做的101件小事》一书，以提醒消费者注意汽车尾气排放，故少开私家车成为新版书的一个项目。该书由北京理工大学出版社出版发行。

参与构建推广节能型、节水型的低度消耗资源的适度消费生活体系，减少高能耗消费；在消费时选择未被污染或有助于公众健康的绿色产品；逐步改变传统文化中长期存在的铺张浪费的行为习惯，购买低油耗、低排量的节能型环保型汽车，使用自行车、公共交通为主的交通方式；购买和消费符合环境标准的绿色产品，等等。

但笔者在这里要强调指出的是，居民消费的最终目的是为了满足其日益增长的消费需要及其满足程度的提高，是为了保持身体健康和得到精神愉悦，最终实现人的全面发展和社会的文明和进步。这种消费需要的满足既来自消费物质产品的多少及其质量的好坏，也来自生态产品或绿色产品的数量和质量，以及闲暇时间的高质量使用或消费方式。为达成居民更高水平的消费需要——生态文明消费需要的满足，促进人的全面发展，除了政府和企业在这些方面必须有所作为外，其中一个极其重要和关键的方面就是消费者的人力资本质量或消费者的自身素质问题，亦即"人的发展"问题。这是构建我国居民生态文明消费模式的重中之重。

7.3.1 构建生态文明消费模式的关键是提高消费者素质，促进人的发展

当前，在居民日常生活领域存在许多与生态文明建设相悖的消费现象（如愚昧消费、炫耀消费、攀比消费、"及时行乐"消费等），严重地危害了人的身心健康，扰乱了社会风气，浪费了自然资源，破坏了生态环境。造成这些问题的原因固然有很多，但笔者认为，其中最重要、最关键的原因应该是"人的发展"问题，或者说是有关消费者自身的素质问题。

关于"人的发展"问题，马克思认为，"人本身是人的最高本质"[1]，"……通过人并且为了人而对人的本质的真正占有；因此，它是人向自身、向社会的（即人的）人的复归……它是人和自然界之间、人和人之间的矛盾的真正解决"，"人以一种全面的方式，也就是说，作为一个完整的人，占有自己全面的本质。"[2] 人类社会发展的最高阶段，是"建立在个人全面发展和他们共同的社会生产能力成为他们的社会财富这一基础上。"[3] 英国著名经济学家马歇尔也明

---

[1] 马克思恩格斯全集·第1卷 [M]．北京：人民出版社，1956:217.
[2] 马克思恩格斯全集·第42卷 [M]．北京：人民出版社，1979:120～123.
[3] 马克思恩格斯全集·第46卷 [M]．北京：人民出版社，1979:104.

确地指出,"经济学是一门研究财富的学问,同时也是一门研究人的学问。"[①]1994年9月,在埃及首都开罗召开的世界人口与发展大会,明确提出了"可持续发展问题的中心是人"。

以人为本是党的十六大以来党中央突出强调的一个重要思想和基本要求。党的十六届三中全会明确指出,要坚持以人为本,树立全面协调、可持续的发展观,促进经济社会和人的全面发展。党的十七大报告在提出建设生态文明这一重大战略选择,促进经济社会全面协调可持续的科学发展的同时,也明确提出"科学发展观的核心是以人为本",并在转变经济发展方式的"三个转变",提出的第三个转变就是"由主要依靠增加物质资源消耗向主要依靠科技进步、劳动者素质提高、管理创新转变。国家发改委宏观经济课题组对我国生态文明建设的内容解释为生态系统的动态平衡、环境质量的不断改善、自然资源的可持续利用和人类自身的提升和演进。虽然前三项内容都是有关生态环境方面,但第四项内容'人类自身的提升和演进',即人类思想和行为的生态化转型却是建设生态文明的关键环节。消费模式生态化转型则是人类自身的提升与演进的重要内容。"[②] 这里的人类自身提升和演进就是要求不断提高消费者的自身素质,提高生态文明消费力水平,实现以人为本,促进人的全面发展。

因此,建立生态文明,构建居民生态文明消费模式以实现资源节约和环境友好,必然要求"以人为本","以人为中心"[③],"改善和提高全体人民的生活质量",不断提高人的思想道德素质和科学文化素质,突出人力资源在经济增长中的地位和作用,以满足人民日益增长的物质需要、精神文化需要和生态文明需要,最终达到实现人与人、人与自然、人与社会的消费和谐与"统筹"发展。在人人都是消费者的当今社会,提高消费者素质,实现人的全面发展和文明进步,对于落实科学发展观,建设生态文明,实现经济社会的可持续发展,构建社会主义和谐社会均具有极其重要的推动作用。

---

① [英] 马歇尔. 朱志泰译. 经济学原理 [M]. 北京: 商务印书馆, 1981: 23.
② 国家宏观战略课题研究组. "十一五"规划战略研究 [M]. 北京: 北京科学出版社, 2007: 99~118.
③ 这里的"以人为中心"与本书第2章所提及的"人类中心主义"思想完全不同。后者认为世界上万事万物必然臣服于人类,刻意追求"消费者至上""消费主义"等思想理念,从而使人类与大自然的关系深深地陷入了前所未有的困境。而前者将人与大自然看作是和谐统一、生存与共的关系,不排斥其他物种的生存权力。它通过与大自然的和谐共处,"以一种全面的方式"达到"占有自己全面的本质",亦即最终实现人的全面发展。显然,深刻理解"人的本质"的真正内涵对于促进人与大自然的和谐友好,实现人的生态需要满足,提高人的生活质量,保证人类的可持续生存和实现人的最大福利具有重大的意义。

7.3.2 提高消费者素质的对策和建议

1. 引导形成生态文明消费观和可持续发展观

观念是实践的向导，是社会实践中具有能动性和创造性的环节。[①] 个人生活消费从来都不是一个纯粹的经济问题，它总是与人的价值观、人生观紧密地联系在一起。[②] 当社会生产力发展到一定阶段，消费就不仅是维系生存发展的经济活动，它同时还融入了人类的价值追求和选择。消费观作为消费的一种主观属性和社会价值追求，是居民消费模式的先导，对消费什么、怎样消费等消费行为起着重要的指导和引导作用。"生态文明观念在全社会牢固树立"，这是党的十七大报告中对建设生态文明社会提出的新要求。为进一步提高生态文明水平，中共十七届五中全会更是提出"面对日趋强化的资源环境约束，必须增强危机意识，树立绿色发展理念"。在 21 世纪生态文明社会，生态文明消费决定了生态文明建设所要求的消费者素质或生态文明消费力的前提条件或基础，应该是消费者必须树立生态文明消费观和可持续发展观，树立绿色、环保、低碳发展理念，从根本上解决自然观、价值观、伦理观和社会发展观等消费理念发展问题。只有把消费者的价值理念观摆正了，才能把消费者的日常消费行为引向生态化的发展方向，才能促进消费者的消费行为秉承消费适度、消费公正、消费责任和消费文明原则，符合资源节约和环境友好的科学发展观要求。

以人与自然和谐共生的"天人合一"为价值取向，追求人与自然的和谐统一，是生态文明消费的理想境界和价值目标。在对待人与自然的关系的基本价值立场上，生态文明消费观主张摒弃消费享乐观，尊重和善待自然，人类的消费活动应当符合生态规律和自然法则的要求；其着眼点就是坚持人与自然是一个整体。人类不能因为了自身无限欲望的消费满足而把自然视为可以大刀阔斧地任意索取和征服的对象。生态文明消费观从人如何对待自然的一种生态伦理入手，认为对待自然其实也是如何对待自己的问题；它所追求的人与自然的和谐相处明显有利于建立环境保护和生态平衡的消费方式和消费结构。[③] 现实与理想，当代与未来，部分与整体，眼前利益与长远发展，都要求把消费者的

---

① 李君如. 观念更新论 [M]. 沈阳：辽宁人民出版社，1975：202.
② 向玉乔. 生态经济伦理研究 [M]. 长沙：湖南师范大学出版社，2004：148.
③ 尹世杰. 中国消费结构合理化研究 [M]. 长沙：湖南大学出版社，2001：30.

消费观与它的生存环境紧密地连接为一体，不可分割。消费者若过多地消费了自然资源，不仅会导致资源浪费而且也会损害生态系统的平衡，影响他人包括我们后代平等消费的权利。显然，具有消费权益和消费决策权的消费者，过度消费只能说明消费者在行使权力的同时，没有尽到维护生态平衡和他人生存权利的责任和义务。因而，生态文明消费观要求消费者必须也应当把坚持一种生态主义的立场，保护生态系统的完整和平衡当作人类实现消费活动的首要前提，把人与自然看作是相互依存、相互支持的生态共同体，这不仅深刻地反映了"天人合一"理念规范现代人消费行为的价值取向和思维模式，反映了对"天人合一"思想的回归，即从被动适应到主动与大自然和谐共生，而且也为居民可持续发展观的形成奠定了坚实的思想基础。事实上，在21世纪生态文明时代，消费者在日常生活领域行使消费权益时，是否关心绿色消费、可持续消费、低碳消费和科学消费，是否践行适度消费、责任消费、公平消费和文明消费原则，不仅是消费者生态文明消费价值观的直接体现和生态人格的有机构成，更是消费者消费取向、消费方式、消费水平、消费结构、消费质量等消费模式反映出的消费者自身文明的状况。正是在这个意义上，马克思指出："因为要多方面享受，他就必须有享受的能力，因此他必须是具有高度文明的人。"①

而对于可持续发展观，如前所述，它的出现源于全球性资源性供给紧约束和生态环境危机，是人类对环境问题认识不断深化的结果。从总体上看，可持续发展观在对待单个人与整个人类社会、当代人与后代人的问题视角方面，追求的是发展主体由单一走向多样，由片面走向全面，由单极走向多极。这种多样性和多极性改变了世界上少数国家和地区主宰和左右世界历史所形成的畸形发展的局面，符合人类社会发展的未来趋势和时代潮流。因此，转变居民日常生活中存在的不合理消费理念，树立生态文明消费观和可持续发展观，实现居民消费的可持续发展，就是要求居民实践适度、公正、责任和文明的消费方式，要从人类社会经济和资源环境可持续发展的高度，深刻认识到少数西方国家极力倡导的所谓"消费主义"生活观和"幸福观"带来的奢侈性、浪费性消费的危害性，使人类从狭隘的"人类中心论"怪圈中解脱出来，自觉约束和控制自己不可持续的消费模式，合理调节和节制自己不合理的消费欲望，充分地认识到树立生态文明消费观和可持续发展观的紧迫性、必要性和科学性，提高

---

① 马克思恩格斯全集·第46卷（上）[M]．北京：人民出版社，1976:392.

资源忧患意识和环保意识,树立人与自然界协调以及同整个人类生存空间和谐的可持续发展的消费观念,为构建生态文明消费模式提供思想准备。

应当指出,除了在利用消费的主观属性和价值选择性,引导居民形成生态文明消费观和可持续发展观,最终实现消费者素质提高以外,还必须充分发挥和利用示范性消费、模仿性消费、象征性消费和大众传媒的引导作用,促进全社会生态文明消费模式的构建。例如,利用示范性消费和模仿性消费进行引导,是指选择一些消费者首先使用或消费符合环境标志标准的生态绿色环保产品,给广大消费者作出示范,让人们认识到这些产品的功能和资源节约、环境友好的特征,通过示范性消费引起模仿性消费,促进更多的社会成员选择符合生态文明消费要求或标准的消费活动。而利用大众传媒对生态文明消费进行传播普及,意味着对率先践行生态文明消费要求或标准的典型进行宣传肯定,形成生态文明消费的社会舆论环境和信息知识环境,使生态文明消费成为社会的新时尚,成为人们实现消费社会价值的新追求。

总之,从生态文明消费和可持续发展的初始意义和最终目的来看,人类的一切消费理念以及社会经济发展观都应该追求以人为中心、为主体、为出发点和归宿,亦即不断提高人的素质,实现"以人为本"的全面发展。这种人本观念正是生态文明消费观和可持续发展观的核心和实质,是以人的根本利益为中心、旨在实现人的全面而自由的发展的消费观和发展观,是保证消费增长、经济发展与环境保护的协调发展的伦理观和价值观,其目的是为了实现人类物质文明、精神文明和生态文明相互促进、和谐统一。相比之下,以"消费主义""享乐主义"为主导的消费观与发展观,则是一种以单纯刺激经济增长为目标,忽视经济与环境、社会、文化诸方面协调发展,从而导致出现种种异化现象,显然有悖于人的全面发展这一终极目标。

2. 通过精神文化消费提高精神消费能力

从居民消费需要的实际内容来看,除物质消费外,消费还包括精神文化方面的消费。我国儒家创始人孔子认为:"人之所以异于禽兽者几希,庶民去之,君子存之。"(《孟子·离娄下》)即人不能只吃饭穿衣,还必须有道德和具有道德的自觉性,故孔子在强调人的物质消费重要性的同时,还特别强调人要有充实的精神生活,甚至认为"饱食终日,无所用心,难矣哉!"(《论语·阳货》)即精神更重于物质。恩格斯将人的消费需要分为生存、享受和发展资料等三个方面;其中精神文化主要是享受资料、发展资料的方面的需要,且一般是高层次的需要。① 美国社会心理学家亚伯拉罕·马斯洛的需要层次理论也认为，当人们在解决温饱问题和基本物质消费需要满足后，会追求更高层次的精神消费需要。由单纯追求物质快感转而去追求精神愉悦感，这是人和动物的最大区别。西方社会存在的"消费主义""物质主义"和"享乐主义"等反科学、不文明的消费欲求"怪圈"，必然带来人性道德堕落和个人价值偏向，从而导致人的片面、畸形发展，以及因生态伦理道德缺失而导致的资源环境的过度耗损，最终不利于资源环境的保护和人的全面发展。

可见，一方面，我们必须肯定物质消费是精神消费的基础和前提；但另一方面，当人们基本消费需要得到满足以后，必然会过渡到高层次的非物质性的精神文化消费。事实上，在物质丰富的后工业时代，人们对精神文化产品的数量、内容和形式都提出了更高的要求。单纯的商品物质消费已不再具有主流意义，而内含精神消费内容的影视娱乐业、体育健身业、生态旅游业等精神文化产业业却急剧扩张，并已经愈来愈占据非常重要的位置。② 健康文明、科学合理的精神文化消费能培养人们高尚的思想理念和道德情操，形成正确的人生价值观和绿色生活方式，并能提高人们的消费水平，促进消费方式合理化，推进消费结构优化升级，开拓消费领域和消费市场，净化消费环境，提高消费层次和生活质量。通过不断提高精神消费能力，能促进物质消费的发展，最终实现消费者素质和能力的全面提高。

在我国，伴随着自然生态环境的持续恶化，以及能源、土地、淡水等资源性产品供给的趋紧约束，为实现经济社会人与资源环境全面协调可持续的科学发展，在党的"十二大"提出建设物质文明和精神文明后，党的"十七大"将建设生态文明确定为我国全面建设小康社会的重要战略目标，并提出通过生态文明建设，基本形成节约能源资源和保护生态环境的消费模式，最终实现生态文明与物质文明、精神文明的协调发展。生态文明与精神文明、物质文明之间相互依存、互为条件，共同推进社会文明进步和人的全面发展。

作为人类生存和发展的基本条件，消费是物质、精神和生态文明建设的基本内容，消费文明是这三大文明建设的结合点，其中生态文明消费强调人口消费与社会、经济、资源和环境的协调统一，以最终推进生态文明建设的科学发展和社会文明与进步。在现代社会，一味追求物质消费享受的"消费主义"生

---

① 尹世杰. 论精神消费力[J]. 经济研究，1994 (10)：71~76.
② 何练成. 精神消费简论——兼论学术争鸣[J]. 消费经济，2005 (4)：12~14.

活方式，已经越来越受到人们的质疑和批驳；而反映生态伦理消费理念和精神消费文化，有利于人与自然和谐发展的绿色消费、低碳生活、环保消费等可持续性的消费模式，已经得到世界各国政府和人民的认可和追捧，并日益成为风靡全世界的时尚生活方式。完全可以说，绿色消费、低碳生活等生态文明消费在更高意义上更表现为一种对高品质生活的追求，一种高尚品质和生态伦理道德的体现，即它并非是一种纯粹物质上的消费需求，而是在一定程度上表现为一种精神上的消费需要。

事实上，生态文明消费在注重人与自然和谐相处的同时，特别关注人们消费结构的自身均衡，即要保持物质消费与精神消费的合理结构和比重。一方面，精神文化消费是一种追求接近自然的生态文明消费，不以单纯获得某一具体的有形物质商品或服务为主要目标，而是要从中获得以自然美感、环保知识、娱乐休闲为指向的消费方式。如生态旅游、绿色生活、生态小区建设等，都注入了这样的精神文化内涵。另一方面，它是一种在物质消费需求之外，更多地注重文化教育、健康娱乐和环境享受等更高层次的精神文化消费。这种高尚的精神追求的消费，不仅可以节约资源，优化生态环境，而且更有利于扩大消费领域，提高生活质量，促进人格升华，提升精神境界，体现人的本质，提高个人素质，最终实现人的全面发展。

因此，人口基数巨大，人均资源偏低，能源资源性产品供给紧约束的现实状况，决定了我国适时扩大、增强人们对文化教育、娱乐健身、环境享受等非物质产品即精神消费的追求，定然是提高消费者整体素质，构建生态文明消费模式的重要内容。我们应通过倡导精神文化消费来促进健康的精神消费供给，引导企业在物质产品设计、生产、包装、物流等环节体现绿色、环保、节能等生态精神文化，通过大力发展精神文化产业为全社会提供富含节能环保内容，绿色生活方式，生态产品引导，寓教于乐的精神文化产品，以先进的精神文化产品引导人、陶冶人、鼓舞人、鼓励人和培育人，充分发挥精神文化产品的精神抚慰作用和绿色引导作用，最终实现消费者素质提高，以及人与自然、人与社会的和谐共进的目标。

总之，由于非物质性的精神消费基本上不存在单纯的资源产品消耗和生态环境污染。① 因此，内含生态消费文化、环境教育和享受、绿色环保、低碳生

---

① 赵桂珍等. 马克思主义关于精神消费的几个问题［J］. 河北师范大学学报（哲学社会科学版），2008（6）：61～64.

活等深层次意义的精神文化消费,对于引导广大居民树立健康文明、科学合理的生态文明消费观和可持续发展观,促进全社会节能减排,推进人与自然、人与社会和谐发展,最终实现人的全面发展和社会文明与进步,均具有极其重要的现实意义。

3. 加强公众环境消费教育

消费者作为生态文明消费模式的直接实践者,从生态文明消费模式的内在规定性出发,不仅要求消费者具有符合生态文明要求的生态文明消费观和可持续发展观等科学消费观,而且要求消费者必须具有践行生态文明消费所需要的各种素质和能力,亦即拥有较强的生态文明消费力。美国学者皮特金认为,包括生态危机在内的全球问题首先是人的问题,除了改善人的素质外,就没有扭转全球局势的其他出路。国外研究表明,经济的发展必然最终落实到居民的消费层次,消费已成为环境保护的重要动力。但如何使消费者从自身做起,自觉地参与到环境保护之中,则是包括我国在内的世界各国实现经济社会可持续发展面临的一个非常关键的问题。由于消费者具有高度的消费分散性和消费自主性等特点,且其消费伦理观的改变具有非强制性,具有难以变迁的趋势,时滞较为明显[1],因此,树立新的资源观、环境观和消费观,改变消费者存在的不合理消费模式只能通过说服教育和消费理念灌输。联合国《21世纪议程》指出,"教育是促进可持续发展和提高人们解决环境与发展的能力的关键";《中国 21 世纪议程》也强调指出要"加强对受教育者的可持续发展思想的灌输"。加强公众环境消费教育和理念灌输,主要是通过对公众进行消费教育的方式促使其自动放弃传统的不可持续的消费观和实践观,促使生态文明建设和可持续发展要求的价值观和道德规范的形成和建立。

所谓公众消费教育,是指针对公众所进行的一种有目的、有计划、有组织的,以传播消费知识、传授消费经验、培养消费技能、倡导消费观念、提高公众素质为主要内容的系统的社会教育活动。"文化教育是第一消费力。"[2] 提升居民素质,提高其消费力的最主要途径就是加强教育。公众教育,可以影响消费观念和消费行为,从而在一定程度上影响和改变消费模式的形成基础。[3] 发

---

[1] 谭崇台.发展经济学的新发展[M].武汉:武汉大学出版社,1999:663.
[2] 尹世杰.文化教育是第一消费力[J].消费经济,1992(5,6):13~27.
[3] 朱李明.消费者教育与可持续消费[J].扬州大学学报,1999(4):56~59.

展教育是一个国家实施可持续发展战略的决定性条件。① 实践证明,通过对公众进行环境方面的消费教育,可以引导消费者彻底摒弃"人是自然的征服者和统治者""自然资源是取之不尽的""自然界的自净能力是无限的""消费越多就越幸福"等错误认识,帮助消费者树立资源节约、环境友好的生态文明消费观念和可持续发展理念,形成科学、合理、文明的消费理念和消费习惯,实现生态化的消费实践,成为生态文明消费者,最终促进消费模式的转换。这对于促进消费者身心全面发展,实现人类与大自然之间、人类相互之间以及人类代际的和谐相处,提高均衡协调的生活质量,提高消费者素质和生态文明消费力具有重要的推动作用。

20世纪60年代以来,消费教育在世界各国发展很快,并常与消费者的权益保护结合起来。1986年联合国大会讨论通过了《保护消费者准则》,文中指出了消费者应该享有受教育的权利;1992年联合国通过的《21世纪议程》第36章专讲环境教育问题,认为:"教育是促进可持续发展和提高人们解决环境与发展问题的能力的关键……正规和非正规(教育)对于改变人们态度都是必不可少的,对培养环境和道德意识、对培养符合可持续发展和公众有效参与决策的价值观和态度、技术和行为也是必不可少的。"② 该议程还建议强调将教育重新定向,重订面向可持续发展的教育方针。在联合国大会的倡导下,世界各国包括环境教育在内的各种消费教育迅速发展壮大。③

事实上,早在1972年10月,第27届联合国大会通过了联合国人类环境会议的建议,规定每年的6月5日为"世界环境日",要求世界各国在环境日进行大规模的集中的环境教育,提醒全世界注意全球环境状况和人类活动对环境的危害,强调保护和改善人类环境的重要性,并规定从1974年起每年的"世界环境日"确定一个活动主题。如:1974年为"只有一个地球",1978年为"没有破坏的发展",1988年为"保护环境、持续发展、公共参与",1991年为"气候变化——需要全球合作",1999年为"拯救地球就是拯救未来",2000年为"2000环境千年——行动起来",2005年为"营造绿色城市,呵护

---

① 卢嘉瑞.国民教育投资研究[M].北京:中国物价出版社,1999:55.
② 国家环境保护局.21世纪议程——中国21世纪人口、环境与发展白皮书[M].北京:中国环境科学出版社,1993:297.
③ 例如,日本在20世纪60年代就在全国各地设置了专管消费教育的"消费者活动中心",并将"保护消费者"纳入学校教育体系之中。到90年代初,日本教育主管部门明文规定,小学从1993年开始,中学从1994年开始,大学从1995年开始全面实施消费教育,消费教育在全国蔚然成风;马来西亚更是将消费教育与素质教育结合起来,甚至在高等院校的部分院系开设消费教育课程。美国设立了专门机构负责公众的消费教育活动,并将消费教育纳入学校教育之中。

地球家园",2008 年为"促进低碳经济",2010 年为"多样的物种,唯一的地球,共同的未来。"相应的,作为全球环境教育活动的积极响应,中国在"世界环境日"也提出了每年的活动主题。如:2005 年为"人人参与,创建绿色家园。"2006 年为"生态安全与环境友好型社会",2008 年为"绿色奥运与环境友好型社会",2010 年为"低碳减排,绿色生活"。

在消费教育实践操作方面,始于 20 世纪 80 年代末,西方发达国家的许多作家、编辑和电视制作者为保护地球,出版了诸如"消费者行动指南"等指导消费者日常生活中有利于环境友好的消费指南手册;这些书籍和公益出版物向消费者提供了关于保护地球生态环境和节约自然资源的详细的实践方法和信息,并且很快地传播,成为这些国家消费者的行为指南。

相对而言,我国在消费教育方面虽然取得了一定的成就,如 1994 年成立的群众性民间环保团体"自然之友"[①],各地陆续建立的业余消费教育学校(如北京近些年来建立的各类消费教育学校近百所),经常举办的消费知识讲座(如杭州市成立了"国民消费教育中心",开展多种形式的消费教育活动),以及有些省市通过试点把消费教育纳入学校教育体系之中,等等,但在总体上我国还明显滞后,尤其还没有将环境消费教育纳入国民教育体系之中。作为一个发展中国家,我国消费者环境意识尚处于初级阶段,对环境的关切程度明显不高,对环境科技知识的理解还不够全面,缺乏系统、深入的认知,对环境的敏感度低,自觉参与保护环境的意识薄弱,城乡间、地区间环境意识差异很大。另外,我国环境教育体系亦不完善,中小学环境教育明显不足,社会公众环境教育、成人继续环境教育几乎为空白。不完善的环境教育体系严重地制约着环境知识的普及,更谈不上较高层次的环境思维、环境意识、环境观念和环境素质的形成和提高。因此,我们必须明确,由于居民消费具有分散性、自主性等特征,虽然每个消费者会认为其消费行为对环境的影响微不足道,但成千上万的"微不足道"汇集起来却可能形成难以估量的环境损害,亦即西方环境经济学所言的"微小行为的暴行",故不可低估。

因此,基于我国资源浪费、环境污染、生态失衡等资源环境问题日益严峻的发展趋势,对公众进行环境教育和生态文明观教育,不断提高公众生态文明

---

① "自然之友"(Friends of Nature)是于 1994 年 3 月经政府批准成立的我国第一个群众性民间环保团体。"自然之友"以开展群众性环境教育、倡导绿色文明、建立和传播具有中国特色的绿色文化、促进中国的环保事业为宗旨。"自然之友"主要是通过各种专题活动、出版物、大众传媒,向社会,特别是广大青少年进行环境教育,传播绿色意识。

消费力水平，使广大消费者实践生态文明消费模式，成为生态文明消费者已经到了刻不容缓的地步。《中国 21 世纪议程》明确指出，"加强持续发展伦理、道德教育和宣传，促进形成良好的社会道德风尚，逐步将环境保护、改善生态、合理利用资源等纳入城乡居民教育内容中，提高民众的人口意识、资源意识和环境意识。"① 党的十七大报告提出建设生态文明的发展目标和主要内容，进一步要求我国必须加大宣传教育力度，提高全社会参与意识，把节能减排变成全民自觉行动，推动全社会走上生产发展、生活富裕、生态良好的文明发展道路，最终实现通过环境教育提高广大居民的生态文明观念的重要目标。

令人可喜的是，当前在我国教育领域中，以环境保护为主题的教育活动正在兴起，并就如何接受和内化环保理念的机制和一般规律进行探索，以期为环境教育寻求可操作的途径和方法。② 开展公众环境教育一般应该遵循是否有利于资源的合理利用，是否有利于消费者身心健康和消费者素质提高，以及是否有利于环境保护等原则。环境消费教育的内容主要有：

（1）环境教育。包括环境污染危害、环境污染现状、消费与环境的关系等。

（2）消费教育。包括消费基本知识、消费心理、消费观念、消费引导等。

（3）国情教育。包括我国人口、资源、环境、社会发展状况、文化传统等。环境消费教育的对象是全体消费者，重点是儿童、青少年、妇女和高消费群体。③

环境消费教育的形式应该追求形式多样化，即学校教育、传媒教育、单位教育、社会讲座以及成立专门的消费者教育学校或消费者教育中心，使消费教育能够真正纳入国民教育体系之中。与之相应的消费教育主体应该包括学校教育部门、科研科普机构、政府部门、大众传媒、消费者协会以及行业协会等多部门、多行业的积极参与。其中政府是开展环境消费教育的主要责任者，注重正规教育和非正规教育的同步开展。事实上，非正规教育由于受教育对象范围广泛，其教育效果往往更好，更能起到潜移默化的作用。在环境消费教育主体的多层次方面，与消费者权益保护相关的社会团体和行业协会的作用不可低估；消费者协会、消费合作机构、消费俱乐部、环境保护组织等民间团体组织

---

① 国家环境保护局.中国 21 世纪议程——中国 21 世纪人口、环境与发展白皮书[M].北京：中国环境科学出版社，1994：39.
② 李培超.伦理拓展主义的颠覆——西方环境伦理思潮研究[M].长沙：湖南师范大学出版社，2004：1.
③ 俞海山.可持续消费模式论[M].北京：经济科学出版社，2002：295～297.

可以通过发行一些出版物、举行消费知识讲座等形式引导居民消费，提高消费者素质；而行业协会则通过开展产品展示会和陈列会、产品消费讲座等消费教育活动，可以增加消费者的商品学知识，增强消费者识别能力和鉴赏力，提高消费者的消费质量，引导生态文明消费走上实践。

值得指出的是，对于环境消费教育，我国在开展企业层次的公众教育方面明显不足。其实，企业可以利用各种有利条件展开形式多样化的公众教育，以满足居民不断高涨的生态文明消费需求。因为企业所进行的公众消费教育客观上能起到完善消费者的信息结构，提高其"理性"消费选择的作用，是企业应付市场竞争、开拓生态消费品市场，实践生态营销的重要手段。如：企业可利用商品生态包装对消费者进行环境教育，并在其商品包装上印制使用方法、注意事项、环境保护等内容，免费向公众发行杂志、举办消费者培训班、利用书籍和因特网对公众进行环境教育，等等。显然，这些措施对于企业开拓生态消费品市场，扩大产品销量，提高消费者对生态消费品的识别能力和分析比较能力，提高消费者的环保素质，增强消费者的生态文明消费力均具有重要的促进作用。

还有的就是，我国政府对环境教育这类公共教育还不够重视。根据内生增长理论，提高综合要素生产率需要政府利用财政政策增加对高素质人力资源的公共投资支出，中国在这方面差距很大。[①] 产生这一现象的主要原因在于环境教育方面的公共投资的见效周期长，地方政府官员出于政绩的考虑，宁愿把资金投向那些能够较快显示其政绩的项目，而不愿意投向教育这类长效项目。因此，我国必须转变政府职能，当前迫切需要利用财政政策增加对环境教育领域的公共投资，为加强环境消费教育，提高消费者的环保素质，提升人力资源质量提供保障。同时，我国要深化办学体制和管理体制改革，逐步形成政府办学为主，社会各界参与办学的体制，积极发展各类民办学校，抓紧职业教育和成人教育，从而培育具有与可持续经济发展相适应的高质量的劳动者和消费者，保证我国经济社会的可持续发展。

可见，对公众进行环境消费教育是一项系统的社会工程，需要消费者和社

[①] 以公共教育支出为例，东亚国家和地区1960年公共教育支出占GNP的百分比平均为2.5%，1989年上升到3.7%。而根据国家统计局的数据，中国的公共教育支出占GNP的百分比1980年、1985年、1990年、1994年和1995年分别为2.53%、2.52%、2.48%、2.18%和2.08%，且呈下降趋势。中国目前的公共教育支出比率还不及东亚国家和地区20世纪60年代的水平。参阅：卫兴华，侯为民.中国经济增长方式的选择与转换途径[J].经济研究，2007（7）：15～22.

会各阶层的积极参与和努力，需要形成良好的教育互助、互动效应。通过树立生态文明消费观和可持续发展观，影响消费者的思想和行动，唤起消费者的生存危机意识和环境保护意识，使消费者能够自觉地意识到自己的行为同整个社会的生存和利益、同子孙后代的利益息息相关，提高其参与环境保护的积极性和主动性，促使其自觉地参与到环境保护工作中去。

总之，在资源性供给日益趋紧约束的现代社会，加强消费者环境消费教育是我国建设生态文明，进一步提高生态文明水平，增强整个社会可持续发展能力的重要环节。对公众进行环境消费教育和生态文明观念教育，不仅对于有效地提高消费者素质，提升消费者的生态文明消费力，促进消费者的全面发展和社会全面进步，而且对于建立生态文明，建设资源节约型和环境友好型社会，均具有极其重要的现实意义。

参考文献

一、中文著作图书文献

[1] 刘方棫.消费经济学概论[M].贵阳：贵州人民出版社，1984.

[2] 尹世杰.社会主义消费经济学[M].上海：上海人民出版社，1983.

[3] 尹世杰.消费需要论[M].长沙：湖南出版社，1993.

[4] 尹世杰.中国消费模式研究[M].北京：中国商业出版社，1993.

[5] 尹世杰，蔡德容.消费经济学原理[M].北京：经济科学出版社，2000.

[6] 尹世杰.消费经济学[M].北京：高等教育出版社，2003.

[7] 杨圣明.中国式消费模式选择[M].北京：中国社会科学出版社，1989.

[8] 李彦和，沙全一.简明社会主义消费经济学[M].银川：宁夏人民出版社，1987.

[9] 文启湘.中国消费经济学[M].西安：西北大学出版社，1990.

[10] 郑必清.走向21世纪的中国消费结构[M].长沙：湖南出版社，1996.

[11] 郑必清.消费增长与经济增长方式转变[M].长沙：湖南人民出版社，2002.

[12] 胡岳岷.21世纪中国能否养活自己[M].延吉：延边大学出版社，1997.

[13] 卢嘉瑞.国民教育投资研究[M].北京：中国物价出版社，1999.

[14] 俞海山.可持续消费模式论[M].北京：经济科学出版社，2002.

[15] 杨京平.生态安全的系统分析[M].北京：化学工业出版社，2002.

[16] 杨家栋，秦兴方.可持续消费引论[M].北京：中国经济出版社，2000.

[17] 孙启宏，王金南.可持续消费[M].贵阳：贵州科技出版社，2001.

[18] 周梅华.可持续消费研究[M].北京：中国矿业大学出版社，2003.

[19] 绿色工作室.绿色消费[M].北京：民族出版社，1999.

[20] 李云才.塑造未来——中国21世纪可持续发展之路[M].北京：气象出版社，1997.

[21] 中国中长期食物发展研究组.中国中长期食物发展战略[M].北京：中国农业出版社，1993.

[22] 牛文元.2000年中国可持续发展战略报告[M].北京：社会科学出版社，2000.

[23] 余谋昌.走出人类生存的困境[M].北京：中国少年儿童出版社，1997.

[24] 余谋昌.生态伦理学[M].北京：首都师范大学出版社，1999.

［25］刘思华．可持续发展经济学［M］．武汉：湖北人民出版社，1997．

［26］王克敏．经济伦理与可持续发展［M］．北京：社会科学文献出版社，2000．

［27］世界自然保护同盟等．保护地球——可持续生存战略［M］．北京：中国环境科学出版社，1992．

［28］国家环境保护局．中国21世纪议程——中国21世纪人口、环境与发展白皮书［M］．北京：中国环境科学出版社，1994．

［29］世界环境与发展委员会．王之佳等译．我们共同的未来［M］．长春：吉林人民出版社，1997．

［30］程超泽．中国经济：增长的极限［M］．南京：江苏文艺出版社，2002．

［31］番纪一．人口生态学［M］．上海：复旦大学出版社，1988．

［32］朱启贵．可持续发展评估［M］．上海：上海财经大学出版社，1999．

［33］范剑平．居民消费与中国经济发展［M］．北京：中国计划出版社，2000．

［34］黎东升．中国城乡居民食物消费：理论模型、实证分析与政策［M］．北京：中国经济出版社，2005．

［35］彭松建．西方人口经济学概论［M］．北京：北京大学出版社，1987．

［36］刘湘溶等．生态文明：人类可持续发展的必由之路［M］．长沙：湖南师范大学出版社，2003．

［37］柳杨青．生态需要的经济学研究［M］．北京：中国财政经济出版社，2004．

［38］郑红娥．社会转型与消费革命：中国城市消费观念的变迁［M］．北京：北京大学出版社，2006．

［39］宋旭光．可持续发展测度方法的系统分析［M］．大连：东北财经大学出版社，2003．

［40］石扬令，常平凡．中国食物消费分析与预测［M］．北京：中国农业出版社，2004．

［41］孙剑平．经济学：从浪漫到科学——可持续发展议题的经济学沉思［M］．北京：经济科学出版社，2002．

［42］李通屏．中国消费制度变迁研究［M］．北京：经济科学出版社，2005．

［43］刘文等．环境与我们［M］．上海：上海科技教育出版社，1995．

［44］柳思维．现代消费经济学通论［M］．北京：人民出版社，2006．

［45］蔡昉．科学发展观与增长可持续性［M］．北京：社会科学文献出版社，2006．

［46］林白鹏．消费经济学大词典［M］．北京：经济科学出版社，2000．

［47］刘社建．经济演化思辨［M］．上海：东方出版中心，2005．

［48］胡皓．可持续发展理论与实践［M］．西安：陕西科学技术出版社，1998．

［49］厉以宁．经济学的伦理问题［M］．北京：生活·读书·新知三联书店，1995．

［50］吕忠梅．环境法新视野［M］．北京：中国政法大学出版社，2000．

［51］吕忠梅．超越与保守——可持续发展下的环境法创新［M］．北京：法律出版社，2003．

［52］张绅民．可持续发展论［M］．北京：中国环境科学出版社，1997．

[53] 李章印. 自然的沉沦与拯救 [M]. 北京：中国社会科学出版社，1996.
[54] 周毅. 跨世纪国略可持续发展 [M]. 合肥：安徽科学技术出版社，1997.
[55] 陈鸿清. 生存的忧患 [M]. 北京：中国国际广播出版社，2000.
[56] 买永彬等. 农业环境学 [M]. 北京：中国农业出版社，1994.
[57] 秦鹏. 生态消费法研究 [M]. 北京：法律出版社，2007.
[58] 梁治平. 寻求自然秩序中的和谐——中国传统法律文化研究[M].北京：中国政法大学出版社，1997.
[59] 曹富国，何景成. 政府采购管理·国际规范与实务 [M]. 北京：企业管理出版社，1998.
[60] 袁贵仁. 价值学引论 [M]. 北京：北京师范大学出版社，1990.
[61] 北京大学中国可持续发展研究中心. 可持续发展：理论与实践[M].北京：中央编译出版社，1997.
[62] 徐嵩龄. 环境伦理学：评论与阐述 [M]. 北京：社会科学文献出版社，1999.
[63] 高中华. 环境问题抉择论 [M]. 北京：社会科学出版社，2004.
[64] 高吉喜. 可持续发展理论探索——生态系统理论、方法与应用[M].北京：中国环境科学出版社，2001.
[65] 廖福霖. 生态文明建设理论与实践 [M]. 北京：中国林业出版社，2005.
[66] 耿莉萍. 生存与消费——消费、增长与可持续发展问题研究[M].北京：经济管理出版社，2004.
[67] 杨文进. 经济可持续发展论 [M]. 北京：中国环境科学出版社，2002.
[68] 杨文进. 经济学——经济学内容的全部探索 [M]. 北京：中国财政经济出版社，2000.
[69] 蔡守秋. 环境政策法律问题研究 [M]. 武汉：武汉大学出版社，1999.
[70] 蔡守秋. 可持续发展与环境资源法制建设 [M]. 北京：中国法制出版社，2003.
[71] 奚旦立. 清洁生产与循环经济 [M]. 北京：化学工业出版社，2005.
[72] 王宁. 消费社会学：一个分析的视角 [M]. 北京：社会科学文献出版社，2001.
[73] 王正平. 环境哲学——环境伦理的跨学科研究 [M]. 上海：上海人民出版社，2004.
[74] 刘传江等. 经济可持续发展的制度创新 [M]. 北京：中国环境科学出版社，2002.
[75] 邓宏兵等. 人口、资源与环境经济学 [M]. 北京：科学出版社，2005.
[76] 李玉海. 经济学的本质 [M]. 北京：中国经济出版社，2004.
[77] 姚建平. 消费认同 [M]. 北京：社会科学文献出版社，2006.
[78] 中国 21 世纪议程管理中心可持续发展战略研究组. 发展的实现方式——全面建设小康社会与可持续发展研究 [M]. 北京：社会科学文献出版社，2006.
[79] 杨云彦. 人口、资源与环境 [M]. 北京：中国经济出版社，1999.
[80] 国家宏观战略课题研究组. "十一五"规划战略研究 [M]. 北京：科学出版社，2007.
[81] 刘玉萃等. 生态农业实用模式 [M]. 郑州：黄河水利出版社，1995.

[82] 俞海山．消费外部性：一项探索性的系统研究［M］．北京：经济科学出版社，2005．

[83] 俞海山．开放条件下的循环经济与可持续消费［M］．北京：新华出版社，2006．

[84] 世界自然保护同盟等．保护地球——可持续生存战略［M］．北京：中国环境科学出版社，1992．

[85] 刘学．环境经济理论与实践［M］．北京：经济科学出版社，2001．

[86] 欧阳志远．最后的消费：文明的自毁与补救［M］．北京：人民出版社，2002．

[87] 欧阳志远．生态化——第三次产业革命的实质和方向［M］．北京：中国人民大学出版社，1994．

[88] 向玉乔．生态经济伦理实践［M］．长沙：湖南师范大学出版社，2004．

[89] 王克敏．经济伦理与可持续发展［M］．北京：社会科学文献出版社，2000．

[90] 国家统计局．中国统计年鉴［M］．北京：中国统计出版社，2000，2002，2008，2009．

[91] 黄铁苗．节约经济学［M］．北京：中国金融出版社，1990．

[92] 田雪原．人口·经济·社会可持续发展［M］．北京：中国经济出版社，2003．

[93] 中国环境与发展国际合作委员会能源战略与技术工作组．能源与可持续发展［M］．北京：中国环境科学出版社，2003．

[94] 黄季焜，斯·罗泽尔．迈向21世纪的中国粮食经济［M］．北京：中国农业出版社，1998．

[95] 王金南．环境经济学、理论、方法、政策［M］．北京：清华大学出版社，1994．

[96] 北京大学中国国民经济核算与经济增长研究中心．中国经济增长报告：和谐社会与可持续发展［M］．北京：北京大学出版社，2007．

[97] ［美］安格斯·迪顿．胡景北等译．理解消费［M］．上海：上海财经大学出版社，2003．

[98] ［美］加尔布雷斯．蔡受百译．经济学公共目标［M］．北京：商务印书馆，1980．

[99] ［德］马克思，恩格斯．中共中央马克思恩格斯列宁斯大林著作编译局译．马克思恩格斯全集（第1、3、4、6、12、20、23、24、26、42、46卷）［M］．北京：人民出版社，1972，1979．

[100] ［德］马克思．中共中央马克思恩格斯列宁斯大林著作编译局译．资本论（第1，3卷）［M］．北京：人民出版社，1975．

[101] ［英］大卫·李嘉图．郭大力等译．政治经济学及赋税原理［M］．北京：商务印书馆，1962．

[102] ［英］亚当·斯密．郭大力，王亚南译．国民财富的性质和原因的研究［M］．北京：商务印书馆，1972．

[103] ［英］马歇尔．朱志泰译．经济学原理［M］．北京：商务印书馆，1981．

[104] ［英］约翰·凯恩斯．徐毓枬译．就业、利息和货币通论［M］．北京：商务印书

馆，1987.

[105] [美] 戴斯·贾丁斯. 林官明等译. 环境伦理学 [M]. 北京：北京大学出版社，2002.
[106] [美] 蕾切尔·卡逊. 吕瑞兰等译. 寂静的春天 [M]. 北京：京华出版社，2000.
[107] [美] D. 梅多斯. 于树生译. 增长的极限 [M]. 北京：商务印书馆，1984.
[108] [美] 梅萨罗维克·佩斯特尔. 梅艳译. 人类处于转折点——给罗马俱乐部的第二个报告 [M]. 北京：生活·读书·新知三联书店，1987.
[109] [美] 丹尼斯·米都斯等. 李宝恒译. 增长的极限 [M]. 长春：吉林人民出版社，1997.
[110] [英] 迈克·费瑟斯通. 刘精明译. 消费文化与后现代主义[M].南京：译林出版社，2005.
[111] [美] 莱斯特.R.布朗. 余慕鸿译. 环境经济革命 [M]. 北京：中国财政经济出版社，1999.
[112] [美] 莱斯特.R.布朗. 林自新等译. 生态经济：有利于地球的经济构想 [M]. 北京：东方出版社，2002.
[113] [英] 克莱夫·庞廷. 王毅等译. 环境与伟大文明的衰落 [M]. 上海：上海人民出版社，2002.
[114] [日] 堤清二. 朱绍文等译. 消费社会批判 [M]. 北京：经济科学出版社，1998.
[115] [美] 艾伦·杜宁. 毕聿译. 多少算够——消费社会与地球的未来 [M]. 长春：吉林人民出版社，1997.
[116] [美] 戴维·里德. 樊万选等译. 结构调整、环境与可持续发展 [M]. 北京：中国环境科学出版社，1998.
[117] [美] 施里达斯·拉夫尔. 夏堃堡等译. 我们的家园——地球 [M]. 北京：中国环境科学出版社，1993.
[118] [英] 路德维希·艾哈德. 祝世康等译. 来自竞争的繁荣 [M]. 北京：商务印书馆，1983.
[119] [英] E.F.舒马赫. 虞鸿钧等译. 小的是美好的 [M]. 北京：商务印书馆，1984.
[120] [美] 丹尼尔·贝尔. 赵一凡等译. 资本主义文化矛盾 [M]. 北京：生活·读书·新知三联书店，1989.
[121] [日] 堺屋太一. 金泰相译. 知识价值革命 [M]. 北京：东方出版社，1986.
[122] [美] 托斯丹·凡勃伦. 蔡受百译. 有闲阶级论 [M]. 北京：商务印书馆，1988.
[123] [美] 巴巴拉·沃德，雷内·杜博斯. 国外公害资料编译组译. 只有一个地球 [M]. 长春：吉林人民出版社，1997.
[124] [美] 保罗.A.萨缪尔森，威廉.D.诺德豪斯. 高鸿业等译. 经济学 [M]. 北京：商务印书馆，1981.
[125] [美] 约瑟夫·斯蒂格利兹. 曾强等译. 政府经济学 [M]. 北京：春秋出版社，1988.
[126] [美] 丹尼尔.F.史普博. 余晖等译. 管制与市场 [M]. 北京：上海人民出版社，1999.

[127]［美］阿列克斯·英格尔斯，戴卫·斯密斯．顾昕译．从传统人到现代人［M］．北京：中国人民大学出版社，1992．

[128]［美］霍尔姆斯·罗尔斯顿．杨通进译．环境伦理学［M］．北京：中国社会科学出版社，2000．

[129]［法］让·波德里亚．刘成富等译．消费社会［M］．南京：南京大学出版社，2001．

[130]［美］赫尔曼．E. 戴利．诸大建等译．超越增长——可持续发展经济学［M］．上海：上海译文出版社，2001．

[131]［美］赫尔曼．E. 戴利，肯尼斯·汤森．马杰等译．珍惜地球：经济学，伦理学，生态学［M］．北京：商务印书馆，2001．

[132]［美］雷切尔·卡逊．吕瑞兰等译．寂静的春天［M］．长春：吉林人民出版社，1999．

[133]［英］P·伊金斯．赵景柱等译．生存经济学［M］．合肥：中国科学技术大学出版社，1991．

[134]［美］比尔·麦克基本．孙晓春等译．自然的终结［M］．长春：吉林人民出版社，2000．

[135]［挪威］斯泰恩·汉森．朱荣法译．发展中国家的环境与贫困危机［M］．北京：商务印书馆，1994．

[136]［美］安格斯·迪顿．胡景北等译．理解消费［M］．上海：上海财经大学大学出版社，2003．

二、中文学术刊物文献

[1] 尹世杰．关于建立生态消费体系的几个问题［J］．长沙铁道学院学报，2000（1）．

[2] 尹世杰．关于生态消费的几个问题［J］．求索，2000（5）．

[3] 尹世杰．关于绿色消费一些值得研究的问题［J］．消费经济，2001（6）．

[4] 戴慧思，卢汉龙．消费文化与消费革命［J］．社会学研究，2001（5）．

[5] 张晓宏．再论中国传统消费模式的弊端［J］．经济科学，2001（2）．

[6] 王裕国．消费需求制约经济增长的机理和影响［J］．经济学家，1999（5）．

[7] 王裕国．调整失衡的社会利益格局，推进我国社会现代化进程［J］．消费经济，2007（6）．

[8] 吴忠海．从天人合一看中国传统文化的价值取向［J］．齐鲁学刊，1999（2）．

[9] 陆伟国．我国粮食生产、消费、储备中长期预测模型（1995—2020）［J］．数量经济技术经济研究，1996（11）．

[10] 周殿昆．中国"资源性供给紧约束"条件下国家消费模式的合理选择［J］．消费经济，2006（5）．

[11] 徐焕东．政府采购在环保和节能中的功能及方式选择［J］．环境保护，2005（8）．

[12] 计金标．论生态税收的理论基础问题［J］．税务研究，1999（9）．

[13] 陈征．自然资源价值论［J］．经济评论，2005（2）．

[14] 秦兴方．可持续消费行为及制度安排［J］．消费经济，2000（2）．

[15] 莫衍．政府参与的理论探索［J］．当代经济研究，2005（2）．

[16] 张明显. 城镇生活垃圾和生活污水治理探讨 [J]. 城市管理与科技，2000（2）.

[17] 林擎国. 高消费问题与可持续发展战略 [J]. 中国经济问题，1996（3）.

[18] 武亚军. 绿化中国税制若干理论与实证问题探讨 [J]. 经济科学，2005（1）.

[19] 彭希哲，钱炎. 试论消费压力人口与可持续发展——人口学研究新概念与方法的尝试[J].中国人口科学，2001（5）.

[20] 耿莉萍. 我国居民消费水平提高对资源、环境影响趋势分析[J]. 中国人口·资源与环境，2004（1）.

[21] 秦鹏. 生态消费税收制度研究 [J]. 法律科学，2006（6）.

[22] 秦麟征. 破损的世界——现代文明的阴影 [J]. 东北林业大学学报，1996（12）.

[23] 黎建新. 消费的外部性分析 [J]. 消费经济，2001（5）.

[24] 梁琦. 构建生态消费经济观 [J]. 经济学家，1997（3）.

[25] 邓子基. 消费税的理论与实践 [J]. 税务研究，1997（4）.

[26] 王夏泽. 论生态消费观的建构 [J]. 中国环境管理，1999（6）.

[27] 李贯歧. 对生态消费若干问题的初步探讨 [J]. 商业研究，2003（1）.

[28] 卿定文. 建设环境友好型社会呼唤生态消费 [J]. 消费经济，2006（6）.

[29] 胡江. 生态消费——迈向21世纪的新消费 [J]. 生态经济，1999（3）.

[30] 金忠义. 上海能源消费结构与生态环境研究 [J]. 财经研究，1993，（2）.

[31] 司金銮. 论生态环境与消费结构的协同发展 [J]. 生态经济，1997（5）.

[32] 司金銮. 生态消费品价格问题探讨 [J]. 问题研究，2001（2）.

[33] 尹希成，季正矩. 全球化时代的全球化问题 [J]. 当代世界与社会主义，1999（3）.

[34] 吴文恒，牛叔文. 中国省区消费水平差异对资源环境影响的比较 [J]. 中国人口·资源与环境，2008（4）.

[35] 方心清. 道德精神与科学生活方式的构建——从以人为本的消费观谈起 [J]. 社会学研究，2005（1）.

[36] 王爱民. 绿色营销创新的理论研究——基于环境经济学与可持续发展理论 [D]. 武汉理工大学博士学位论文，2003.

[37] 马晓旭，牛刚. 理性消费：资源和环境双约束下的消费理念选择 [J]. 农业现代化研究，2007（3）.

[38] 文启湘等. 消费和谐论：面向科学发展观的消费理论 [J]. 经济学家，2005（2）.

[39] 吕春生. 食物安全与我国农业资源环境 [J]. 中国食物与营养，2006（1）.

[40] 司金銮. 国家生态消费政策体系探讨 [J]. 经济纵横，2004（12）.

[41] 李志强，王济民. 我国畜产品消费及消费市场前景分析 [J]. 中国农村经济，2000（7）.

[42] 王家新，吴志华. 中国可持续粮食消费探析 [J]. 中国经济问题，2001（6）.

[43] 杨万江. 我国国民食物消费水平的国际比较 [J]. 消费经济，2002（1）.

[44] 李祥. 生态环境问题根源辨析 [J]. 科学技术与辩证法，2003（4）.

[45] 魏建文. 美国与全球可持续发展 [J]. 广西社会科学, 2002 (1).
[46] 周海林. 传统的超越与反思 [J]. 中国人口·资源与环境, 2001 (2).
[47] 闻潜. 关于健康文明消费模式的理论探讨 [J]. 经济经纬, 2006 (2).
[48] 王明华. 对当前我国粮食安全形势的基本判断 [J]. 调研世界, 2007 (6).
[49] [美] 莱斯特. R. 布朗. 贡光禹译. 谁来养活中国——中国未来的粮食危机 [J]. 未来与发展, 1995 (2).
[50] 冷淑莲, 冷崇总. 资源环境约束与可持续发展问题研究 [J]. 价格月刊, 2007 (11).
[51] 王家新, 吴志华. 中国可持续粮食消费战略探析 [J]. 中国经济问题, 2001 (6).
[52] 王恩胡, 李录堂. 中国食品消费结构的演进与农业发展战略[J]. 中国农村观察, 2007 (2).
[53] 尹世杰. 关于科学消费的几个问题 [J]. 消费经济, 2002 (2).
[54] 尹世杰. 提高消费质量是全面建设小康社会的重要内容和标准[J]. 求索, 2003 (10).
[55] 尹世杰. 建设生态文明创造良好的生存发展环境 [J]. 湖南师范大学社会科学学报, 2004 (10).
[56] 尹世杰. 关于奢侈消费的几个问题 [J]. 湘潭大学学报（哲学社会科学版）, 2008 (3).
[57] 尹世杰. 我国当前扩大消费需求的几个问题 [J]. 中国流通经济, 2009 (7).
[58] 尹世杰. 消费环境与和谐消费 [J]. 消费经济, 2006 (5).
[59] 尹世杰. 再论"弘扬生态文明" [J]. 社会科学, 2008 (4).
[60] 尹世杰. 略论生态文明与构建和谐社会 [J]. 湖南商学院学报, 2008 (10).
[61] 李昭新. 马克思对人类中心主义和非人类中心主义的超越 [J]. 马克思主义与现实, 2003 (2).
[62] 杨圣明. 关于全面小康社会消费模式的几点思考 [J]. 消费经济, 2007 (6).
[63] 李慧明. 困境与期待：基于生态文明的消费模式转型研究述评与思考 [J]. 中国人口·资源与环境, 2008 (4).
[64] 张洪慧, 李家芝. 论可持续发展的消费模式 [J]. 齐鲁学刊, 2002 (4).
[65] 许进杰. 我国居民食品消费模式变化对资源环境影响的效应分析 [J]. 农业现代化研究, 2009 (5).
[66] 许进杰. 资源性供给紧约束条件下的消费理论研究述评 [J]. 生态环境学报, 2010 (7).
[67] 彭希哲, 朱勤. 我国人口态势与消费模式 [J]. 人口研究, 2010 (1).
[68] 汪秀英. 中国社会现行消费模式的规范途径 [J]. 北京工商大学学报（社会科学版）, 2006 (1).
[69] 王淑新等. 低碳经济时代中国消费模式的转型 [J]. 软科学, 2010 (7).
[70] 林莎, 金盛红. 生态文明的经济发展方式：生态文明建设理论的一个重要命题 [J]. 南京林业大学学报（人文社会科学版）, 2008 (3).
[71] 刘小英. 文明形态的演化与生态文明的前景 [J]. 武汉大学学报（哲学社会科学版）,

2006（5）．

［72］廖福霖．关于生态文明及其消费观的几个问题［J］．福建师范大学学报（哲学社会科学版），2009（1）．

［73］古璇．论生态性消费伦理在中国的构建［J］．兰州学刊，2008（12）．

［74］俞建国，王小广．构建生态文明、社会和谐、永续发展的消费模式［J］．宏观经济管理，2008（2）．

［75］姜春云．生态文明是一切文明的根基［J］．绿色中国，2007（1）．

［76］［美］小约翰·柯布．李义天译．文明与生态文明［J］．马克思主义与现实，2007（6）．

［77］马晓旭，牛刚．理性消费：资源和环境双约束下的消费理念选择［J］．农业现代化研究，2007（2）．

［78］赵成．生态文明的兴起及其对生态环境观的变革［D］．中国人民大学博士学位论文，2006．

［79］张少龙．人口、消费与可持续发展［J］．中国人口科学，1997（2）．

［80］吕丹．食品消费数量、结构与方式变化对环境的负面影响［J］．商业研究，2004（2）．

［81］孙钰．外部性的经济分析及对策［J］．南开经济研究，1999（3）．

［82］王玉生等．关于节俭与消费的道德思考［J］．道德与文明，2003（1）．

［83］薛萍．工业文明发展观与可持续发展观［J］．当代经济研究，2004（11）．

［84］张云飞．国外马克思主义生态文明理论研究［J］．国外理论动态，2007（12）．

［85］尹世杰．弘扬生态文明，全面建设小康社会［J］．社会科学，2004（2）．

［86］刘福森．价值迷失：现代工业文明发展观的"走火入魔"［J］．吉林大学社会科学学报，2003（1）．

［87］尹世杰．建设生态文明创造良好的生存发展环境［J］．湖南师范大学社会科学学报，2004（5）．

［88］高德明．可持续发展与生态文明［J］．求是，2003（5）．

［89］赵成．论生态文明建设的实践基础——生态化的生产方式［J］．学术论坛，2007（6）．

［90］杨文圣，焦存朝．论生态文明与人的全面发展［J］．理论探索，2006（4）．

［91］张渝政．马克思主义生态文明与构建社会主义和谐社会［J］．西南大学学报（人文社会科学版），2007（1）．

［92］刘思华．对建设社会主义生态文明论的若干回忆——兼述我的"马克思主义生态文明观"［J］．中国地质大学学报（社会科学版），2008（7）．

［93］俞可平．科学发展观与生态文明［J］．马克思主义与现实，2005（4）．

［94］俞海山．生态文明催生生态消费模式［N］．中国教育报，2008-4-15．

［95］刘晓君．论改变消费模式——从不可持续消费转向可持续消费［D］．北京大学博士学位论文，1998．

［96］庄世坚．生态文明：迈向人与自然的和谐［J］．马克思主义与现实，2007（3）．

[97] 李红卫. 生态文明建设——构建和谐社会的必然要求 [J]. 学术论坛, 2007 (6).

[98] 林擎国. 高消费与可持续发展战略 [J]. 中国经济问题, 1996 (3).

[99] 张学书. 生态文明与人的全面发展 [J]. 生态经济, 2005 (7).

[100] 余谋昌. 生态文明：人类文明的新形态 [J]. 长白学刊, 2007 (2).

[101] 李良美. 生态文明的科学内涵及其理论意义 [J]. 毛泽东邓小平理论研究, 2005 (2).

[102] 程样国, 黄平槐. 生态文明观念：引领人的发展新境界 [J]. 求实, 2007 (12).

[103] 宋林飞. 生态文明理论与实践 [J]. 南京社会科学, 2007 (12).

[104] 苑琳, 韩虎龙. 生态文明建设与科学发展观 [J]. 经济与社会发展, 2004 (5).

[105] 付海燕. 适应食品消费结构变化的农业发展战略 [J]. 中共太原市委党校学报, 2005 (6).

[106] 王丰年, 季通. 从生态学的角度考察过度消费 [J]. 自然辩证法研究, 2002 (4).

[107] 王丰年. 生态价值视野中的环境教育——从生态价值看我国的环境教育 [J]. 自然辩证法研究, 2007 (5).

[108] 许圣道. 扩大精神产品消费, 促进经济发展方式转变 [J]. 河南社会科学, 2008 (6).

[109] 王恩胡, 杨选留. 我国城乡居民食品消费结构演进及发展趋势 [J]. 消费经济, 2007 (4).

[110] 朱高林. 中国城镇居民食品消费结构的基本趋势探析 [J]. 现代经济探讨, 2006 (11).

[111] 俞海山. 从消费行为模型论消费行为环保化的对策 [J]. 宁波大学学报（人文科学版）, 2003 (2).

[112] 俞海山. 论消费行为环保化的制度安排 [J]. 学术研究, 2003 (8).

[113] 俞海山, 周亚越. 论消费外部性及其对社会福利影响 [J]. 商业研究, 2007 (2).

[114] 俞海山. 从消费经济学到消费生态学 [J]. 消费经济, 2008 (3).

[115] 俞海山. 生活消费对水环境的影响及其治理手段分析 [J]. 消费经济, 2010 (4).

[116] 张志海. 消费模式与中国经济社会的和谐发展 [J]. 中共长春市委党校学报, 2005 (2).

[117] 张沁. 对文化消费可持续发展的思考 [J]. 宏观经济管理, 2004 (4).

[118] 赵细康. 关于人口与可持续发展若干问题的思考 [J]. 西北人口, 1997 (1).

[119] 叶文虎等. 论可持续发展的衡量与指标体系 [J]. 世界环境, 1996 (1).

[120] 王忠武. 消费行为合理化的基本标准 [N]. 社会科学报, 2000-11-9.

[121] 肖彦花. 论可持续消费及其指标体系 [J]. 湘潭大学学报（哲学社会科学版）, 1999 (3).

[122] 吴丽兵. 论当代中国可持续消费模式 [J]. 合肥工业大学学报（社会科学版）, 1999 (1).

[123] 朱李明. 消费者教育与可持续消费 [J]. 扬州大学学报, 1999 (4).

[124] 黄力之. 理性的异化与现代文明的极限 [J]. 哲学研究, 2001 (12).

[125] 潘岳. 直面中国资源环境危机——呼唤以新的生态工业文明取代旧工业文明 [J]. 环境教育, 2004 (3).

[126] 徐晓宇. 环境问题与环境教育 [J]. 环境保护科学, 2003 (4).

[127] 尹世杰. 论精神消费力 [J]. 经济研究, 1994 (10).

[128] 尹世杰. 提高精神消费力与繁荣精神文化消费 [J]. 湖南师范大学社会科学学报，1994 (6).

[129] 叶文虎. 建设一个人与自然和谐共处的社会 [J]. 马克思主义与现实，2005 (4).

[130] 叶文虎. 论环境文明社会的建设 [J]. 中国发展，2008 (1).

[131] 叶文虎. 论人类文明的演变与演替 [J]. 中国人口·资源与环境，2010 (4).

[132] 何练成. 精神消费简论——兼论学术争鸣 [J]. 消费经济，2005 (4).

[133] 曾坤生. 论我国消费需求与经济增长方式转变的问题 [J]. 消费经济，1996 (4).

三、外文文献

[1] Baudling K. E. The Economing Spaceship, Earth. Maryland: Johns Hopkins Press, 1966.

[2] Towards sustainable lignite consumption in Turkey and a welfare analysis, Author (s): Olfa Jaballi & Sebnem Sahin. Paper Provided by Maison des Sciences Economiques, with number v05039.

[3] Evolution Economic Theories of Sustainable Development, Author (s): Peter Mulder & Jeroen C. J. M. van den Bergh. Paper Provided by Tinbergen Institute in its series Tinbergen Institute Discussion Papers with nurnber99—038/1.

[4] Renewable Resources And Sustainable Development, Author (s): Simone Valente. Paper Provided by Tor Vergata University, CEIS in its series Departmental Working Papers with number175.

[5] Culture & arts as knowledge resources towards sustainability for identity of nations and cognitive richness of human being, Author (s): Luciano PILOTTI. Paper Provided by Department of Economics University of Milan Italy in its series Departmental Working Papers with number 2004—11.

[6] Environmental Policy and Sustainable Economic Growth-an endogenous growth perspective, Author (s): Sjak Smulders. Paper provided by Economic Policy Research Unit (EPRU), University of Copenhagen. Department of Economics (formerly Institute of Economics) in its series EPRU Working Paper Series number95—07.

[7] Man and the future environment, Author (s): Heap, Brian. Article provided by Cambridge University Press in its journal European Review.

[8] Addressing Sustainability and Consumption, Author (s): Schaefer and A. Crane, J. Article provided by journal of Macro-marketing, June 1, 2005.

[9] Globalization and Development: An Expanded Macro-marketing View, Author (s): W. E. Kllbourne, Article Provided by journal of Macro-marketing, December 1, 2004.

[10] Wackernagel, M, Rees, W. E. Perceptual and structural barriers to investing in natural

capital: economics from an ecological footprint perspective. Ecological Economics, 1997, 20.

[11] Costanza, R. etal. The value of the world's eco-system services and natural capital. Nature, 1997, 38 (7).

[12] Vaughn, D. Environment-economic accounting and indicators of the economic importance of environmental protection actives. Review of Income and Wealth, 1995, 9.

[13] Boulding, K. E., The economics of the coming spaceship earth. In: H. Jarrett (Editor), Environmental Quality in a Growing Economy. RFF/Johns Hopkins Press, Baltimore, 1966.

[14] Michuel Jay Polonsky, Alma T. Mintu-Wimsatt: Environmental Marketing: Strategies. Practice, Theory, and Research, The Haworth Press, Inc, 1995.

[15] Suresh Chandra Babu. Capacity strengthening in environmental and natural resource policy analysis: Meeting the changing needs. Journal of Environmental Management, 2000, (59).

[16] Bryan G. Norton. Why Preserve Natural variety, Princeton University press, 1996.

[17] Willims Ramond. A Vocabulary of Culture and Society, Oxford University Press, 1985.

[18] M. Blower and W. Leon. The Comsumer's Guide to Effective Environmental Choices: Practical Advice from the Union of Concerned Scientists, Three River Press, New York, 1999.

[19] G. Spaargaren. Lifestyles, Consumption: The Ecological Modernization of Domestic Consumption, Environmental Politics, vol 9, 2000.

[20] R. Goodwin, F. Ackerman and D. Kiron, eds. The Consumer Society. Earthscan, London, U. K., 1997.

[21] D. Crocker and T. Linden, eds. Ethics of Consumption: The Good Life, Justice and Global Stewardship. University Press of America, Blue Ridge Summit, Pennsylvania, 1997.

[22] Shamim, F, Ahmad, E. Understanding household consumption patterns in Pakistan. Journal of Retailing and Consumer Services, 2007, 14 (2).

[23] Yamaguchi, Y., Shimoda, Y. and Mizuno, M. Transition to a sustainable urban energy system from a long-term perspective: Case study in a Japanese business district. Energy and Building, 2007, 39 (1).

[24] Ben Senauer, Dvaid Sahn, and Harold Alderman. The Effect of the Value of Time on Food Consmuption Patterns in Developing Countries: Evidence from Sri Lanka. Agricultural Economics Association, 1986.

[25] McIntosh, Robert P, The Background of Ecology: Concept and Theory. London:

Cambridge, 1985.

[26] Pigou, A. C. The Economics of Welfare. London: Macmillan, 1970.

[27] Hicks, J. R. Value and Capital. Oxford University, 1987.

[28] Giddens, Anthony, The Third Way: The Renewal of Social Democracy, London, 1998.

[29] J. W. Smith. The World's Wasted Wealth-The Political Economy of Waste. Kalispell, MT: New Worlds Press, 1989.

[30] Gayl D. Ness with Meghan V. Golay, Population and Strategies for National Sustainable Development, Earthscan Publication Ltd, London, 1997.

[31] Jeffrey James, Consumption, Globalization and Development, Macmillan Press LTD, London, 2000.

[32] Joachin Schleich, Essays on the Political Economy of Domestic and Trade Policies in the Presence of Production and Consumption Externalities, Blacksburg, Virginia, 1997.

[33] Katharma Kummer, International Management of Hazardous Waste, Clarendon Press, 1995.

[34] Fuchs, D. A. Lorek S. Sustainable Consumption Governance: A History Of Promises And Failures. Journal of Consumer Policy, 2005.

[35] Aarts H, Dijksterhuis A. The Automatic Activation of Goal-directed Behavior: the case of travel habit. Journal of Environmental Psychology, 2000, (20).

[36] Barber J. Production, Consumption and the World Summit on Sustainable Development. Environmental, Development and Sustainability, 2003, (5).

[37] Princen T. Pinciple for Sustainable Consumption: Two New Perspectives. Journal of Consumer policy, 2003, 3 (1).

[38] Spangenberg J H, Lorek S. Environmentally Sustainable Household Consumption: from Aggregate Environmental Pressures to Priority Fields of Action. Ecological Economics, 2002.

[39] Fuchs, D. A, Lorek S. Sustainable Consumption Governance: A History Of Promises And Failures. Journal of Consumer Policy, 2005.

[40] Heiskanen E, Pantzar M. Toward Sustainable Consumption: Two New Perspective [J]. Journal of Consumer Policy, 1997, 20 (4).

[41] Burgess J. Sustainable Consumption: Is it really achievable? [J]. Consumer Policy Review, 2003, 13 (3).

[42] Wackernagel, M, Rees, W. E. Perceptual and structural barriers to investing in natural capital: economics from an ecological footprint perspective. Ecological Economics, 1997.

[43] Mikael Skou Andersen, Hmo Massa. Ecological modernization origins, dilemmas and future directions. Journal of Environmental Policy and Planning, 2 (4).

[44] Carmen Tanner. Sybille Welfing Kast. Promoting sustainable consumption: Determinants of green purchases by Swiss consumers. Psychology and Marketing. 20, (10).

[45] UNEP. Element for policies for sustainable consumption, Nairobi, Symposium: Sustainable Production and Consumption Pattern, 1994, Oslo, Norway.

[46] Ministry of the Environment, Oslo and International Institute of Environment and Development. IIED Consumption in a Sustainable World: Report of the Workshop 1998, Kabelvág, Norway.

[47] Chan R. Determinants of Chinese consumer's Green purchase behavior. Journal of Environmental Psychology, 1999, 19.

[48] Gerbens-Leenes P. W, NonhebelS, Consumption patterns and their effects on land requiredfood. Ecological Economics, 2002, (42).

[49] E. F. Schumacher, Good Work, New York: Haper & Row Publisher, 1979.

[50] Earl Peter, Lifestyle Economics: Consumer Behaviour in a Turbulent World, Wheatsheaf Books LTD, 1986.

[51] Takasi Inoguchi, Edward Newman and Glen Paoletto, Cities and the environment: New approaches for eco-societies, United Nations University Press, New York, 1999.

[52] Mathis Waekernagel, Eeologieal Footprint and appropriate carrying capacity: a tod for Planning towards sustainability. Ph D Thesis. School of Community and Regional Planning, The University of British Columbia, Canada, 1994.

[53] Sephen Bodian. "Simple in Means, Richin Ends: A conversation wish Ame Haess" in George Sessions: Deep Eeology For the 21st Century, Shambhala, 1995.

[54] Edgell, Stephen and Kevin Hetherington. "Introduction: Consumption Matters". In Stephen Edgell, Kevin Hetherington and Alan Wardes Consumption Matters: The Production and Experiences of Consumption. Oxford: Blackwell, 1996.

[55] McCracken, Grant Culture and Consumption: New Approaches to the Symbolic Character of Consumer Goods and Activities. Blooming and Indianapolis: Indiana University Press, 1998.

[56] Geng L. P. Analysis of the influence of Chinese citizens'consumption on resources environment and ecology. China Population, Recourses and Environment, 2004.

[57] Transportation Research Board (TRB) Special Report 251, Toward A Sustainable Future: Addressing the Long-Term Effects of Motor Vehicle Transportation on Climate and Ecology, 1997.

[58] Pees W E. Ecological footprint and appropriated carrying capacity: What urban economics leaves out. Environment and Urbanization, 1992, 4 (2).

[59] Parsons H L. Marx and Engels on Ecology. London: Greenwood Press, 1977.